青島市社科規劃項目
青島大學出版基金資助

鄭玄《春秋》類輯佚書匯校

竇秀艷　孫連營 ◎ 匯校

中國社會科學出版社

圖書在版編目(CIP)數據

鄭玄《春秋》類輯佚書匯校/竇秀艷，孫連營匯校.—北京：中國社會科學出版社，2021.1
ISBN 978-7-5203-8066-9

Ⅰ.①鄭… Ⅱ.①竇…②孫… Ⅲ.①中國歷史—春秋時代—編年體②《春秋》—研究 Ⅳ.①K225.04

中國版本圖書館 CIP 數據核字(2021)第 040712 號

出 版 人	趙劍英	
責任編輯	任　明	
責任校對	朱妍潔	
責任印製	郝美娜	

出　　版	中國社會科學出版社	
社　　址	北京鼓樓西大街甲 158 號	
郵　　編	100720	
網　　址	http：//www.csspw.cn	
發 行 部	010-84083685	
門 市 部	010-84029450	
經　　銷	新華書店及其他書店	

印刷裝訂	北京君昇印刷有限公司	
版　　次	2021 年 1 月第 1 版	
印　　次	2021 年 1 月第 1 次印刷	

開　　本	710×1000　1/16	
印　　張	17	
插　　頁	2	
字　　數	285 千字	
定　　價	90.00 元	

凡購買中國社會科學出版社圖書，如有質量問題請與本社營銷中心聯繫調換
電話：010-84083683
版權所有　侵權必究

尋找青島學脈是文化基因測序工程（代序）

徐宏力

東漢經學大師鄭玄（127—200）七十三歲逝世，周歲。孔子也七十三歲病故，虛歲。據說，鄭玄祖上鄭國是孔丘弟子。孔子門生三千，鄭玄萬餘。孔子的學生把老師的言行與自己的感悟編成《論語》，鄭玄弟子把老師的成果編成《鄭志》。鄭玄，挺玄的，影子聖人，夢到孔子不久，便魂歸那世去了。冥冥之中，似乎有某種感應存在，這可能是定數。古代名家間有太多的相同之處，而與現代學者相當不同。傳統知識分子經典意識更強些；現代知識分子公共意識更強些。強化公共經典意識，兩種優點都突出，才會有周全的擔當，成爲社會的良心與頭腦。

鄭玄"不樂爲吏"，對再顯赫的官位也不稀罕。他"念述先聖之元意"，孜孜不倦。這個"元"字很重要，是"頭"的意思，鄭玄要做有"頭腦"的學問，而且要從"頭兒"開始做，最後做成了學者的"頭兒"。他早年負笈陝西，師從名家馬融，從芸芸衆生中脱穎而出。當他離開時，馬融道："鄭生今去，吾道東矣。"老師感嘆學問跟着學生走了，這樣高的評價絶無僅有。如今讀書的種子已經不多，厭學現象常見，畢業了，拿到了薄薄的一紙文憑，如釋重負，把學問還給老師，净身出户，從此不再親近書本，親近市場去了，這樣的學生不少見。

李白《將進酒》中豪言"會須一飲三百杯"，典故出於鄭玄。他不但海量，對酒也有研究，被稱爲"中國酒學第一人"，喝出了學問。《世説新語》中講，鄭玄在一次從早到晚的酒場中豪飲三百杯，即便是一錢一盅的小容器，也有三斤之多。但他"温克之容，終日無怠"，正因爲没醉，他才躲過了馬融的忌殺。老師謀害學生，是驚人故事，從贊嘆到忌妒，可以説明鄭玄的學問之大，馬融的心量之小。青出於藍而勝於藍，恰好説明教師成功，馬融不但没以此爲榮，反而以此爲禍。他做學問能行，做老師不行，做人就更不行了，小人儒也。

鄭玄在政治、經濟、哲學、法律、教育、歷史、天文、曆法、數學、物理、機械、醫學等方面都有見解，其成果被集成爲"鄭學"，有人説是"極學"。古代大家都是雜家，誰能想到教"語文"的孔子也教"數學"？他的六藝課程中還有"御"，相當於現在的"駕校培訓"。

漢靈帝中平五年（188）初秋的某天。衆讀書人簇擁着一輛蓆棚牛車，車上坐着的智慧老漢就是蜚聲朝野的鄭玄，六十一歲，剛過耳順之年。他在現今青島城陽區惜福鎮一處山清水秀的地方落脚，建了所民辦學校。鄭玄字康成，學校定名爲"康成書院"。康成康成，健康成長，用在教育事業上，真是個好品牌，現在也是。

有人認爲書院制度起源於唐代，康成書院證明東漢就有，算到公元2017年，它的建立是一千八百二十九年以前的事情了，在嗣後七百八十八年，也就是公元978年，才有了如今依然如日中天的嶽麓書院。假如康成書院能够一直延續下來，很難想象會是何等輝煌，可惜歷史不能"假如"。

嶽麓書院在清代改爲湖南高等學堂，民國時期更名湖南大學，"千年學府，弦歌不絶"。一般認爲，歷史悠久的高等學府都在歐洲，湖大是不是太夸張了？西方高校來自中世紀的神學院。校齡從上帝開始算賬；中國以書院爲根，校齡從聖人開始算賬。要想證明前者合理，後者牽强，恐怕並不容易。西方重"神"，中國重"聖"，加起來就是"神聖"。大學是知識神壇，也是文化聖地。

明正德七年（1512），即墨知縣高允中在鄭玄築廬授徒原址重建院宇，購經書，聘先生，辟學田，親書匾額"康成書院"，這是有重量的記憶。中國鄉下的地名，多是張家村，李家店。直到今天，青島的"書院村"尚在，不遠處的"演禮村"是鄭玄向山里人傳授禮儀之處。《三齊記》上說，本地有一種多年生草本植物，葉子細長有韌性，鄭玄用來編連竹簡與捆書，被稱爲"康成書帶"，有了雅物名分，李白、蘇軾、王世貞、陸龜蒙等人都曾賦詩撰文歌咏，時至今日，書院村還流行着《書帶草歌》。高雅教育長久活在草根生活中，那裏是文化原鄉。

重建康成書院，於原址接文化地氣，入大學續學術文脉。天地玄黄，上通下達，方有恢弘氣勢。《三齊記》贊美鄭玄講學之地"文墨涵濡，草木爲之秀异"，這是自然的人化，精神的物化。我每到一所大學參觀，先看樹，樹越粗，在我心中越有分量。正所謂十年樹木，百年樹人。校園植物與森林裏的已經不同了。天然鬆下有生靈，大學鬆下有故事。年輪中的人倫，刻紋更深。

　　始皇焚書坑儒後的漢代，鄭玄他們爲恢復學術而殫精竭慮。如今，我們也在進行文化復興，與鄭玄做的是同一種事情。重建康成書院是靈魂歸巢工程，有文化地標價值，"立書院，聯會講"，聚集國學志願者，搭建博雅教育平臺，守望精神家園，讓大學成爲書香門第。當年我動議的項目有了結果，青島大學同人整理了宋以來學者輯佚鄭玄佚書的成果就要出版了。文化孝道，慎終追遠，我們不可健忘，要成爲歷史記憶中的大腦細胞，待機還魂。

　　青島是國務院頒佈的歷史文化名城，德占時的租借文化、"五四"緣由的政治文化、徐福方仙道的海洋文化、全真派的道教文化都有歷史痕迹。即使這樣，許多人還認爲島城是"文化沙漠"。難見書卷遺產，沒有學術名人，地方文化就闕少權威性。有人提出過"青島學"研究，因爲學術積澱淺近，而成了過眼烟雲。

　　尋找青島學脈是文化基因測序工程。在歷史上，域内的青峪書院、石屋書院、嶗山書院、華陽書院都是散在於民間的村學，其中康成書院最讓人惦記，這全然因爲鄭玄的人望。鄭玄出生於山東高密，與現今的青島地區一起，當年都屬於北海郡。他與膠東大儒庸譚、房鳳、伏湛、伏完等人一並成勢。説青島没文化是因爲没研究。續上學祖文宗香火，疏通城市智慧源流，青島會因厚重而變得更優雅。

　　在魯迅先生看來，只有最爲民族的，才最爲國際。那麽也可推論，只有最爲地方的，才最爲民族。世界需要多元化，中國也需要多元化。鄭玄屬於膠東，屬於中國，也屬於世界，正像蘇格拉底屬於雅典、屬於希臘，也屬於世界一樣。不同的我們，可以創造同樣的輝煌。努力傳播東方經典，在普適價值觀中發出民族聲音。世界要走向勻態，我們應成爲積極的平衡力量。

2017 年 4 月 30 日於青島大學

前　　言

　　鄭玄（127—200），字康成，東漢著名學者，今古文經學集大成者。《後漢書》本傳載"鄭玄括囊大典，網羅衆家"，著述數十種，"《周易》《尚書》《毛詩》《儀禮》《禮記》《論語》《孝經》《尚書大傳》《中候》《乾象曆》，又著《天文七政論》《魯禮禘祫義》《六藝論》《毛詩譜》《駁許慎〈五經異義〉》《答臨孝存〈周禮難〉》，凡百余萬字"，"刪裁繁誣，刊改漏失，自是學者略知所歸"。清人王鳴盛《蛾術編》中曾列鄭氏群書表，總計著書64種282卷；楊天宇先生《鄭玄著述考》考鄭玄著述共54種，其中注類31種（經注15種、緯注10種、雜注6種）、著作類23種。

　　鄭玄集兩漢經師之大成，"士抱不其之書，户習司農之説"，尤其是《毛詩箋》《三禮注》，兩千年來傳授不絶，沾溉無窮。可惜的是，鄭玄在《易》學、《尚書》學、《春秋》學、《論語》《孝經》等方面研究成果隋唐以後，大多散逸不存，或僅見於史志目録著録，或一鱗半爪，散見古人著述徵引之中，賴後人輯佚而略具規模。鄭玄關於《春秋》學研究成果亦復如此，本書試對鄭玄有關《春秋》三傳研究成果的存佚情況進行梳理，或可爲鄭學研究有所裨益。

一　鄭玄與《春秋》學

　　與《詩》學、《禮》學、《易》學相比，鄭玄在《春秋》學方面也頗有造詣，曾受教於當時《春秋》學大家。據《後漢書》本傳，鄭玄"造太學受業，師事京兆第五元先，始通《京氏易》《公羊春秋》《三統曆》《九章筭術》。又從東郡張恭祖受《周官》《禮記》《左氏春秋》《韓詩》《古文尚書》。以山東無足問者，乃西入關，因涿郡盧植，事扶風馬融"。鄭玄於《公羊傳》《春秋左氏傳》，受學於《公羊》學大家第五元先和

《春秋》學大家張恭祖，後來"山東無足問者"，西入關拜師馬融，馬融"爲世通儒"，精於《春秋三傳》，更著《三傳異同説》，爲《春秋》學集大成之作。由此可見，鄭玄於《春秋》學有堅實的基礎，正如皮錫瑞在《六藝論疏證序》所言"鄭君始師京兆，早通今學，晚受東郡，兼采古文。是故鄭學宏通"。

鄭玄治經爲古文家路數，何休是兩漢今文學派殿軍人物，就《春秋》學諸多問題，二人曾有辯答交鋒，據鄭玄本傳記載："及黨事起，乃與同郡孫嵩等四十餘人俱被禁錮，遂隱修經業，杜門不出。時任城何休好《公羊》學，遂著《公羊墨守》《左氏膏肓》《穀梁廢疾》。玄乃發《墨守》，針《膏肓》，起《廢疾》。"何休是漢末《公羊》學研究大家，十七年門户不出，作《春秋公羊解詁》，成《公羊》學集大成之作，"與其師博士羊弼，追述李育意以難二傳，作《公羊墨守》《左氏膏肓》《穀梁廢疾》"（何休本傳）；鄭玄針鋒相對，指出《公羊》亦有失誤，維護《左傳》《穀梁》的經學地位。"休見而歎曰：'康成入吾室，操吾矛，以伐我乎！'"（鄭玄本傳）可見，鄭玄戳中了何休學的要害。鄭玄本傳還記載，"初，中興之後，范升、陳元、李育、賈逵之徒爭論古今學，後馬融答北地太守劉騊及玄答何休，義據通深，由是古學遂明。"可見，除了著述之外，二人尚有直接的學術對話，論辯的結果是以鄭玄爲首的古文經學派取得了勝利。

據史料載，鄭玄亦曾著力於《春秋》學研究。《孝經疏序》引《六藝論》叙《春秋》曰"玄又爲之注"，《唐會要》亦載宋均《詩緯論序》云："我先師北海鄭司農《春秋》《孝經》唯有評論。"又載《春秋緯注》云："爲《春秋》《孝經》略説。"《世説新語·文學》篇也記載了這樣一個故事："鄭玄欲注《春秋傳》，尚未成，時行與服子慎遇，宿客舍，先未相識，服在外車上與人説己注《傳》意，玄聽之良久，每與己同，玄就車與語曰：'吾久欲注，尚未了，聽君向言，多與吾同，今當盡以所注與君。'遂爲服氏注。"此故事未有他證，但也間接表明，鄭玄於《左傳》亦曾著意研究，在一些問題上與《左氏》學研究專家服虔認識相同，《後漢書》本傳載服虔《春秋左氏傳解》或爲此書。服氏與鄭玄一樣，曾對何休《春秋》學展開論戰，據本傳及隋唐史志記載，服氏著《春秋左傳膏肓釋痾》駁《左氏膏肓》、著《漢議駁》駁何休《春秋漢議》之六十條，皆"與鄭氏㥏意合"。清儒尊崇漢學，"六經師服鄭"，也是把鄭玄、服虔並稱。清人袁鈞輯有《春秋傳服氏注》，稱"鄭于《春秋傳》雖未有成書，而服氏書出于鄭，即鄭學也。容有小異，大指蓋不殊矣，……存服所以存鄭也"。把服氏注收入《鄭氏佚書》，等同於鄭玄之成果。

二　鄭玄《春秋》學著述考略

鄭玄有關《春秋》學著作的著録主要見於隋唐宋史志及公私目録，大致有如下七種：

1.《春秋十二公名》一卷，亡

《隋志》於梁簡文帝"《春秋左傳例苑》十九卷"之下注曰："《春秋十二公名》一卷，鄭玄撰，亡。"朱彝尊《經義考》"《春秋十二公名》，《七録》一卷，佚"，則此書隋時已經亡佚，其附於《例苑》下，蓋與之性質相同，該書也未見他書稱引。

2.《春秋左氏分野》一卷，亡

《隋志》於"《春秋左傳例苑》十九卷"下注曰"《春秋左氏分野》一卷，鄭玄撰，亡。"朱彝尊《經義考》："鄭玄《春秋左氏分野》，《七録》一卷，佚。"

3.《駁何氏漢議》二卷，亡

此書隋時尚存，《隋志·春秋類》兩録，前曰："《駁何氏漢議》二卷，鄭玄撰。"後文"《駁何氏漢議》二卷"注："鄭玄撰，梁有《漢議駁》二卷，服虔撰，亡。"《舊唐書·經籍志》："何休《春秋漢議》十一卷，何休撰、鄭玄駁、麋信注。"《新唐書·藝文志》何休"《春秋漢議》十卷，麋信注、鄭玄駁"。藤原佐世《日本國見在書目録》著録"《春秋漢議》十卷，何休撰""《駁何氏漢議》九卷，鄭玄撰"。諸家著録卷帙不同，惟《隋志》著録二卷，蓋爲單行之本，兩《唐志》及《見在目》所録，應爲合抄流行之本。鄭珍《書目》云："按《漢議》即《後漢書·儒林傳》稱'何休以《春秋》駁漢事六百余條，妙得《公羊》本意'者也。康成之駁久亡，唐已前書亦無一稱引者。"姚振宗《後志》以爲《隋志》所載二卷，當是鄭玄本書，而兩《唐志》所載十一卷本："是連何氏本文，又附以麋信之注，鄭氏既駁其文，又駁其《序》，是可知何氏書有自撰《序録》一卷在後也。"由此可見，何休《漢議》原爲十卷，且有《漢議序》一卷，《隋志》著録鄭玄《駁》二卷，蓋單行之本；兩《唐志》卷帙不同，爲有無《序》文之別。鄭玄《駁》唐時已附何氏

《漢議》行世，《見在目》著録之玄《駁》九卷本，也應該是附何氏書之本，可能無《駁序》。

4.《駁何氏漢議序》一卷，亡

《隋志》"《駁何氏漢議序》一卷"，《經義考》："《駁何氏漢議叙》，《隋志》一卷，佚。王晢曰：'鄭康成不爲章句，特緣何氏興辭，曲爲二傳解紛，不顧聖人大旨。'"

5.《箴左氏膏肓》，散佚

《舊唐志》"《春秋左氏膏肓》十卷，何休撰、鄭玄箴"，《新唐志》"何休《左氏膏肓》十卷，鄭玄箴"，則鄭氏《箴》附何氏書行。陳振孫《直齋書録解題·春秋類》："《左氏膏肓》十卷。何休著《公羊墨守》等三書，鄭康成作《鍼膏肓》《起廢疾》《發墨守》以排之，休見之曰：'康成入吾室，操吾矛，以伐我乎？'今其書多不存，惟范寧《穀梁集解》載休之説，而鄭君釋之，當是所謂《起廢疾》者。今此書并存二家之言，意亦後人所録。《館閣書目》闕第七卷，今本亦止闕宣公，而於第六卷分文十六年以後爲第七卷，當并合之。其十卷止於昭公，亦闕定、哀，固非全書也。而錯誤殆未可讀，未有他本可正。"陳氏所見"《左氏膏肓》十卷"當爲何休撰、鄭氏箴本。由上述三書著録亦可推，《隋志》之"《左氏膏肓》十卷，何休撰"、《日本國見在書目録》著録"《左氏膏肓》十卷，何休撰"，皆當爲何氏、鄭氏合行之本。又據《崇文總目》載："《左氏膏肓》九卷，漢司空掾何休始撰，答賈逵事，因記《左氏》所短，遂頗流布，學者稱之，後更删補爲定。今每事左方，輒附鄭康成之學，因引鄭説，實寄何氏之書。今殘逸，第七卷亡。"袁鈞《鄭氏佚書序》"竊意陳氏所見尚是《崇文總目》少一卷之本，特傳寫訛錯，又闕宣公耳。"

6.《發墨守》，散佚

《舊唐志》"《春秋公羊墨守》二卷，何休撰、鄭玄發"，《新唐志》"何氏《墨守》一卷，鄭玄發"，據陳氏《直齋書録解題》，宋時《發墨守》已不存。《隋志》"《春秋公羊墨守》十四卷，何休撰"，《通志》同。至於《舊唐志》著録二卷，袁鈞認爲"蓋鄭以休攻擊《左》《穀》已甚，故于《箴》《釋》二書特詳，若《墨守》之發，不過開休之蔽，非必與《公羊》爲難，其所論説較少，後來爲鄭學者，鄭所不説，便不復載，故十四卷僅存二卷，此後漸就放佚"。

7.《起廢疾》，散佚

《隋志》"《春秋穀梁廢疾》三卷，何休、鄭玄釋、張靖（成）箋"，《舊唐志》"《春秋穀梁廢疾》三卷，何休作、鄭玄釋、張靖成箋"，《新唐志》"《穀梁廢疾》三卷，鄭玄釋、張靖成"，可見，《春秋穀梁廢疾》當爲何休、鄭玄、張靖成三書合行之本。然《隋志》又有"《春秋穀梁廢疾》三卷，何休撰"，似何休書又單獨別行。據《四庫提要》稱："其卷目之見《隋書·經籍志》者有《左氏膏肓》十卷、《穀梁廢疾》三卷、《公羊墨守》十四卷，皆注何休撰，而又別出《穀梁廢疾》三卷，注云鄭元釋、張靖箋，似鄭氏所釋，與休原本隋以前本自別行，至《舊唐書·經籍志》所載《膏肓》《廢疾》二書，卷數并同，特《墨守》作二卷，爲稍異，其下并注鄭元箋、鄭元發、鄭元釋云云，則已與何休書合而爲一。"

三　鄭玄《春秋》學著述輯佚概説

清代輯佚學興盛，學者們宗仰漢學，更爲重視漢人經書佚注的輯佚，在近500種輯佚成果中，"其於漢注用力最深，而于鄭玄注用力尤深"。也可以説，清代輯佚家們的輯佚活動主要是圍繞鄭學展開的。關於鄭玄著述的輯佚，自宋至清末民國時期，共有29位學者從四部群籍中輯得鄭玄散佚著述47種，分别收在58種叢書之中。

鄭玄《春秋十二公名》《春秋左氏分野》《駁何氏漢議》及《叙》早已散佚，又未見前人徵引，無可掇拾。《箴膏肓》《起廢疾》《發墨守》亦已散亡，什不存一，深埋於唐宋人注疏、類書徵引之中，宋時便有了輯佚之作，至清輯佚者有六家，三書共輯佚文八十九條，一萬餘字，雖斷圭零璧，庶幾鄭氏《春秋》學略具於斯。今對諸家輯佚情況，略作考察，紹介如下。

1.《四庫全書》輯本

《四庫全書》收入《箴膏肓》一卷、《發墨守》一卷、《起廢疾》一卷，《四庫全書總目提要》交代了三書著述緣起、流傳經歷、卷數分合等情況，并介紹了三書的輯者、各書條目內容，"此本凡《箴膏肓》二十餘條、《起廢疾》四十餘條、《發墨守》四條，蓋從諸書所引掇拾成編者，相傳以爲王應麟所輯，不知其何所據也。"《總目提要》列舉了三書的大致條目數，使我們了解了清初三書存在情況。關於輯者，《總目提要》只是説"相傳以爲王應麟所輯"，看來四庫館臣也不知誰人所輯。王謨《漢魏遺書鈔》稱"此本凡《箴膏肓》二十餘條、《起廢疾》四十餘條、《墨守》四條，蓋後人抄撮而爲之，較宋本又殘闕矣。"王復認爲三書輯於宋時，宋以後人又有補充。袁鈞爲三書《序》云："世所傳本《箴膏肓》二十三條，《起廢疾》三十八條，《發墨守》四條，或稱王伯厚輯，要是惠棟輩托名，非其實也。"指出了三書具體條目數，并認爲是惠棟等托名王應鱗所輯，此説亦闕乏證據。

《四庫》本三書佚文共六十五條，從《箴膏肓》所輯看，前十五條暗循《左傳》十二公順序排列，第十五條至第二十三條順序比較亂，似爲"後人抄撮"摻入。四庫所輯條目比較簡略，先《傳》文，次"何休曰"，次"箴曰"。其中三條僅有鄭玄《箴》文，無《膏肓》之文，如第十七條"天子郊以夏正上旬之日，魯之卜三正下旬之日"、第十九條"楚鬻拳同姓，有不去之恩"、第二十一條"魯郊當卜祀日月爾，不當卜可祀與否"。

《四庫》本是輯佚較早的本子，所輯條目不貪多，較實事求是，開了清代諸家輯佚鄭氏《春秋》著述的先路，爲諸家輯佚提供綫索，奠定了基礎。

2. 孔廣林輯本

孔廣林（1746—約1814），山東曲阜人，字叢伯，孔子第六十九代孫，其祖父孔傳鐸襲封衍聖公。父孔繼汾，乾隆進士，經學家，著有《闕里文獻考》一百卷、《孔子家儀》十四卷等。其弟孔廣森，清代著名學者，師從清代著名學者戴震、姚鼐，十九歲登進士第，經史小學，無不深研，尤精於《春秋學》和禮學，熱衷於鄭學研究，"盡心慕康成"，名其書齋爲"佚鄭堂"。孔廣林自幼好學，潛心學術，專攻鄭學，阮元盛贊"海內治經之人，無其專勤"，著述有《溫經樓游戲翰墨》二十卷、《通德遺書所見錄》七十二卷等。

孔廣林是清代輯佚鄭玄佚著較早的學者，無意仕途，二十餘歲便開始輯佚鄭玄著作，葉德輝稱清代"至有專嗜漢鄭氏學者，元和惠棟開山於前，曲阜孔廣林《通德遺書》接軫於後"。

乾隆三十九年（1774）便完成《鄭志》的輯佚工作，名爲《北海經學七錄》，由古俊樓刊刻，是書較袁鈞《鄭氏佚書》初刻四種早二十餘年。其後三十年間，孔氏輯佚工作持續不斷，至嘉慶十八年（1813），孔氏所輯鄭玄佚書全部完成，共十八種（附《叙錄》一種）七十二卷，收入《通德遺書所見錄》中，所輯僅比《鄭氏佚書》少二種，即《尚書五行傳注》《尚書説略注》（《鄭記》《春秋服氏注》除外）。《所見錄》今有光緒十六年山東書局刻本，《山東文獻集成》據以重印。

孔氏所輯三書，《箴膏肓》三十六條，《起廢疾》四十五條，《發墨守》五條，共八十六條。孔氏輯佚條目多，佚文排比也較有次序，按十二公順序，先《傳》文、次何休、次鄭玄，表明佚文出處，間有文字校勘，無《箴》文者，以"廣林謂"駁何休而補鄭説，大致分四個層次，類例清晰。以《箴膏肓》爲例，孔氏輯三十六條，其中有"廣林謂"十條，因無《箴》文，而引經據典駁何休以衛鄭玄。如：

《桓二年傳》："命大子曰仇，弟曰成師，始兆亂矣。"休謂："《左氏》後有興亡由立名善惡，引后稷名棄以難。"見本傳正義。廣林謂："禍釁由人氣所感召，師服之説理未必無，故借以戒穆侯，使豫知防，非謂吉凶必由名作也。正義云：'太子與桓叔雖並因戰爲名，而所附意異。緣名求義，則太子多仇怨，而成師有徒衆。穆侯立名未必先生此意，但寵愛少子，於時已著。師服知桓叔將盛，故推出此理，解其名，以爲諷諫，欲使強幹弱枝耳。人臣規諫，若無端緒，馮何致言以申己志？非謂人之立名必將有驗。'此足以補鄭氏之箴。"

此條四庫、王復、王謨未輯，黄奭與孔氏同，袁氏輯此條《膏肓》文、《箴》文皆注"闕"，而"闕"下"考證曰"之文與孔氏"休謂""廣林謂"同。可見，袁氏讚同孔氏所輯，但又採取了審慎的態度，以注文方式呈現。孔氏之"休謂"是據孔穎達《左傳正義》："而何休謂：《左氏》後有興亡，由立名善惡。引后稷名弃，为《膏肓》，以难《左氏》，非也。"是對《正義》的合理解讀而後輯出，并非空穴來風。

在清代輯佚鄭玄《春秋》學著作的五家之中，孔氏早於袁氏、黄奭二家，而與王謨、王復大概同時，但所輯與二王又不同，顯而易見。今諸家輯本以袁氏所輯材料最完備、佚文排比最具條理，然而通過比較，我們發現，袁氏更多地借鑒了孔氏輯佚成果。如無"箴"文的十條，孔氏皆以"廣林謂"，疏通經傳，駁斥何休，補充鄭説，袁氏贊同"廣林謂"，并據孔意輯有《膏肓》文，以"考證曰"作了注釋。又，袁氏輯《起廢疾》四十八條，其中四條直接注明"據孔氏輯補"。

3. 袁鈞《鄭氏佚書》本

袁鈞（1751—1805），字秉國，一字陶軒，浙江鄞縣人，乾隆時拔貢，嘉慶舉人。工詩文，專治鄭學，其輯佚鄭玄著述當完成於乾隆六十年（1795）。據袁鈞《鄭氏佚書自序》稱："鈞自行束脩，喜讀其書，每思網羅寫定，卒卒罕暇。今游德清，寓故人嘉定李君賡芸縣齋，宴坐無事，藉用自娛。李君好古賢者，與我同志，爰出臧籍，用助搜采。於是取諸經義疏及他所徵引參之，往舊所有輯本，辨析訛謬，補正闕失，并齊其不齊者，以次收合，成是編焉。……乾隆六十年歲在旃蒙單閼日南至鄞袁鈞叙。"袁氏"游德清"，當是李賡芸於乾隆五十五年（1790）中進士後，知孝豐，旋即改任德清之際，約1793年。在這期間，袁氏開始全力輯佚鄭玄佚著，并得到李賡芸的大力支持，同時對"往舊所有輯本"做了一番"辨析訛謬，補正闕失"的工作，前後所輯合爲《鄭氏佚書》全帙，其《自序》作於乾隆六十年（1795），可見，《鄭氏佚書》大致完成於這兩三年間。

俞樾《鄭氏佚書序》："鄞縣袁陶軒先生乃用王伯厚輯鄭氏《周易注》之例，網羅放失，得鄭氏佚書二十三種，其手自寫定者四種：曰《易注》、曰《尚書注》、曰《尚書中候注》、曰《詩譜》，其曾孫烺已刻而行之矣。其未寫定者尚有一十九種，曰《尚書大傳注》、曰《尚書五行傳注》、曰《尚書略說注》、曰《三禮目錄》、曰《喪服變除》、曰《魯禮禘祫義》、曰《荅臨碩難禮》、曰《箴膏肓》、曰《釋廢疾》、曰《發墨守》、曰《春秋服氏注》、曰《孝經注》、曰《論語注》、曰《孔子弟子目錄》、曰《駁五經異義》、曰《六藝論》、曰《鄭志》、曰《鄭記》、曰《鄭君紀年》。"實際袁氏所輯共二十二種附《鄭君紀年》一種，79卷，相對於其他鄭學輯佚成果，袁氏所輯最爲完備。葉德輝《書林清話·輯刻古書不始於王應麟》稱："至有專嗜漢鄭氏學者，元和惠棟開山於前，曲阜孔廣林《通德遺書》接軫於後，而黄奭復有《高密遺書》之輯，皆不如袁鈞《鄭氏佚書》晚出之詳。"其鄭學輯佚成就也是在諸家之上。《鄭氏佚書》有光緒戊子杭州書局刻本。

袁氏輯《箴膏肓》三十六條，比四庫本多十三條，《起廢疾》四十八條，其中據孔氏補輯四條，《發墨守》五條，袁氏共輯鄭氏三書八十九條。異文安排皆有條理次序，"今采摭群籍，一例編收，先載傳文，次載何說，次載鄭說。何、鄭二說不具者，存其目，注明闕字，依公類次各一卷。"

以《箴膏肓》爲例，所輯按《左傳》十二公順序，依次爲《左傳》《膏肓》《箴膏肓》，皆逐個排列，并以小字注明出處，出自《左傳》注、疏，則曰"本注""本疏"，後有袁氏"考證曰"，雙行小字。條理分明，次序井然。袁氏所輯與其他五家相比，比較全面、完備，并對所輯佚文出處、文字訛脱衍倒等現象作了校勘考證，如"《九年傳》曹大子來朝，賓之以上卿，禮也"條，在"《箴》"文中，袁氏較四家多輯了"蘇云：誓于天子，下君一等，未誓，繼子男並是降下，其君甯是安居父位"句，并於其後"考證曰：鄭引蘇云者，蘇寬之説，前'士踰月'，箴疏謂是蘇寬稱古禮，如此故知之"，補充説明了輯入"蘇寬"語的緣由。又，《莊公·元年傳》，五家皆無《膏肓》文，袁氏"《膏肓》當築夫人宫下，群公子宫上。《公羊》以爲築宫于外，非禮也；《左氏》以爲築宫于外，禮也。"并"考證曰：《曲禮》疏引何休云云，下引鄭説云云者，當即《膏肓》之文，其末當有'於義《左氏》爲短'六字，引文不具爾"。明所輯是據《曲禮》疏補入。

學術規律，前修未密，後出轉精，袁氏生當清代輯佚高峰時期，這一時期，輯佚方法、佚文排比都已經科學規範，嚴整有序，從所有佚文條目比較看，袁氏所輯較《四庫》、孔氏、王復、王謨等更加完備、科學、全面、深入。袁氏輯佚質量高出衆家的原因還在於，袁氏所輯并非簡單地輯出異文、注明出處，而是參考不同版本，進行了校勘，頗下了一番考證功夫，每條都能做到言之有據，析之入理。

4. 王謨《漢魏遺書鈔》本

王謨（1731—1817），字仁圃，江西金溪縣人，乾隆四十三年（1778）進士，"不欲爲令，請改學職，選授建昌府學教授"。王謨"好博覽考證，雅慕鄭迪功、馬端臨之學"，是清代著名輯佚學家、考證學家，著述有《江西考古録》《豫章十代文獻略》《增訂漢魏叢書》《漢魏遺書鈔》等。

王謨於乾隆四十五年（1780）到建昌府學就任，在其後的三十餘年時間里，在教授之餘，殫精竭慮於江西地方文獻整理研究，全力從事《漢魏叢書》《漢魏遺書鈔》的增訂、輯佚工作。王謨對鄭玄佚著的輯佚成果收入《漢魏遺書鈔》。嘉慶四年（1799）《漢魏遺書鈔·經類》已經完成，在刊刻時書板遭火災焚滅。由此推算，《漢魏遺書鈔·經翼》的輯佚工作大致始于乾隆四十五年至嘉慶三年（1780—1798）前後完成，與袁鈞輯佚鄭玄三書的時間差不多，而比孔廣林稍晚。《漢魏遺書鈔·經翼》最後刻成于嘉慶十六年（1811）。

今《漢魏遺書鈔》著録：《左氏膏肓》何休撰、鄭玄箴、泰和郭綎光校，三十條；《穀梁廢疾》何休撰、鄭玄釋、萬載周淑德校，四十條；《公羊墨守》何休撰、鄭玄發、豐城呂統律校，七條。"仍各爲一卷"，三書共輯七十七條。

王謨輯佚鄭氏佚書起步較早，佚文編排也是按照十二公順序，依次爲《傳》《膏肓》《箴膏肓》的次序，《傳》文較諸家詳細，偶有不同，所輯佚文多不注明出處，條目也叫簡略。

5. 王復、武億輯校本

王復（1747—1797），字秋塍，浙江秀水人，國子監貢生，深得畢沅賞識，薦爲舉人，歷任鄢陵、臨漳、武陟、偃師知縣，廉能有政聲，卒於偃師任上。

武億（1745—1799），字虛谷，河南偃師人，乾隆四十五年（1780）進士，官博山令，清代乾嘉時期著名經學家、考據學家、金石家，著述等身，有《群經義證》《讀經考異》《三禮義證》《偃師金石錄》等。

王復與武億、趙希璜、錢坫等皆受知於朱筠。乾隆六十年至嘉慶二年（1795—1797），時王復官偃師縣令，已經輯佚《箴膏肓》一卷、《發墨守》一卷、《起廢疾》一卷、《駁五經異義》一卷補遺一卷、《鄭志》三卷補遺一卷，是年武億回到偃師，九月王復病世。武億爲王復較其所輯鄭氏遺書五種，武億《授堂文鈔·偃師縣知縣王君行實輯略》云："君既病，尚輯刻康成氏遺書《駁五經異義》《箴膏肓》《起廢疾》《發墨守》《鄭志》共若干卷，比是書成，君瞑不及視矣。"（《授堂文鈔》卷八，叢書集成本）同年冬，刊刻王復輯本，後孫星衍將此書板合入《問經堂叢書》并爲之序。王復輯《箴膏肓》三書又收入《後知不足齋叢書第一函·鄭氏遺書》《藝海珠塵金集（甲集）》《反約篇》《榕園叢書甲集》《食舊堂叢書》《叢書集成初編·史地類》等叢書中。

關於王復、武億所輯校之三書，具體情況，我們知之甚少，據孫星衍嘉慶四年《序》："曩在史館校中祕書，所鈔存不知何時人集錄，吾友王大令復及武故令億互加考校，注明所采原書，又加增補，雕板行世，曾屬予爲之序，久而未成，已而王、武兩君相繼徂謝，以板存予所，乃爲叙其梗概，以報死友云。"從孫《序》可知，王復輯佚是在《四庫》本基礎上完成，武億作了考證、校訂工作。今王復輯《箴膏肓》三十二條、《起廢疾》四十二條、《發墨守》五條，共七十九條，比《四庫》本多十四條。武億"考校"之文，以"案"（或作"按"）語形式，或補佚文材料出處，或表明王復對《四庫》"原本"條目進行了調整，或明王復所輯與"原本"詳略不同、王復補充"原本"漏輯等。

6. 黃奭《通德堂經解》本

黃奭（1809—1853），字右原，生於江蘇甘泉一個富甲兩淮的鹽商世家，少年勵學，師從著名漢學家江藩，亦精於漢學，尤服膺鄭氏之學。黃奭少年肄業安定書院，後以貲入爲刑部郎中，道光十二年（1832）以順天府尹吳杰舉薦，得賜舉人。道光十八年（1838）丁父憂，辭官返鄉，從此絕意仕途，專職從事輯佚活動，直至咸豐三年（1853）去世。黃奭輯佚活動開始較早，所輯鄭玄佚著最早收入《高密遺書》（又稱《漢學堂經解》），據阮元《高密遺書序》："右原以門下晚學生，己亥（道光十九年，1839）後屢問學，予見其所言，四庫諸書大署皆能言之，於漢學知其專于鄭高密一家，元元本本，有《高密遺書》之輯。……稿本有已刻者：《六埶論》《周易注》《尚書注》《大傳注》《毛詩》《箴膏肓》《釋廢疾》《發墨守》《喪服變除》《駁五經異義》《答臨孝存周禮難》《三禮目錄》《魯禮禘祫義》《論語注》《鄭志》《鄭記》等爲《高密遺書》十數帙，其《尚書義問》等書，及《緯書》未刻者，尚十數帙，其稿皆巾箱小本，細書狹行，朱墨紛雜，偶得一條即加注點籤，且寫且校，其有他人已先輯者，與自所輯者，亦各自有分別，吾于是慨然高密之學矣。"此序作於道光二十三年（1843），此時《高密遺書》已經刊刻，有十六種。黃奭輯佚成果主要收在《漢學堂叢書》之中，民國時王鑒、秦更年補修補刊本更名《黃奭逸書考》，收書二百八十六種，其中鄭氏佚書二十八種。

黃奭輯《箴膏肓》三十七條，《起廢疾》四十五條，《發墨守》六條。在衆家輯佚成果中，黃奭所輯最晚，比較而言，黃奭所輯充分借鑒了袁鈞、孔廣林、王謨、王復的輯佚成果，取捨四人，而襲用袁氏較多，總的來看，無多大發明。

黃奭輯佚起步較晚，在嘉道時期，輯佚高潮期已過，而且這一時期域外漢籍尚未回舶，敦煌遺書尚未發現，此時輯佚幾乎到了竭澤而漁、應輯盡輯的地步，但黃奭仍然鑽進故紙堆，甘願坐冷板凳，日事搜討，"游泳乎中正之塗，氾濫於百家之説"，尚能輯集佚書近三百種，取得了令人矚目的成就，把"惠派"的輯佚事業推到巔峰狀態，黃奭的治學精神還是值得肯定的。

經過六家蒐求挖掘，鄭玄《春秋》學成果略盡於斯，由此可以窺見鄭玄《春秋》學思想精髓之一斑，這些輯佚成果也是全面研究鄭玄經學思想不可或闕的重要材料。通過對六家輯佚成果的梳理我們發現，諸家輯佚材料還僅局限於《詩正義》《三禮正義》《三傳正義》等，增補輯佚尚有很大的空間；六家輯佚成果各自爲是，散亂無序。因此，加強對子史、類書、日韓漢籍、出土文獻等資料的輯佚工作，比勘六家輯佚成果，整理出確鑿可信的、詳盡科學的佚文成果，是目前鄭玄《春秋》學研究工作重點。也就是説，研究鄭玄《春秋》學，必須從輯佚材料入手。

關於鄭玄《春秋》著述輯佚的還有王仁俊和龍璋兩家：

王仁俊輯《春秋公羊鄭氏義》一卷、《春秋左傳鄭氏義》一卷，收入《玉函山房輯佚書續編三種·附録一》（《十三經漢注四十種輯佚書》）。雖作兩卷，共四條并出處、注文二百三十余字，如"《春秋公羊鄭氏義》後漢鄭元撰。'爭罪曰獄，爭財曰訟'，《周禮》曰：'獄訟者聽而斷之。'《慧琳音義》二十三。俊案：《音義》引《周禮》曰云云，又引鄭玄注《公羊》云云，此鄭注《周禮》用《公羊》者，今据輯"。"《春秋左傳鄭氏義》後漢鄭玄撰。莊公二十二年，飲桓公酒者，桓公至敬仲之家，而敬仲飲之酒也。時桓公館敬仲，若哀公館孔子之類。昭公四年，西陸朝覿，謂立夏之時，《周禮》夏班冰是也。十三年，鄭伯，男也。此鄭伯男者，非男畿，乃謂子男也。俊案：右見王復所輯《鄭志》，今輯以爲《左氏》義。"

民國學者龍璋尚輯有"《公羊》一卷"，收入《小學蒐佚下編補》，未見。

對鄭玄、何休關於《春秋三傳》論爭著述疏證、研究的還有劉逢禄、皮錫瑞今文學派兩家。

劉逢禄《穀梁廢疾申何》《箴膏肓評》《發墨守評》

劉逢禄（1776—1829），字申受，號申甫，江蘇武進人，嘉慶十九年（1814）進士，乾嘉時期著名學者，精於《公羊》學，與其外祖父莊存與、舅父莊述祖皆爲今文學派代表人物，常州學派宗師。劉氏立足于今文經學立場，維護何休《公羊》學，作《穀梁廢疾申何》《箴膏肓評》《發墨守評》向古文經學派、鄭學發起衝擊。在《穀梁廢疾申何序》中云："何君生古文盛行之日，廓開衆説，整齊傳義，傳經之功，時罕其匹。余寶持篤信，謂晉唐以來之非何氏者，皆不得其門，不升其堂者也。康成兼治三傳，故於經不精，今所存《發墨守》，可指說者，惟一條，然多牽引《左氏》。其於董生、胡母生之書，研之未深，概可想見，而何君稱爲入室操矛，宏獎之風，斯異於專己黨同者哉！余初爲何氏釋例，專明墨守之學，因析其條例，以申何氏之未著及他說之可兼者，非敢云彌縫匡救，營衛益謹，自信於何氏繩墨少所出入云爾。"（《皇清經解》本）

皮錫瑞《箴膏肓疏證》《起廢疾疏證》《發墨守疏證》

皮錫瑞（1850—1908），字鹿門，湖南善化（今長沙市）人，舉人出身，清末著名經學家，因仰慕西漢伏之《尚書》學，名居所"師伏堂"。皮氏今文經學造詣頗深，然主張解經當實事求是，不應抱有成見，認爲"今古文皆有師承，不可偏廢"，對各家持論公允，所著《經學歷史》《經學通論》皆爲學人治經學之門徑。皮氏早年治《尚書》學，中年治學重點轉向鄭學，陸續著有《鄭志疏證》《鄭記考證》《圣證論補評》《六藝論疏證》《魯禮禘祫義疏證》《孝經鄭注疏證》《駁五經異義疏證》《答臨孝存周禮難疏證》，收入《師伏堂叢書》《皮氏經學叢書》；晚年著《箴膏肓疏證》《起廢疾疏證》《發墨守疏證》，光緒二十五年己亥（1899）湖南思賢書局刊行。皮氏《疏證》八十五處，六萬餘字，辨章學術，考鏡源流，不但對袁鈞、孔廣林的輯佚成果進行考證，而且重點援引了清代劉逢祿、柳興恩、鐘文丞三家研究成果，闡明鄭氏《春秋》學義理，最具學術價值。

孔廣林、袁鈞、王謨、王復、黃奭等治學是古文經學家的路數，他們以無限景仰之情輯佚鄭玄佚著，全心維護鄭學的權威，以孔廣林表現最爲突出。劉逢祿爲今文學派大家，一代宗師，對何休《公羊》學研究也開一代新風。皮錫瑞精于今文學、鄭學研究，無門户之見，持論公允。因此，要深入、全面研究鄭玄《春秋》學，對兩派經學家的研究成果進行對比研究不失爲一條重要的路徑。

目　　録

尋找青島學脈是文化基因測序工程（代序） ………………………（1）
前言 ……………………………………………………………………（1）

上編　諸家輯佚鄭著《春秋》類成果匯校

《箴膏肓》匯校 …………………………………………………………（3）
《釋廢疾》匯校 …………………………………………………………（20）
《發墨守》匯校 …………………………………………………………（39）

下編　諸家輯佚鄭著《春秋》類成果點校

無名氏輯佚書點校 ……………………………………………………（45）
　《箴膏肓》 ……………………………………………………………（45）
　《箴膏肓補遺》 ………………………………………………………（49）
　《起廢疾》 ……………………………………………………………（49）
　《發墨守》 ……………………………………………………………（55）

袁鈞輯佚書點校 ………………………………………………………（56）
　《箴膏肓》 ……………………………………………………………（56）
　《釋廢疾》 ……………………………………………………………（66）
　《發墨守》 ……………………………………………………………（78）

孔廣林輯佚書點校 ……………………………………………………（81）
　《箴左傳膏肓》 ………………………………………………………（81）
　《釋穀梁癈疾》 ………………………………………………………（89）
　《發公羊墨守》 ………………………………………………………（97）

王復輯佚書點校 …………………………………………………（99）
  《箴膏肓》 …………………………………………………（99）
  《起廢疾》 …………………………………………………（105）
  《發墨守》 …………………………………………………（112）
王謨輯佚書點校 …………………………………………………（113）
  《左氏膏肓》 ………………………………………………（113）
  《穀梁廢疾》 ………………………………………………（120）
  《公羊墨守》 ………………………………………………（127）
黃奭輯佚書點校 …………………………………………………（129）
  《箴左氏膏肓》 ……………………………………………（129）
  《釋穀梁廢疾》 ……………………………………………（139）
  《發公羊墨守》 ……………………………………………（148）
皮錫瑞疏證鄭著《春秋》類成果點校 …………………………（150）
  《發墨守疏證》 ……………………………………………（150）
  《箴膏肓疏證》 ……………………………………………（157）
  《釋廢疾疏證》 ……………………………………………（196）
附錄 ………………………………………………………………（243）
  《四庫全書總目提要》 ……………………………………（243）
  《直齋書錄解題》 …………………………………………（244）
  袁均序　又序 ………………………………………………（244）
  俞樾《鄭氏佚書序》 ………………………………………（245）
  袁鈞《鄭氏佚書叙》 ………………………………………（246）
  王謨《漢魏遺書鈔》叙錄 …………………………………（248）
  《發墨守》《箴膏肓》《釋廢疾》疏證自序 ……………（250）

上 編
諸家輯佚鄭著《春秋》類成果匯校

《箴膏肓》匯校①

隱公

元年傳：不書即位，攝也。[1]

《膏肓》古制，諸侯幼弱，天子命賢大夫輔相爲政，無攝代之義。昔周公居攝，死不記崩。今隱公生稱侯，死稱薨，何因得爲攝?[2]……且《公羊》以爲諸侯無攝。本疏。②

《箴》周公歸政就臣位乃死，何得記崩？隱公見死于君位，不稱薨云何？《禮記·明堂位》疏。《公羊》云："宋穆公云：'吾立乎此，攝也。'"以此言之，何得非《左氏》？[3]本疏。考證曰："本疏謂'鄭康成引《公羊》難云'，則'宋穆公'上當有'《公羊》云'三字，今以義并取此三字入箴。"③

---

① 袁鈞《鄭氏佚書》，光緒年間浙江書局刊本，袁鈞輯有《起廢疾》《發墨守》《箴膏肓》。孔廣林《通德佚書所見録》，光緒十六年山東書局刻本，《山東文獻集成》第一册，輯《箴〈左氏〉膏肓》一卷、《釋〈穀梁〉廢疾》一卷。黃奭《黃氏逸書考·通德堂經解》民國補修、補刊本，輯有《箴〈左氏〉膏肓》一卷、《發〈公羊〉墨守》一卷、《釋〈穀梁〉廢疾》一卷，諸本相較，袁氏輯本條目清晰、幹練，故以袁氏所輯爲工作本。四庫輯、王謨輯、王復輯較粗略，且順序雜亂，皆作參校之本。

② 孔穎達疏："何休《膏肓》以爲：'古制，諸侯幼弱，天子命賢大夫輔相爲政，無攝代之義。昔周公居攝死，不記崩，今隱公生稱侯，死稱薨，何因得爲攝者？周公攝政仍以成王爲主，直攝其政事而已，所有大事稟王命以行之，致政之後乃死，故卒稱薨，不稱崩。隱公所攝，則位亦讓之，以桓爲太子，所有大事皆專命以行，攝位被殺，在君位而死，故生稱公，死稱薨。是與周公異也。且《公羊》以爲諸侯無攝，鄭康成引《公羊》難云：宋穆公云吾立乎此攝也，以此言之，何得非《左氏》？是鄭意亦不從何説也。"

③ 此《考證》爲袁氏之作，其與佚文有關者皆予以保留。

士踰月。[4]

《膏肓》士禮，三月而葬。[5] 今《左氏》云"踰月"，於義《左氏》爲短。《禮記·王制》疏。考證曰："本疏引此，'士禮'二字倒換，無'而'字，'今'下無'《左氏》'字，'踰月'下無'於義'字。"

《箋》禮，人君之喪，殯葬皆數來月、來日，士殯葬皆數死月、死日，尊卑相下之差數。故大夫、士俱三月，其實不同。士之三月，乃大夫之踰月也。《王制疏》。考證曰："'乃'本作'及'，形涉而誤。"今改。**又，人君殯數來日，葬數往月；大夫殯葬皆數來日、來月**；孔注云："以上又見《檀弓正義》，此句作'大夫以上殯葬皆以來日數'。"**士殯葬皆數往日、往月。士之三月，大夫之踰月也。**[6] 本疏。① 考證曰："《王制疏》引前條後加'又云'二字，引此條之首二句謂前說，以正禮言，後說據《春秋》爲說。是鄭《箋》本有二說，非引者二條互異也。《檀弓疏》引鄭《箋》云：'人君殯數來日，葬數往月。大夫以上殯葬皆以來日數。'是約鄭後說之義，亦非別出後說，上當有'又'字。"今據疏義增補。

[1] 孔氏、黃氏輯與袁氏同，四庫、王復輯無《傳》文。

[2] 孔氏、王復、四庫皆輯至此，四庫、王復、黃氏"攝"下有"者"字。輯有省略，依袁輯看，何休《膏肓》"何因得爲攝"下至"且《公羊》"省略了八十六字，見頁下注。

[3] 孔氏、四庫輯與袁氏同。王復與黃氏輯同，而無"周公歸位"至"《公羊》云"二十八字，"周公攝政"至"諸侯無攝"爲孔穎達《禮記疏》文。

[4] 王復輯無《傳》文。

[5] "士禮"，孔疏亦與袁同，孔氏、四庫、王復、黃氏輯作"禮士"。

[6] 孔氏輯、黃氏輯與袁氏輯同。王復輯與孔疏同，云："原本（當指四庫所載《箋膏肓》）此條載在'子產論伯有'條下，今據《春秋》年代改正。"四庫輯作"人君殯數來日，葬數往月。大夫殯葬皆數來日來月。士殯葬皆數往日往月。尊卑相下之差數，故大夫士俱三月，其實不同，士之三月，及大夫之踰月也。"則是《左傳疏》與《王制疏》各取

---

① 孔穎達疏："夫之踰月也，鄭《箋膏肓》以正禮而言故云人君殯葬數來月、來日，若春秋之時天子諸侯之葬皆數死月，故文八年八月天王崩，九年二月葬襄王，又成十八年八月公薨，十二月葬。《傳》云書順也，是皆數死月也。故鄭又云人君殯數來日、葬數往月，據春秋爲說，其殯日之義已具在上。曲禮疏其諸侯奔喪，案異義《公羊》說天王喪赴。"

一半。

桓公

二年傳：今君命太子曰仇，弟曰成師，始兆亂矣。[1]

《膏肓》闕。考證曰："本疏云：'何休謂《左氏》後有興亡由立名善惡，引后稷名弃爲《膏肓》以難《左氏》。'此約《膏肓》之義。"①

《箴》闕。考證曰："本疏云：'大子與桓叔雖並因戰爲名，而所附意異。仇取于戰相仇怨，成師取能成師衆。緣名求義，則大子多仇怨，而成師有徒衆。穆侯本立此名，未必先主此意。但寵愛少子，于時已著。師服知桓叔將盛，故推出此理，因解其名，以爲諷諫，欲使之強幹弱枝耳。人臣規諫，若無端緒，憑何致言以申己志？非謂人之立名必將有驗。'是申鄭《箴》之義，今録以補闕。"②

四年傳：周宰渠伯糾來聘，父在，故名。

《膏肓》《左氏》：宰渠伯糾父在，故名；仍叔之子何以不名？又仍叔之子，以爲父在稱子；伯糾父在，何以不稱子？《四年》經疏。[2]

《箴》仍叔之子者，譏其幼弱，故略言子，不名之。至于伯糾，能堪聘事，私覿又不失子道，故名且字也。同上。③

九年傳：曹大子來朝，賓之以上卿，禮也。

《膏肓》《左氏》以人子安處父位，尤非衰世救失之宜。於義《左氏》爲短。本疏。

《箴》必如所言，父有老耄罷病，孰當理其政，預王事也？[3] 蘇云："暫于天子，下君一等，未暫，繼子男並是降下，其君寧是安居父位。"同上。考證曰："鄭引蘇云者，蘇寬之説，前'士踰月'，箴疏謂是蘇寬稱古禮，如此故知之。"

[1] 孔氏、黄氏輯無"今君"二字。四庫、王復輯無此條。

[2] 此《膏肓》《箴》見經疏，諸家注輯自傳疏、傳正義者皆非，袁氏是。

---

① 孔氏、黄氏所輯與袁同，皆據孔疏，蓋孔疏略引何休《膏肓》之文。
② 袁氏輯與孔氏輯、黄氏輯同，皆認爲孔疏是"申鄭《箴》之義""此足以補鄭氏之箴"，蓋鄭無此箴，今存袁氏《考證》，以見輯者之義。
③ 孔穎達疏："鄭氏所箴與杜同，云伯糾名且字，非杜義。"

[3] 孔氏、四庫、王復、黃氏皆輯至此，無"蘇云"句。袁氏據上"士踰月"條云，而該條并未把"蘇寬"云輯入《箋》內，又據文意，"蘇云"句當非《箋》語。

莊公

元年傳：築王姬之館于外。爲外，禮也。

《膏肓》當築夫人宫下，群公子宫上。《公羊》以爲築宫于外，非禮也；《左氏》以爲築宫于外，禮也。[1]《禮記·曲禮》疏。

《箋》宫廟、朝廷各有定處，無所館天子之女，故宜築于宫外。本疏。

《六年傳》騅甥、聃甥、養甥請殺楚子。[2]

《膏肓》楚鄧彊弱相縣，若從三甥之言，楚子雖死，鄧滅曾不旋踵，若刳腹去疾、炊炭止沸。《左氏》爲短。本疏。

《箋》楚之彊盛從滅鄧以後，于時楚未爲彊，何得云"彊弱相縣"？[3] 蘇氏云："三甥既有此語，《左氏》因《史記》之文録其實事，非君子之論，何以非之？"同上。

十九年傳：鬻拳可謂愛君矣。

《膏肓》人臣諫君，非有死亡之急，而以兵臨君，開篡弑之路。《左氏》以爲愛君，於義《左氏》爲短。本疏。

《箋》楚鬻拳同姓，有不去之恩。[4]《詩·柏舟》疏。

二十五年傳：日有食之，鼓，用牲于社，非常也。[5]

《膏肓》《感精符》云："立推度以正陽，日食，則鼓，用牲于社，朱絲縈社，鳴鼓脇之。"《左氏》云用牲非常，明《左氏》說非夫子《春秋》，於義《左氏》爲短。《禮記·祭法》疏。

《箋》用牲者不宜用，《春秋》之通例，此讖説正陽、朱絲、鳴鼓，豈説用牲之義也？讖用牲于社者，取經完句耳。[6] 同上。考證曰："'完'或誤作'宛'。"①

[1] 孔氏、四庫、王復、黃氏輯皆無《膏肓》之文。袁氏考證曰："《曲禮疏》引何休云云、下引鄭説云云者，當即《膏肓》之文，其末當有'於義《左氏》爲短'六字，六字引文不具爾。"袁氏所輯，甚是。

[2] 孔氏輯、王復輯無略去"騅甥聃甥養甥"六字，黄氏輯、四庫

---

① 孔穎達疏："如鄭此言，是用牲於社，非當從《左氏》義也。"

輯與袁氏輯同。

[3] 孔氏、四庫、王復、黄氏皆輯至此。"疆",王復輯本皆作"彊"。"何得云",孔氏輯奪"得"字。

[4] 王復輯、四庫輯此條只有《箋》,且在後文。

[5] 孔氏輯、黄氏輯無"日有食之"四字。

[6] 王復輯、四庫輯此條《膏肓》《箋》皆在後文。孔氏輯、黄氏輯與袁氏輯同。王復本"完"作"宛"、四庫作"死",皆非。清人余蕭客《古經解鉤沉》於《左傳·桓公二年》"非常也"條下,所輯與諸家同,作"完"。

僖公

二十二年傳:君未知戰。[1]

《膏肓》《左氏》以其不用子魚之計,至于軍敗身傷,所以責襄公也。而《公羊》善之,云:"雖文王之戰,亦不是過。"[2]《詩·大明》疏。

《箋》刺襄公不度德,不量力。《考異郵》云:"襄公大辱,師敗于泓。徒信不知權譎之謀,不足以交鄰國、定遠疆也。"此是譏師敗也。《公羊》不譏,違《考異郵》矣。[3]《詩·大明》疏。

二十三年傳:杞成公卒,書曰子,杞,夷也。

《膏肓》杞子卒,豈當用夷禮死乎?本疏。

《箋》闕。[4]

三十一年傳:夏四月,四卜郊,不從,乃免牲,非禮也。

《膏肓》闕。考證曰:"《禮記·曲禮》疏引魯四卜郊,述休之意云:'魯郊轉卜三正,假令春正月卜,不吉,又卜殷正,殷正不吉,則用夏正郊天。若此三正之内有凶,不從,則得卜夏三月,但滿三吉日,則得爲郊。'"

《箋》以魯之郊天,惟用周正建子之月。牲數,有災,不吉,改卜後月。故或用周之二月、三月,故有啓蟄而郊,四月則不可。[5]《禮記·曲禮》疏。

禮,不卜常祀,而卜其牲、日。

《膏肓》闕。

《箋》當卜祀日月爾,不當卜可祀與否。[6]《禮記·曲禮》疏。天子郊以夏正上旬之日,魯之卜三正下旬之日。[7] 是雖有常時常日,猶卜日也。[8]"《周禮·大宰》疏。

[1] 黄氏與袁氏輯同，孔、王、四庫輯皆作"僖二十二年，宋公及楚人戰于泓"，此《詩·大明疏》語，非《左傳》文。余蕭客《古經解鉤沉·左傳·僖公》亦於"君未知戰"條下自《大明疏》輯入鄭《箴》。故袁氏考證曰："《詩疏》云'宋公及楚人戰于泓'、《左氏》云云，當是孔述《膏肓》之文。"

[2] 孔氏無《膏肓》文。"以其"，王、四庫、黄氏借作"以爲"，與孔疏同。

[3] "度德"，袁訛作"度得"，據孔、王、四庫、黄本改。"考異郵云襄公"，王、四庫作"引考異郵至襄公"。

[4] 王復與四庫因此條未有《箴》文，闕之；袁氏、孔氏、黄氏輯而存之，或以爲有何氏《膏肓》文，即有鄭玄《箴》文。於是孔廣林駁何氏，爲鄭補之曰："杞以不遵王制，爲時王所黜，故侯降而伯，伯降而子。《莊二十七年》書杞伯後無事，見經。至此書杞子卒，傳即于此發義，見其用夷禮久矣。何氏之云，何妖問甚乎！"

[5] 黄氏與袁氏輯同，孔氏、四庫、王復無此條。

[6] 四庫、王復至此皆單列一條。孔氏所輯與袁氏所輯互倒，黄氏輯與袁氏輯同。

[7] "天子郊以夏正上旬之日，魯之卜三正下旬之日"，王復、四庫皆單列爲一條，余蕭客《古經解鉤沉》則輯入《左傳·僖公》"傳四卜郊"下，并注明"《箴膏肓》，《周禮疏二》"。

[8] 此句據文意當爲賈公彦疏之言。

文公

元年傳：穆伯如齊，始聘焉，禮也。[1] **凡君即位，卿出並聘。**[2]

《膏肓》三年之喪，使卿出聘。於義《左氏》爲短。本疏。

《箴》《周禮》："諸侯邦交，歲相問，殷相聘，世相朝。"《左氏》合古禮，何以難之？同上。①

二年傳：襄仲如齊，納幣，禮也。[3]

《膏肓》喪服未畢而行昏禮。《左氏》爲短。本疏。考證曰："《禮

---

① 清惠棟《惠氏春秋說》卷八："愚謂世相朝，三年喪畢，然後相朝。"

記·檀弓》疏謂：'《公羊》譏其喪娶，即《膏肓》之義也。'"

《箋》僖公母成風主昏，得權時之禮。[4]《禮記·檀弓》疏。

五年傳：王使榮叔來含且賵，禮也。

《膏肓》禮，尊不含卑，又不兼二禮。《左氏》以爲禮，於義爲短。本疏。

《箋》禮，天子于二王后之喪，含爲先，襚次之，賵次之，賻次之。于諸侯，含之，賵之。小君亦如之。于諸侯臣，襚之。諸侯相於，[5] 如天子於二王后。于卿大夫，如天子于諸侯。于士，如天子于諸侯臣。何休曰"尊不含卑"是違禮，非經意。其一人兼歸二禮，亦是爲譏。[6] 同上。①

九年傳：秦人來歸僖公成風之襚，禮也。[7]

《膏肓》禮主于敬，一使兼二喪，又于禮既緩，而《左氏》以之爲禮，非也。本疏。

《箋》若以爲緩，按禮，衛將軍文子之喪，既除喪，而越人來弔，子游何得善之？[8] 若譏一使兼二禮，《雜記》諸侯弔禮有含襚賵臨，何以一使兼行？同上。②

十八年傳：此三族也，世濟其凶，增其惡名，以至于堯，堯不能去。

《膏肓》孔子云："蕩蕩乎，堯之爲君！唯天爲大，唯堯則之。"今如《左氏》，堯在位數十年，久抑元愷而不能舉，養育凶人以爲民害而不能去，則孔子稱堯，虛言也。桀紂爲惡一世則誅，四凶歷數十歲而無誅放。《易》云："積不善之家，必有餘殃。"虛言也。《左氏》爲短。本疏。

《箋》闕。[9]

[1] 袁氏、孔氏、黃氏輯至此。

[2] 王復與四庫輯如此。按，從何《膏肓》、鄭《箋》看，[1]與[2]當合。

[3] 孔氏、黃氏輯與袁氏同。

[4] 王復僅有《箋》文，"禮"作"宜"，非。四庫本無此條，據王復注云："案：原本無此條，今據《禮記·檀弓》疏補入。"則此"原

---

① 孔穎達疏："如康成言，尊不含卑，禮無其事。康成以爲譏一人兼二事者，非《左氏》意也。"

② 孔穎達疏："鄭不非其緩也。若譏一使兼二禮，《雜記》諸侯弔禮有含襚賵臨，何以一使兼行？知休言非也。"

本"當指四庫本《箴膏肓》而言。此句余蕭客《古經解鉤沉·左傳·文公》"禮也"條輯與袁同。

［5］"相於"，袁氏、黃氏、皮氏同。孔氏《箴》《廢疾》作"相於"，《疏》作"相與"。王復作《箴》作"於相"，《廢疾》作"相於"；王謨作"相施"。按，據文義，當爲"相與"，或作"相於"，訛作"相施"。

［6］此條五家輯本同，黃氏輯本於《箴》後注云：《穀梁疏》亦引此條，作"釋廢疾"，末有"京師去魯千里，王室無事，三月乃含，故不言來以譏之"數句。詳細情況見《起廢疾》，此不贅述。

［7］四庫、王復輯無"禮也"二字。

［8］孔氏、四庫、王復、黃氏皆輯至此，無下"若譏至兼行"二十四字，此當爲孔穎達疏語，全文見頁下注。

［9］四庫、王復因此條未有鄭《箴》而未輯，袁氏、孔氏、黃氏輯有此條，當是因有何氏《膏肓》文而存之。

宣公

二年傳：失禮違命，宜其爲禽也。

《膏肓》休以爲狂狡近于古道。《詩·大明》疏。

《箴》狂狡臨敵，拘于小仁，忘在軍之禮。譏之義合于讖。[1] 同上。

五年傳：冬，來反馬也。[2]

《膏肓》禮無反馬之法，[3] 而《左氏》以爲得禮。禮，婦人謂嫁曰歸，明無大故不反于家。經書高固及子叔姬來，故譏乘行匹至也。[4]《儀禮·士昏禮》疏。考證曰："《士昏禮疏》稱休以爲云云，'反馬'下本無'之法'字，從本疏補。本疏云：'昏禮無反馬，故何休據之作《膏肓》以難《左氏》，言禮無反馬之法。'"

《箴》①《冠義》云："無大夫冠禮而有其昏禮。"則昏禮者，天子、諸侯、大夫皆異也。本疏。考證曰："本疏作鄭玄答之云云，《詩·鵲巢》疏作《箴膏肓》。"士昏則異，據士禮無反馬，蓋失之矣。按：此十四字據《士昏疏》增入，同孔氏。②《士昏禮》曰："主人爵弁纁裳緇袘，從

---

① 此《箴》見於孔疏及賈疏，袁氏考證較詳，今以袁氏輯爲主，袁氏未及者考論增補之。

② 注文中"按"爲匯校者語。

者畢玄端。乘墨車，從車二乘，執燭前馬。婦車亦如之，有裧。"此婦車出于夫家，則士妻始嫁乘夫家之車也。《詩·鵲巢》云："之子于歸，百兩御之。"又曰："之子于歸，百兩將之。"將，送也。國君之禮，夫人始嫁自乘其家之車也。《何彼襛矣》篇曰："曷不肅雍，王姬之車。"言齊侯嫁女，以其母王姬始嫁之車遠送之。《士昏禮疏》。考證曰："'此婦車'三句本作'此婦乘夫家之車'，'《詩·鵲巢》云'本作'《鵲巢·詩》曰'，無'將送也'三字，'乘其'下無'家之'二字。從本疏增改。本疏《士昏禮》'曰之'，'曰'作'云'，'裧'作'衣'，無'從者'五字，'二乘'下無'執燭前馬'四字，'如之'下無'有裧'二字，無'何彼襛矣'已下三十一字。"則天子、諸侯嫁女，留其乘車可知也。高固，大夫也，來反馬，則大夫亦留其車也。禮雖散亡，按：《儀禮疏》誤作"言"。以《詩》之義論之，大夫以上至天子，按：《士昏疏》有"至天子"三字，據補。其嫁皆有留車反馬之禮。留車，妻之道也；反馬，壻之義也。高固以秋九月來逆叔姬，冬來反馬，則婦入三月，祭行乃反馬，禮也。本疏。考證曰："《士昏禮疏》'嫁女'作'女嫁'，'留其'句無'乘也'二字，'高固'已下作'今高固，大夫，反馬，大夫亦留其車。以《詩》論之，大夫以上至天子有反馬之禮之道之義'，下並無'也'字。'高固以秋九月來逆叔姬'，無'以''九''來'三字，'乃反馬'作'故行反馬'。"又，《詩·鵲巢》疏云："《箴膏肓》引《士昏禮》曰：'主人爵弁纁裳，從車二乘。婦車亦如之，有裧。'又引此詩乃云：'此國君之禮，夫人自乘其家之車也。'又云：'禮雖散亡，以《詩》義論之，天子以至大夫，皆有留車反馬之禮。'《葛屨疏》引《士昏禮》云：'婦入三月而後祭行。'並刪約之辭。"①

九年傳：孔子曰："《詩》云：'民之多辟，無自立辟。'其洩冶之謂乎？"[5]

《膏肓》休以爲洩冶無罪。《公羊·宣十二年傳》疏。

《箴》闕。考證曰："休注《公羊》亦謂洩冶有罪，何得作《膏肓》以短《左氏》？"

十年傳：書曰崔氏，非其罪也。且告以族，不以名。[6]

《膏肓》《公羊》譏世卿。[7] 本疏。考證曰："疏云：'《膏肓》以爲

---

① 孔穎達疏："是説，禮有反馬之法，唯高固不宜親行耳。"

《公羊》譏世卿，而難《左氏》，是孔約鄭義，文不具。"

《箋》闕。[8] 考證曰："本疏引蘇氏云：'崔杼祖父名不見經，則知非世卿，且《春秋》之時諸侯擅相征伐，猶尚不譏世卿，雖曰非禮，夫子何由獨責？'按，鄭《箋》每引蘇氏之説，此爲鄭引與否不可知，然亦足以補箋闕矣。"

[1] 此條五家輯本同。王復輯於《箋》後注云："案：《詩·大明》篇正義引。原本（指四庫所收之本）以上二條倒置，載在'感精符'條下，今據《詩》次序改正"。此條四庫本輯正在"感精符"下、"僖二十二年，宋公及楚人戰于泓"上，今王復輯本移至"僖二十二年，宋公及楚人戰于泓"下，蓋二條皆輯自"《詩·大明》正義"，是據"《詩》次序"，與袁氏等輯次序異。

[2] 孔氏輯有經"冬齊高固及子叔姬來"語，而無《傳》"冬來"二字。王復與袁氏、黃氏同，四庫無輯。

[3] 王復輯至此，是據孔疏。

[4] 孔氏、四庫、王復、黃氏輯與袁氏同，孔氏、四庫無"之法"二字，則以《儀禮·士昏禮》疏。

[5] 孔氏、黃氏輯與袁氏同，四庫、王復未輯此條。黃氏輯有經"陳殺其大夫洩冶"句。

[6] 孔氏輯與袁氏輯同，黃氏輯作"十年，齊崔氏出奔衛，傳'非其罪也'"。因此條無《箋》文，故四庫、王復未輯。

[7] 下黃氏輯有"而難《左氏》"四字。

[8] 鄭《箋》未見，因補袁氏考證、孔氏之注以足鄭義。黃氏亦引孔氏注文，文字略有出入。

成公

八年傳：凡諸侯嫁女，同姓媵之，異姓則否。

《膏肓》媵不必同姓，所以博異氣。今《左傳》異姓則否。十年，齊人來媵，何以無貶刺之文？《左》爲短。[1] 本疏。

《箋》禮稱納女：于天子，云備百姓；于國君，云備酒漿。天子云備百姓，博異氣。諸侯直云備酒漿，不得云百姓，是不博異氣也。何得有異姓在其中？齊是大國，今來媵我，得之爲榮，不得貶也。本疏。考證曰："'備酒漿'下本無'天子云備百姓，博異氣。諸侯直云備酒漿'十六字，

'異氣也'下本無'何得有異姓在其中'八字，從《穀梁·成十年》'齊人來媵'疏引文補入。《穀梁疏》止引此二十四字。"[2]

十四年傳：宣伯如齊逆女，稱族，尊君命也。[3]

《膏肓》《左氏》以叔孫僑如舍族，爲尊夫人。案，《襄二十七年》豹及諸侯之大夫盟，復何所尊而亦舍族？《春秋》之例，一事再見者，亦以省文耳。《左氏》爲短。本疏。

《箴》《左氏》以豹違命，故貶之而去族。今僑如無罪而亦去族，故以爲尊夫人也。《春秋》有事異文同，則此類也。同上。

十七年傳：晉范文子反自鄢陵，[4]使其祝宗祈死。六月戊辰，士燮卒。

《膏肓》休以爲人生有三命：有壽命以保度，有隨命以督行，有遭命以摘暴，未聞死可祈也。昔周公之隆，天不出妖，地不出孽，陰陽和調，[5]災害不生。武王有疾，周公植璧秉珪，願以身代。武王疾愈，周公不夭。由此言之，死不可請[6]，偶自天禄欲盡矣，非果死。今《左氏》以爲果死，因著其事以爲信然，於義《左氏》爲短。《公羊·襄二十九年傳》疏。考證曰："本疏引'人生'至'祈也'止。"按：《左傳疏》無"昔周公至《左氏》爲短"八十二字。

《箴》闕。[7]

十八年傳：所以復霸也。

《膏肓》霸不過五。本疏。不許悼公爲霸。[8]

《箴》天子衰，諸侯興，故曰霸。夏人昆吾，商有豕韋、大彭，周有齊桓、晉文。此最彊者也，故書傳通謂彼五人爲五霸耳。但霸是彊國爲之，天子既衰，諸侯無主，若有彊者，即營霸業，其數無定限也。而何休以霸不過五，不許悼公爲霸，以鄉曲之學，足以忿人。傳稱文襄之霸，襄承文後，紹繼其業，以後漸弱，至悼乃彊，故云復霸。[9]同上。考證曰："疏引鄭元云云，是《箴膏肓》之文。《膏肓》雖闕，觀鄭《箴》可得大略，知'而何休'以下非疏語者，《文五年》'王使榮叔來，含且賵'，《箴》舉何曰亦非疏語，故知是鄭《箴》也。"

[1] 孔氏、王復、黃氏輯作"《左氏》爲短"。

[2] 此二十四字，孔氏輯在注文中，四庫、王復未輯；黃氏輯與袁氏輯同，但注明輯自《穀梁傳疏》。

[3] 此《傳》文見王復輯，蓋因何氏《膏肓》、鄭氏《箴》皆在此《傳》文下孔疏引文中。袁氏、孔氏、黃氏輯作"《十四年傳》舍族，尊

夫人也",此句《傳》文在下文,三家當據鄭《箋》義而輯其於首,非是,當依王復輯爲正。四庫輯無《傳》文。

［4］"范文子"上,黃氏輯本有"晉"字。孔氏與袁氏輯同。

［5］"和調",黃氏作"和順",非。

［6］"請",黃氏作"祈",非。

［7］四庫、王復無此條。

［8］四庫、王復未輯此條。孔氏輯有"不許悼公爲霸"六字,袁氏、黃氏無,據孔疏,或當爲鄭玄説釋何休《膏肓》之語,暫且補上。

［9］孔輯無此《箋》語,據孔疏當爲鄭玄《箋膏肓》之文,袁氏、黃氏所輯,是,宋魏了翁《春秋左傳要義》卷二十九亦輯有"鄭玄何休各言五霸"條,即摘引此孔疏文。黃氏輯於"彊"字皆作"疆",非。

襄公

七年傳:夫郊祀后稷,以祈農事也。是故啓蟄而郊,郊而後耕。[1]

《膏肓》《孝經》云:"郊祀后稷以配天,宗祀文王于明堂以配上帝。"止言配天,不言祈穀。[2]《詩·噫嘻序》疏。

《箋》《孝經》主説周公孝以必配天之義,本不爲郊祈之禮,[3]出是以其言不備。《月令》孟春元日"祈穀于上帝",先即郊天也。後"乃擇元辰,天子親載耒耜,躬耕帝藉",是郊而後耕。二者之禮、獻子之言合。是郊天之與祈穀爲一祭也。[4]同上。考證曰:"本疏云:'《詩·噫嘻序》云"春夏祈穀于上帝",禮仲春之月,《月令》曰:"是月也,天子乃以元日祈穀于上帝。"即是郊天之祭也。其下即云"乃擇元辰,天子親載耒耜,躬耕帝藉",是郊而後耕也。獻子此言正與禮合。《孝經》只言尊嚴其父,主,跡孝子之志,本意不説郊天之祭,無由得有祈穀之言。何休《膏肓》執彼難此,追而想之,亦可以歎息也。'此沖遠①依鄭《箋》爲説。"

十一年傳:季武子將作三軍。[5]

《膏肓》《左氏》説云"尊公室",休以爲與"舍中軍"義同,於義《左氏》爲短。本疏。

《箋》《左氏傳》云:"作三軍,三分公室,各有其一。"謂三家始專

---

① 按:"沖遠"爲孔穎達字。

兵甲，卑公室。云《左氏》説者"尊公室"，[6] 失《左氏》意遠矣。同上。

魏絳于是乎始有金石之樂，禮也。[7] 禮樂孔。

《膏肓》大夫、士無樂。《禮記·曲禮》疏。考證曰："《春秋説題辭》'樂無大夫、士制'，休蓋執以難《左》，故鄭《箴》分別言之。"

《箴》大夫、士無樂。小胥：大夫判縣，士特縣者，小胥所云娛身之樂及治人之樂則有之也，故鄉飲酒有工歌之樂是也。《説題辭》云無樂者，謂無祭祀之樂，故特牲、少牢，無樂。① 同上。考證曰："《曲禮疏》云：'鄭玄《箴膏肓》從《題辭》之義'云云，'説'本譌作'縣'，從宋本。"

十九年傳：王追賜之大路。[8]

《膏肓》天子車稱大路，諸侯車稱路車，[9] 大夫稱車。今鄭子蟜，諸侯之大夫耳，當與天子士同，賜其車而名之曰大路，非正也。孔子曰："惟器與名不可以假人。名不正則言不順。"於義《左氏》爲短。本疏。

《箴》卿以上所乘車皆曰大路，《詩》云："彼路斯何，君子之車。"此大夫之車乘路也。《王制》卿爲大夫。[10]《詩·出車》疏。② 案，《周禮》天子衮冕，上公亦稱衮冕；天子析羽爲旌，諸侯及大夫亦稱旌。又，天子樂官大師，鄉飲酒禮君賜樂亦稱大師。此皆名同于上，則卿大夫之路何獨不可同之于天子大路之名乎？何休之難非也。本疏。考證曰："《詩·采薇》疏、《韓奕疏》並有引。"③

二十二年傳：焉用聖人？[11]

《膏肓》説《左氏傳》者曰："《春秋》之志，非聖人孰能修之？"言夫子聖人，乃能修之。御叔謂臧武仲爲聖人，是非獨孔子。《周禮·大司徒》疏。

《箴》武仲者，述聖人之道，魯人稱之曰聖人。[12] 今使如晉過御叔，御叔不説學，見武仲而雨行，傲之，[13] 云："焉用聖人爲？"《左氏傳》載之者，非御叔不説學，不謂武仲聖與孔子同。同上。考證曰："'聖人'之'人'或譌作'今'，屬下句。"

---

① 孔輯無《膏肓》文，其所輯鄭《箴》又爲注文。
② 孔穎達疏："是鄭以此《詩》將帥爲文王之命大夫，故引《王制》以明之。"
③ 黃氏注云："《詩·韓奕正義》引作'大夫亦得稱路者，以路名本施人君，則其散文卿大夫亦得稱路耳'。"

二十四年傳：然明曰："是將死矣。"[14]

《膏肓》善言者君子所尚，有小人道之輒爲死徵，是善言不可出口。

《箴》闕。考證曰："疏云：'趙文子，賢人也，其語偷。程鄭，小人也，其言善。俱是失常，無所怪惑。'此可補鄭《箴》之闕。"

［1］孔輯"夫郊"上有"孟獻子曰"四字。"耕"，王復作"祈"，"祈"下有"是郊爲祈穀之事也"八字。

［2］孔無《膏肓》文，於《傳》下注云："本傳正義謂《孝經》止云郊祀后稷以配天，不言祈農，何休執彼難此。"

［3］"本"，袁氏本作"死"，據《詩·噫嘻序》疏、孔氏輯本改。

［4］"先即"，孔輯作"是即"，非。王復輯本無"《月令》"以下五十六字。孔無"是郊天"以下十一字。四庫本未有此條。

［5］孔輯無"季武子將"四字，四庫作"魯作三軍"，王復、黃氏與袁氏輯同。

［6］"説者"，袁氏、黃氏、四庫作"説云"，據孔疏、孔氏本、王復本改。

［7］四庫無此條，王復輯作"《春秋説題辭》'樂無大夫士制'。《箴膏肓》從《題辭》之義，'大夫士無樂'"，并注云："案：原本（四庫本）未載此條，今據《禮記·曲禮》疏補入。"黃氏《傳》輯作"《十一年傳》晉侯以樂之半賜魏絳"，無《膏肓》文，《箴》與袁氏同。"樂禮"，孔倒作"禮樂"，非。

［8］"王追"上，孔氏輯有"鄭公孫蠆卒"五字，黃氏輯有"於四月丁未，鄭公孫蠆卒。赴於晉大夫范宣子，言於晉侯，以其善於伐秦也。六月，晉侯請於王，王追賜之大路，使以行禮也"四十七字。王復輯作"王追賜之大路，使以行禮也"十一字。四庫所輯《膏肓》文與袁氏同，鄭氏《箴》僅有"《詩·采薇》云：'彼路斯何，君子之車。'言大夫亦得爲路車"二十字，較簡略。

［9］黃輯奪"車"字。

［10］孔氏輯至此，而王復只輯此下"案《周禮》"等七十七字，黃氏與袁氏同。

［11］黃氏輯作"《二十二年傳》臧武仲如晉，雨，過御叔。御叔在其邑，將飲酒，曰：'焉用聖人？我將飲酒而已雨行，何以聖爲？'"四庫、王復無《傳》文，《膏肓》《箴》與袁同。

［12］"聖"下，孔氏、四庫、王復奪"人"字。"聖"下，孔氏、四庫、王復衍"今"字。

［13］"傲之"，王謨作"做之"。

［14］"然明"上，"《二十四年傳》"下，孔氏輯有"程鄭問降階何由"七字，黃氏輯爲"鄭行人公孫揮如晉聘……"九十一字，較蕪累。四庫、王復未有此條。

昭公

四年傳：雹之爲災，[1] 誰能御之？《七月》之卒章，藏冰之道也。[2]

《膏肓》《春秋》書雹，以爲政之所致，非由冰也。若今朝廷藏冰，亦不于深山窮谷，何得或無雹？天下郡縣皆不藏冰，何故或不雹？若言有之，于古者，[3] 必有驗；于今，此其不合；於義，失天人相與之意。本疏。

《箴》雨雹，政失之所致，是固然也。國之失政，君子知其大者，其次知其小者。藏冰之禮，凌人掌之，《月令》載之，《豳》詩歌之，[4] 此獨非政與？故其小者耳。夫深山窮谷固陰沍寒，極陰之處冰凍所聚，不取其冰則氣畜不泄，結滯而爲伏陰。凡雨水，陽也；雪雹，[5] 陰也。雨水而伏陰薄之，則凝而爲雹；雨雪而愆陽薄之，則合而爲霰。申豐見時失藏冰之禮而有雹，推之陰陽，知此伏陰所致，亦聖人之寓言也。詳載其言者，以著藏冰之禮不可廢耳。同上。①

七年傳：子產曰："鬼有所歸乃不爲厲，吾爲之歸也。"[6]

《膏肓》孔子不語怪力亂神，[7] 以鬼神爲政必惑衆，故不言也。今《左氏》以此令後世信其然，廢仁義而祈福于鬼神，此大亂之道。子產雖立良止以托繼絶，此以鬼賞罰，要不免于惑衆，豈當述之以示季末？[8] 本疏。

《箴》伯有，惡人也，其鬼爲厲鬼。[9] 厲者，陰陽之氣相乘不和之名，《尚書五行傳》"六厲"是也。人死體魄則降，魂氣在上，[10] 有尚德者附和氣而興利。孟夏之月，令雩祀百辟、卿士有益于民者，由此也。爲厲者，因害氣而施災，故謂之厲鬼。《月令》民多厲疾，《五行傳》有御六厲之禮。禮，天子立七祀，有大厲；諸侯立五祀，有國厲。欲以安鬼神、弭其害也。子產立良止，使祀伯有以弭害，乃禮與洪範之事也。子所不語怪力亂神，謂虛陳靈象，于今無驗也。伯有爲厲鬼，著明若此，而何

---

① 孔穎達疏："（劉）炫謂鄭言是也，申豐寄言於此以諫失政，其雹不是盡由冰也。"

不語乎？子產固爲衆愚將惑，故并立公孫洩，云從政有所反之以取媚也。孔子曰："民可使由之，不可使知之。"子產達于此也。同上。考證曰："'其死'一作'其鬼'。"

十八年傳：宋、衛、陳、鄭皆火，梓愼登大庭氏之庫以望之。[11]

《膏肓》宋、衛、陳、鄭去魯皆數千里，謂登高以見其火，豈實事哉？本疏。

《箴》闕。考證曰："疏云：'孔子在陳，知桓僖災者，豈復望見之乎？若見火知災，則人皆知之矣，何所貴乎梓愼？《左氏傳》而編記之哉。且四國去魯纔數百里，而何休云數千里，雖意欲其遠，亦虛妄之極。梓愼所望，自當有以知之。'此足補鄭《箴》之闕。"

二十六年傳：王后無適，則擇立長。年鈞以德，德鈞以卜。王不立愛，公卿無私，古之制也。

《膏肓》休以爲《春秋》之義三代異，建適媵，別貴賤，有姪娣以廣親疏。[12] 立適以長不以賢，立子以貴不以長。王后無適，明尊之敬之，義無所卜筮。不以賢者，人狀難別，嫌有所私，故絶其怨望，防其覬覦。今如《左氏》言云："年鈞以德，德鈞以卜。"人君所賢，下必從之，焉能使王不立愛也？豈復有卜？若其以卜，隱桓之禍，皆由是興，乃曰古制，不亦謬哉？又，大夫不世，如并爲公卿，通繼嗣之禮。《左氏》爲短。《周禮·太卜》疏。考證曰："'人君'本作'君之'，'下必'本作'人必'，無'焉能使王不立愛也'八字，從本疏改補。本疏引者，'人君'十六字及'大夫不世'已下。'世'下有'功'字，'如'作'而'，'繼嗣'下無'之禮'二字，'豈復有卜'下本無'若其以卜'四字，從《禮記·檀弓》疏補。《檀弓疏》引者，'若其'五句，'之禍'作'以禍'，'是興'作'此作'，'不亦謬哉'作'固亦謬矣'。"①

《箴》立適以長不以賢，固立長矣。無適而立子，以貴不以長，固立賢矣。若長鈞貴鈞，何以別之？故須卜。《禮記·檀弓》疏。考證曰："'立子'上本無'無適而'三字，從《太卜疏》補。《太卜疏》引者作'立適固以長矣，無適而立子固以貴矣'。"今言無適則擇立長，謂貴鈞始立長，王不得立愛之法。年鈞，則會群臣、群吏、萬民而詢之，有司以序

---

① 袁氏輯《膏肓》《箴膏肓》之文皆輯自《周禮·太卜疏》《禮記·檀弓疏》，考證甚詳，不再出校語。

進而問。《太卜疏》。《周禮》:"小司寇掌外朝之政,以致萬民而詢焉。其三曰詢立君。其位:王南鄉,三公及州長、百姓北面,群臣西面,群吏東面。小司寇以序進而問焉。"如此則大衆之口非君所能掩,是王不得立愛之法也。本疏。考證曰:"《太卜疏》引'大衆'已下十八字。"《禮》有"詢立君""卜立君",是有卜也,示義在此。短之言謬,[13] 失《春秋》與《禮》之義矣。《太卜疏》。考證曰:"本無'卜立'七字,從《檀弓疏》補。《檀弓疏》引'禮有'十二字。"**公卿之世立者,有大功德,先王之命有所不絶者,是大功特命,則得世位也。**《詩·文王》疏。考證曰:"'世立'下本無'者有'二字,從《太卜疏》補。《太卜疏》引者,'有'下無'大'字,'絶'譌'犯',下無'者'字。止本疏亦引'公卿'三句,'世'下無'立者'二字,'先王'句無'之有'二字,'特命'本譌'時命',改。"

[1] 孔氏輯"雹之"上有"今藏川池之冰,棄而不用"十字。四庫、王復題作"申豐論雨雹"。

[2] 孔氏輯無"《七月》"以下十字。

[3] 四庫、王復輯脱"者"字。

[4] "詩",王復、黄氏輯作"風"。

[5] "雪",王輯訛作"雷"。

[6] 孔氏、黄氏輯作"子産立公孫洩及良止,子大叔問其故。子産曰:'鬼有所歸乃不爲厲,吾爲之歸也。'大叔曰:'公孫洩何爲?'子産曰:'説也。爲身無義而圖説,從政有所反之以取媚也。'"六十三字,較煩瑣。四庫、王復題作"子産論伯有"。

[7] 王輯奪"孔"字。

[8] "述",王復輯訛作"迷"。

[9] 上"鬼"字,黄氏、四庫輯訛作"似"。

[10] "魂",四庫、黄氏輯訛作"知"。

[11] 孔氏輯《十八年傳》下作"梓慎登大庭氏之庫以望之,曰:'宋、衛、陳、鄭也。'"十七字;黄氏輯自"夏五月"至"數日皆來告火"六十四字。四庫、王復未有此條。

[12] "廣",孔氏、四庫作"辨"。

[13] "短"四庫作"距"。

《釋廢疾》匯校

　　本傳作《起廢疾》，《鄭志目録》"起"作"釋"，《隋志》亦作"釋"。按，范甯《穀梁注》並引"鄭君釋"，當從《鄭志》。此書因范氏采入注中，故所存獨多。

　　隱公

　　元年經：天王使宰咺來歸惠公仲子之賵。[1]
　　《廢疾》闕。
　　《釋》平王新有幽王之亂，遷于成周，[2] 欲崇禮于諸侯。原情免之，若無事而晚者，去"來"以譏之，榮叔是也。《禮記·雜記》疏。
　　《傳》仲子者何？惠公之母、孝公之妾也。
　　《廢疾》闕。
　　《釋》若仲子是桓之母，桓未爲君，則是惠公之妾，天王何以賵之？則惠公之母亦爲仲子也。[3] 本疏。
　　大夫日卒，正也；[4] 不日卒，惡也。
　　《廢疾》《公羊》以爲日與不日爲遠近異辭。若《穀梁》云"益師惡而不日"，則公子牙及季孫意如何以書日乎？本疏。
　　《釋》公子牙，莊公弟，不書弟，則惡明也，故不假去日。季孫意如，則定公所不惡，故亦書日。同上。考證曰："疏引何休云，即引鄭君釋之。"
　　五年傳：苞人民，毆牛馬，曰侵。斬樹木，壞宫室，曰伐。[5]
　　《廢疾》廄焚，孔子曰："傷人乎？"不問馬。今《穀梁》以苞人民、毆牛馬爲輕，[6] 斬樹木、壞宫室爲重，是理道之不通也。本疏。
　　《釋》苞人民、毆牛馬，兵去則可以歸還。其爲壞宫室、斬樹木，則樹木斷不復生，[7] 宫室壞不自成，爲毒害更重也。同上。考證曰："疏引作'鄭元云'。"

[1] 四庫、王復輯無"天王使"三字。

[2] "遷",四庫輯作"還"。

[3] 王復輯無《傳》及《廢疾》文,并注云:"案:《春秋穀梁傳·隱公元年》疏引。原本(四庫本)此條殿末,今據《春秋》年代改正。"

[4] 孔氏輯無《傳》"大夫日卒,正也"六字,有《經》"公子益師卒"五字。黃氏輯較袁氏多《經》"公子益師卒"五字。

[5] 四庫、王復未輯《傳》文。

[6] 袁氏考證曰:"疏引《廢疾》本無'毆牛馬'三字,以義增。"按:此三字孔氏輯入正文,四庫、黃氏未輯。

[7] 四庫輯無"其爲壞宮室、斬樹木,則"九字。

桓公

四年傳:四時之田,皆爲宗廟之事也。春曰田,夏曰苗,[1] 秋曰蒐,冬曰狩。四時之田用三焉,惟其所先得,一爲乾豆,二爲賓客,三爲充君之庖。

《廢疾》《運斗樞》曰:"夏不田。"《穀梁》有夏田,於義爲短。《禮記·王制》疏。

《釋》歲三田,謂以三事爲田。[2] 同上。考證曰:"疏引此云,即一曰乾豆之等,是深塞何休之言。"四時皆田,夏殷之禮。《詩》云:"之子于苗,選徒囂囂。"夏田明矣。孔子雖有聖德,不敢顯然改先王之法以教授于世。若其所欲改,具陰書于緯,[3] 藏之以傳後王。《穀梁》四時田者,近孔子故也。《公羊》正當六國之亡,[4] 讖緯見讀而傳爲三時田。作傳有先後,雖異不足以斷《穀梁》也。同上。

八年傳:遂,繼事之辭也。其曰遂逆王后,故略之也。或曰天子無外,王命之則成矣。

《廢疾》闕。考證曰:"《公羊傳》云:'使我爲媒可,則因用是往逆矣。女在其國稱女,此其稱王后何?王者無外,其辭成矣。'《穀梁》以遂逆爲譏,《公羊》不譏。《左氏》説亦云'王者無敵,無親迎之禮。'休蓋主不親迎之説,故鄭釋之如左。"

《釋》大姒之家,在邰之陽,在渭之涘。文王親迎于渭,即天子親迎之明文矣。天子雖尊,其于后,猶夫婦。夫婦配合,禮同一體,所謂無敵，豈施此哉？《禮記》哀公問曰："冕而親迎，不已重乎？"孔子愀然作色而對曰："合二姓之好，以繼先聖之後，以爲天地、宗廟、社稷之主，君何謂已重焉？"此言親迎，繼先聖之後，爲天地、宗廟、社稷之主，非天子則誰？[5]《桓八年經》注。

十三年傳：其不地，于紀也。[6]

《廢疾》春秋戰無不地，即于紀戰，無爲不地也。本注。考證曰："注不稱《廢疾》，其下即接引鄭君語。疏引何休難云：'在紀，無爲不地。'與注同，則注'春秋'云云，是《廢疾》也。"①

《釋》"紀"當爲"己"，謂在魯也，字之誤耳。時在龍門，城下之戰迫近，故不地。同上。考證曰："疏引無'謂在'九字及'之戰'四字，删約之文。"

［1］孔氏輯於《四年傳》下僅有"夏曰苗"三字。黄氏輯無"四時之田"以下二十六字。四庫、王復未輯《傳》文。

［2］"歲三田，謂以三事爲田"，孔氏、王復輯在最後，四庫單列一條，黄氏無此句。

［3］"具"，王復輯訛作"其"。

［4］"正"，孔氏輯奪。

［5］此《釋》文爲《穀梁·桓八年》經范寧注語，"大姒之家"上有"鄭君釋之曰"五字，袁氏、黄氏遂以爲《起廢疾》之文，孔氏、四庫、王復未輯。按：《詩·大雅·大明》疏"文王雖人子時，事在雅，則天子法，天子當親迎。故《異義》：《公羊》說天子至庶人娶皆當親迎，《左氏》說王者尊，無體敵之義，故不親迎。鄭駁之云：'大姒之家，在洽之陽，在渭之涘。文王親迎於渭，即天子親迎，明矣。天子雖至尊，其於后猶夫婦也。夫婦判合，禮同一體，所謂無敵，豈施於此哉！《禮記·哀公問》曰："寡人願有言，然冕而親迎，不已重乎？"孔子愀然作色而對曰："合二姓之好，以繼先聖之後，以爲天地宗廟社稷之主，君何謂已重乎？"此言親迎，繼先聖之後爲天地宗廟主，非天子則誰乎？'是鄭意以此爲天子之法，故引之以明天子當親迎也。"又，《禮記疏》云："許氏

---

① 孔氏注曰："集解不著'何休曰'，據疏，知爲《廢疾》語也。"楊士勛疏："'其不地於紀也'者，《春秋考異郵》云：'時戰在魯之龍門。'故何休難云：'在紀無爲不地。'鄭玄云：'紀當爲己，在龍門城下，故不地。'何休注《公羊》亦云：'戰魯龍門，兵攻城池，恥之，故不地。'是皆以紀爲己，非紀國也。"

謹案：高祖時皇大子納妃，叔孫通制禮，以爲天子無親迎，從《左氏》義也。駁之云：大姒之家在渭之涘，文王親迎於渭，即天子親迎明文也。引《禮記》冕而親迎，繼先聖之後，以爲天地宗廟社稷之主，非天子則誰乎？如鄭此言，從《公羊》義也。"鄭玄有駁許慎《五經異義》，則此條當爲鄭玄《駁五經異義》之文，非其《起廢疾》之文，四庫等輯鄭氏《駁五經異義》亦輯此條。①

［6］此條四庫、王復未輯。

莊公

四年傳：不言滅，而曰大去其國者，不使小人加乎君子。[1]

《廢疾》《春秋》："楚世子商臣弑其君，其後滅江、六。"不言大去，又大去者，于齊滅之不明。但知不使小人加乎君子，而不言王滅[2]，縱失襄公之惡，反爲大去也。本注。

《釋》商臣弑其父，大惡也，不得但爲小人。江、六之君又無紀侯得民之賢，不得變滅言大去也。元年冬，齊師遷紀；三年，紀季以酅入于齊。今紀侯大去其國，是足起齊滅之矣。即以變滅言大去，爲縱失襄公之惡。是乃經也，非傳也。且《春秋》因事見義，舍此以滅人，爲罪者自多矣。同上。②

六年傳：王人，卑者也。稱名，貴之也。[3]

《廢疾》稱子，則非名也。本注。

《釋》王人，賤者，録則名可。今以其銜命救衛，故貴之。貴之，則子突爲字，可知明矣。此名當爲字誤爾。同上。③

---

① 孔穎達《禮記疏》曰："《異義》云：'《禮》戴說天子親迎，《左氏》說天子不親迎，使上卿迎之。諸侯亦不親迎，使上大夫迎之。'鄭《駁異義》云：'文王迎大姒，親迎於渭。'又引孔子答哀公：'合二姓之好，以繼先聖之後，以爲天地宗廟社稷之主，冕而親迎，君何謂已重乎？'此天子諸侯有親迎也。若不親迎，則宜致女，云'備百姓也'。"

② 楊士勛《疏》曰："此是鄭難何休云'縱失襄公之惡也'，言《春秋》有因事見義者，不得不舍此以滅人爲罪也。若《僖五年》晉人執虞公、《十九年》梁亡之類是也。"

③ 楊士勛《疏》曰："鄭答【何休云】傳文'稱名貴之'者，名當爲字，則鄭玄以子突非名。徐乾云：故加名以貴之。則子突非字，二者不同者，鄭意若以子突爲名，則書名者乃士之常稱，傳何以云貴之？故知子突是字。徐乾意，稱人則王之卑者不合書名，《僖八年》公會王人于洮是也，今稱名即是貴之，故二說不同，或以爲突是名，子是貴，理亦通，但注意似不然。"

九年傳：當可納而不納，[4] 齊變而後伐，故乾時之戰不諱敗，惡內也。[5]

《廢疾》三年，溺會齊師伐衛，故貶而名之。四年，公及齊人狩于郜，故卑之曰人。今親納讎子，反惡其晚，恩義相違，莫此之甚。本注。

《釋》于讎不復，則怨不釋，而魯釋怨，屢會仇讎，一貶其臣，一卑其君，亦足以責魯臣子。其餘則同，不復譏也。至于伐齊納糾，譏當可納而不納爾。此自正義不相反也。同上。

十八年傳：不言日，不言朔，夜食也。[6]

《廢疾》《春秋》不言月食日者，以其無形，故闕疑。其夜食，何緣書乎？本注。

《釋》一日一夜合爲一日。今朔日，日始出，其食有虧傷之處未復；故知此自以夜食。夜食則亦屬前月之晦，故穀梁子不以爲疑。同上。

二十三年傳：不正其外交，故不與使也。[7]

《廢疾》南季、宰渠伯糾、家父、宰周公來聘，皆稱使，獨于此奪之，何也？本注。

《釋》諸稱使者是奉王命，其人無自來之意。今祭叔不一心于王，而欲外交，不得王命來，故去使以見之。同上。

三十二年經：癸巳，[8] 公子牙卒。

《廢疾》傳例，大夫不日卒，惡也。牙與慶父共淫哀姜，謀殺子般，而日卒，何也？本注。

《釋》牙，莊公母弟。不言弟，其惡已見，不待去日矣。同上。①

[1] 王復未輯《傳》文。
[2] 孔氏輯奪"而不言王滅"五字。
[3] 孔輯多《經》"王人子突救衛"六字，無《傳》文"王人，卑者也"五字；而王復輯只有經文六字。
[4] 此句上黃氏尚輯《傳》上有《經》"公伐齊納科"五字。
[5] 王復、四庫輯無《傳》文。
[6] 黃氏輯此下尚有《傳》文"何以知其夜食也？曰王者朝日"十

---

① 楊士勛《疏》曰："范既引鄭君之説，又云未詳者，范以《僖十六年傳》稱公弟叔仲賢也，大夫不言公子、公孫，疏之也。若牙，實有罪，則應去公子以見疏，今書公子，故云未詳也。或申鄭君義云，牙不去公子爲親者諱。然則鄭意若以爲諱，何得云其惡已見？是鄭權苔何休之難，不顧上下之理，故范云未詳也。"

二字。四庫、王復輯無《經》《傳》文。

［7］孔氏輯《傳》文上尚有《經》"祭叔來聘"四字，而此四字黄氏輯爲《傳》文。四庫、王復輯無《經》《傳》文。

［8］孔氏輯"癸巳"上尚有"秋七月"三字，黄氏輯同。王復輯無此《經》。四庫輯無此條。

僖公

九年傳：桓盟不日，此何以日？美之也。爲見天子之禁，故備之也。[1]

《廢疾》即日爲美，其不日皆爲惡也。桓公之盟不日，皆爲惡邪。莊十三年，柯之盟不日，爲信。至此日以爲美，義相反也。本注。

《釋》柯之盟不日，固始信之。自其後盟以不日爲平文。從陽穀以來，至此葵丘之盟，皆令諸侯以天子之禁。桓德極而將衰，故備日以美之。自此不復盟矣。同上。

【補輯】《九年傳》葵丘之盟陳牲而不殺。何休注："所謂無歃血之盟。"鄭君曰："盟牲，諸侯用牛，大夫用豭。"楊士勛疏："注又引鄭君曰'盟牲，諸侯用牛，大夫用豭'者，《左傳》云'諸侯盟，誰執牛耳'？又曰'鄭伯使卒出豭'，是其證也。"①

十一年傳：雩得雨曰雩，不得雨曰旱。[2]

《廢疾》《公羊》書雩者，善人君應變求索。[3] 不雩，則言旱。旱而不害物，言不雨也。就如《穀梁》設本不雩，何以明之？如以不雨明之，設旱而不害物，何以別乎？本注。

《釋》雩者，夏祈穀實之禮也，旱亦用焉。得雨書雩，明雩有益；不得雨書旱，明旱災成，後得雨無及也。國君而遭旱，雖有不憂民事者，何乃廢禮本不雩禱哉？顧不能致精誠也。旱而不害物，故以久不雨別之。文二年、十三年"自十有二月""自正月"、"不雨，至于秋七月"是也。《穀梁傳》曰："歷時而言不雨，文不閔雨也。"以文不憂雨，故不如僖時書不雨。文所以不閔雨者，素無志于民，性退弱而不明，又見時久不雨而無災耳。同上。

十三年傳：兵車之會也。[4]

---

① 諸家未輯此條，補之於後。

《廢疾》闕。考證曰："疏云何休于此有《廢疾》，范不具載，鄭釋者以數九會，異于鄭故也。"

《釋》自柯之明年，葵丘以前，去貫與陽穀固已九合矣。莊二十七年疏。考證曰："《二十七年傳》衣裳之會十有一，范注《十三年》會北杏，《十四年》會鄄，《十五年》又會鄄，《十六年》會幽，《二十七年》又會幽。《僖元年》會檉，《二年》會貫，《三年》會陽穀，《五年》會首戴，《七年》會甯母，《九年》會葵丘。疏云衣裳之會十有一者，謂從北杏至葵丘也。《論語》稱九合諸侯者，貫與陽穀二會管仲不欲，故去之，自外惟九合也。鄭《釋廢疾》云云，則鄭意不數北杏，自外與范注同也。又，《莊十三年》會北杏，疏云鄭《釋廢疾》數九會以柯之明年爲始，又云鄭以孔子云九合諸侯，北杏之會，經無諸侯之文，故不數之，則鄭數九會自柯之明年會鄄始也。會鄄至葵丘，中間去貫與陽穀止八會。鄭以柯之明年始，自不得數柯，而疏所云貫與陽穀二會及疏引《釋廢疾》所云去貫與陽穀者，'貫'並是'北杏'之譌；所云鄭意，不數北杏者，北杏下又脫'陽穀'二字爾。"

十四年傳：諸侯城，有散辭也。桓德衰矣。[5]

《廢疾》案，先是盟亦言諸侯，非散也。又《穀梁》美九年諸侯盟于葵丘。即散，何以美之邪？於義《穀梁》爲短。本注。考證曰："本無末句，從《公羊疏》引補入，《公羊疏》'美之'下無'邪'字。"

《釋》九年，公會宰周公、齊侯、宋子、衛侯、鄭伯、許男、曹伯于葵丘。九月戊辰，盟于葵丘。時諸侯初在會，未有歸者，故可以不序。今此十三年夏，公會齊侯、宋公、陳侯、衛侯、鄭伯、許男、曹伯于鹹，而冬公子友如齊，此聘也。書聘，則會固前已歸矣。今云諸侯城緣陵而不序其人，明其散。桓德衰矣，葵丘之事安得以難此？同上。

十八年傳：戰不言伐，客不言及。言及，惡宋也。[6]

《廢疾》戰言及者，所以別客主直不直也。故文十二年晉人、秦人戰于河曲，兩不直，故不云及。今宋言及，明直在宋，非所以惡宋也。即言及爲惡，是河曲之戰爲兩善乎？又《穀梁》以河曲不言及，略之也，則自相反矣。本注。考證曰："又見王哲《春秋皇綱論》，'不直'下無'也故'，'文十二年晉人、秦人戰于河曲'十四字，有'河曲之戰'四字，'不云'作'去'，'自相'上無'則'字。"

《釋》及者，別異客主耳，不施于直與不直也。直不直自在事而已。

義兵則客直，宣十二年夏，"晉荀林父帥師及楚子戰于邲，晉師敗績"是也。兵不義則主人直，莊二十八年春，"衛人及齊人戰，衛人敗績"是也。今齊桓卒，未葬，宋襄欲興霸事而伐喪，于禮尤反。故反其文以宋及齊，即實以宋及齊，明直在宋。邲之戰，直在楚，不以楚及晉，何邪？秦晉戰于河曲，不言及，疾其亟戰爭舉兵，故略其先後。同上。

伐衛所以救齊也。[7]

《廢疾》即伐衛救齊，當兩舉，如伐楚救江矣。又《傳》以爲江遠楚近，故伐楚救江。今狄亦近衛而遠齊，其事一也，義異何也？於義《穀梁》爲短。本注。考證曰："本無末句，從《公羊疏》引補入，《公羊疏》無'義異何也'四字。"

《釋》文三年冬，晉陽處父帥師伐楚救江。兩舉之者，以晉未有救江文，故明言之。今此春，宋公、曹伯、衛人、邾人伐齊；夏，狄救齊；冬，邢人、狄人伐衛，爲其救齊可知，故省文耳。事同義又何異？同上。

二十一年經：大旱。[8]

《廢疾》闕。

《釋》《春秋》凡書二十四旱，《考異郵》説云分爲四部，各有義焉。《禮記·月令》疏。①

《傳》外釋不志此，其志何也？以公之與之盟日之也。不言楚，不與楚專釋也。[9]

《廢疾》《春秋》以執之爲罪，不以釋之爲罪。責楚子專釋，非其理也。《公羊》以爲，公會諸侯釋之，故不復出楚耳。本注。

《釋》不與楚專釋者，非以責之也。《傳》云"外釋不志，此其志何也？以公之與之盟日之也。"言公與諸侯盟而釋宋公，公有功焉。與《公羊》義無違錯。同上。

孔氏輯《傳》上有《經》"戰於泓"三字，無《傳》"襄公"至"則"十七字，黃氏誤把《經》"宋公及楚人戰於泓，宋師敗績"十二字輯爲《傳》。

二十二年傳：襄公曰："不鼓不成列，須其成列而後擊之。"則衆敗而身傷焉。[10]

《廢疾》即宋公身傷，[11] 當言公，不當言師，成十六年，"楚子敗績"

---

① 余蕭客《古經解鉤沉》輯與袁氏同。

是也。又《成十六年傳》曰："不言師，君重于師也。"即成十六年是，二十二年虛言也。即二十二年是，十六年非也。本注。

《釋》《傳》說"楚子敗績"，曰"四體偏斷"，此則目也。此言君之目與手足有破斷者，乃爲敗矣。今宋襄公身傷耳，非四體偏斷，又非傷目，尚持鼓，軍事無所害，而師猶敗，故依常例稱師，不言宋公敗績也。《傳》所以言，則衆敗身傷焉者，疾其信而不道，以取大辱。"同上。考證曰："疏引鄭玄云'非四體偏斷，又非傷目，故以常例稱師'也。三句前二句，是'身傷'下脫文，後一句去'故''也'二字，是'師猶敗'下脫文，今並補入。'尚持鼓'之'尚'本作'當'，'則衆敗'之'則'本作'敗'，並形涉而譌，今以義改。"按：孔氏、四庫、王復、黃氏輯無此三句，與袁氏異。

二十三年傳：不葬，何也？失民也。其失民何也？以其不教民戰，則是弃其師也。[12]

《廢疾》所謂教民戰者，習之也。《春秋》貴偏戰而惡詐戰。宋襄公所以敗于泓者，守禮偏戰也，非不教其民也。孔子曰："君子去仁，惡乎成名？造次必于是，顛沛必于是。"未有守正以敗而惡之也。《公羊》以爲不書葬，爲襄公諱。背殯出會，所以美其有承齊桓尊周室之美志。本注。

《釋》教民習戰而不用，是亦不教也。詐戰謂不期也。既期矣，當觀敵爲策。倍則攻，敵則戰，少則守。今宋襄公于泓之戰違之，又不用其臣之謀而敗。故徒善不用賢良，不足以興霸王之功；徒信不知權譎之謀，不足以交隣國，會遠疆。故《易》譏鼎折足，《詩》刺不用良。此説善也。[13] 同上。考證曰："'徒信'本譌'徒言'，此《考異郵》文。據《膏肓》引是'信'字，此脫偏旁耳，今改正。《膏肓》所引'徒信'至'遠疆'，此故易二句，疑亦《考異郵》文，故鄭云'此説善也'。"

二十五年傳：其不稱名姓，以其在祖之位，尊之也。[14]

《廢疾》曹殺其大夫亦不稱名姓，豈可復以爲祖乎？本注。

《釋》宋之大夫盡名姓。禮，公族有罪，刑于甸師氏，不與國人，慮兄弟也，所以尊異之。孔子之祖孔父累于宋殤公而死，今骨肉在其位而見殺，故尊之，隱而不忍稱名氏。若罪大者名之而已，使若異姓然，此乃祖之疏也。曹殺其大夫，自以無大夫，不稱名氏耳。《春秋》辭同事異者甚多。隱去即位以見讓，莊去即位爲繼弑，是復可以此例非之乎？同上。考證曰："'此乃祖之疏也',疏云古本或作'禮之疏'。"

納者,內弗受也。圍一事也,納一事也。而遂言之,蓋納頓子者,陳也。[15]

《廢疾》即陳納之,當舉陳,何以不言陳？本疏。

《釋》納頓子固宜爲楚也,穀梁子見經云"楚人圍陳,納頓子于頓",有似"晉陽處父伐楚救江"之文,故云蓋陳也。同上。

二十七年傳：人楚子,所以人,諸侯也。其人諸侯,何也？不正其信夷狄而伐中國也。[16]

《廢疾》哀元年,楚子、陳侯、隨侯、許男圍蔡。不稱人,明不以此故也。本注。

《釋》時晉文爲賢伯,故譏諸侯不從而信夷狄也。哀元年,時無賢伯,又何據而當貶之耶？"同上。①

三十年傳：以尊遂乎卑,此言不敢叛京師也。[17]

《廢疾》大夫無遂事。案,襄十二年,季孫宿救台,遂入鄆,惡季孫不受命而入也。如公子遂受命如晉,不當言遂。本注。

《釋》遂固受命如京師如晉,不專受命于周。《經》近上言,[18]天王使宰周公來聘,故公子遂報焉。因聘于晉,尊周,不敢使並命,使若公子遂自往,然即云"公子遂如京師如晉",是同周于諸侯,叛而不尊天子也。《公羊傳》有"美惡不嫌同辭",何獨不廣之于此乎？同上。

[1] 孔氏輯《傳》上有《經》"九月戊辰,諸侯盟于葵丘"十字,而又無《傳》文"爲見天子之禁,故備之也"十字,黃氏輯同。四庫、王復輯無《傳》文。

[2] 孔氏輯《傳》上有《經》"大雩"二字,黃氏輯與袁同。四庫、王復輯無《傳》文。

[3] "善",王復輯作"美"。

[4] 孔氏輯《傳》上有《經》"會於鹹"三字,黃氏與袁同,四庫、王復輯惟有《去廢疾》文。

[5] 孔氏輯《傳》上有《經》"諸侯城緣陵"五字,黃與孔同,四庫、王復輯無《傳》文。

---

① 楊士勛疏曰："鄭云無賢伯,范言楚盛者,二者相接也。爲當時無賢伯,楚又彊盛,故諸侯不得不從也。"

［6］孔氏輯《傳》上有《經》"宋師及齊師戰于甗"八字，黄氏同。四庫、王復輯無《傳》文。

［7］孔氏輯《傳》上有《經》"邢人、狄人伐衛"六字，無《傳》文之"伐衛"二字，王復、四庫把此六字《經》誤輯爲何休《廢疾》之言。黄氏綜合孔氏輯與袁氏輯，《經》《傳》皆有之。

［8］黄氏未輯此條，孔氏、四庫、王復皆惟有鄭玄《去廢疾》之文。

［9］孔氏輯《傳》上有《經》"釋宋公"三字，於《傳》無"外釋"至"之也"十八字。黄氏誤輯《經》"公會諸侯盟於薄，釋宋公"十字爲《傳》文。四庫、王復輯無《經》《傳》文。

［11］四庫、王復輯無《傳》文，"即"上有"泓之戰"三字。

［12］孔氏輯無"不葬"至"失民何也"十二字。黄氏輯于"不葬"上誤輯入《經》"宋公兹父卒"五字。四庫、王復輯無《傳》文。

［13］孔氏、黄氏輯無此四字。

［14］孔氏輯《傳》上有《經》"宋殺其大夫"五字，《傳》無"其不稱名姓"五字。黄氏誤輯《經》"宋殺其大夫"五字于《傳》中。四庫、王復皆有《經》五字，無《傳》文。

［15］孔氏輯《傳》上有《經》"楚人圍陳，納頓子于頓"九字，無《傳》文"納者"至"言之"十八字。黄氏輯曰"楚人圍陳，納頓子于頓""蓋納頓子者，陳也"，《經》《傳》混而言之。四庫、王復惟輯有此經文，無《傳》文。

［16］孔氏輯《傳》上有《經》"楚人、陳侯、蔡侯、鄭伯、許男圍宋"十二字。黄氏輯無《經》，《傳》無"人"至"諸侯也"十二字。四庫、王復輯有此《經》，無《傳》文。

［17］孔氏輯《傳》上有《經》"公子遂如京師"六字，黄氏與袁同，四庫、王復無《經》《傳》文。

［18］"上言"，四庫、袁鈞、孔氏、黄氏同，王復、王謨作"立言"。

文公

三年傳：茅茨盡矣，著于上，見于下，謂之雨。[1]

《廢疾》螽猶衆也。衆死而隊者，群臣將爭疆相殘賊之象。是後大臣比爭鬬相殺，司城驚逃，子哀奔亡，國家廓然無人，朝廷久空，蓋由三世内娶貴近妃族，禍自上下，故異之云爾。《公羊傳注》。考證曰："本疏引《廢疾》'螽猶衆也。死而隊者，象宋群臣相殘害也，云云，上下異之云爾'，何休注《公羊》自'螽猶衆也'至'異之云爾'，前後與本疏所引正同。"云云之說，當即休彼注中數語耳，今即錄彼注以補疏引所未備。今《穀梁》直云"茅茨盡矣，著于上，見于下，謂之雨"，與讖違，是爲短。[2] 本疏。①

《釋》《穀梁》意亦以宋德薄，後將有禍，故螽飛在上，墜地而死。言"茅茨盡"者，著甚之，驗于讖，何錯之有乎？同上。②

五年傳：其不言來，不周事之用也。賵以早，而含已晚。[3]

《廢疾》四年，夫人風氏薨。九年，秦人來歸僖公成風之襚，最晚矣，何以言來？本疏。

《釋》天子于二王后之喪，含爲先，襚次之，賵次之。於諸侯，含之、賵之。小君亦如之。于諸侯之臣襚之、賵之。其諸侯相於[4]，如天子于二王之后。于卿大夫，如天子于諸侯。于士，如天子于諸侯之臣。京師去魯千里，王室無事，三月乃含，故不言來以譏之。本疏。考證曰："《禮記·雜記》疏引鄭釋云'天子于諸侯，含之，賵之。諸侯於卿大夫，如天子於諸侯；諸侯於士，如天子於諸侯臣，襚之，賵之；天子於二王之后，含爲先，襚則次之，賵爲後；諸侯相於，如天子於二王后。'此引者删易之詞。"秦自敗于殽之後，與晉爲讎，兵無休時，乃始免繆公之喪而來。君子原情不責晚也。[4] 本注。考證曰："'始免'本作'加免'，蓋形涉而訛，以義改。末句本無'也'字，從《雜記疏》增。《雜記疏》引此作'以其殽敗，兵無休時，君子原情不責晚也'，亦是引者删節。"

八年傳：司馬，官也。其以官稱，無君之辭也。[5]

《廢疾》近上七年，宋公壬臣卒，宋人殺其大夫，不言官。今此在三年中言官，義相違。

《釋》七年，殺其大夫，此實無君也。今殺其司馬，無人君之德耳。司馬、司城，君之爪牙，守國之臣，乃殺其司馬，奔其司城，無道之甚。故稱官以見輕慢也。《傳》例，稱人以殺，殺有罪也。亦爲上下俱失之。本注。考證曰："'亦爲'本作'此'，從《七年疏》改。疏引此句起無

---

① 楊士勛疏："《公羊》何休云'螽猶衆也。死而墜者，象宋群臣相殘害也'云云，上下異之云爾。今《穀梁》直云'茅茨盡矣，著於上，見於下，謂之雨'，與讖違，是爲短。"

② 楊士勛疏："鄭意以雨螽於宋亦爲將禍之應也。"

'之'字。"罪臣以權寵逼君，故稱人以殺。君以非理殺臣，故著言司馬，不稱名者，以其世在祖之位尊，亦與《僖二十五年》宋殺其大夫同。[6]《七年疏》。

宣二年傳：以三軍敵華元，華元雖獲，不病矣。[7]

《廢疾》書獲，皆生獲也。如欲不病華元，當有變文。本注。

《釋》將帥見獲，師敗可知，不當復書師敗績。此兩言之者，[8] 明宋師懼華元見獲，皆竭力以救之，無奈不勝敵耳。華元有賢行，得衆如是，雖師敗身獲，適明其美，不傷賢行。今兩書敗獲，[9] 非變文如何？同上。

八年經：有事于太廟。[10]

《廢疾》闕。

《釋》宣八年六月，"有事于太廟"。禘而云"有事"者，雖爲卿佐卒張本，而書有事，其實當時有用七月而禘，因宣公六月而禘得禮，故變文言有事。《春秋》因事變文，見其得正也。《禮記·雜記》疏。考證曰："疏引《釋廢疾》，繹其詞，是鄭釋。"①

《傳》葬既有日，不爲雨止，禮也。[11]

《廢疾》闕。考證曰："《公羊》說'雨不克葬，謂天子諸侯也，卿大夫臣賤，不能以雨止'，《穀梁》說'葬既有日，不爲雨止'，並見《異義》。休蓋據《公羊》以知《穀梁》爾。"

《釋》雖庶人葬，爲雨止。[12] 《公羊》說"卿大夫臣賤，不能以雨止"，此等之説，則在廟未發之時，庶人及卿大夫亦得爲雨止。若其已發在路、及葬，則不爲雨止。其人君在廟及在路及葬，皆爲雨止。《禮記·王制》疏。

十年傳：氏者，舉族而出之之辭也。[13]

《廢疾》氏者，譏世卿也。即稱氏爲舉族而出，尹氏卒，甯可復以爲舉族死乎？本注。

《釋》云"舉族死"，是何妖問甚乎！"舉族而出之之辭"者，固譏世卿也。崔杼以世卿專權，齊人惡其族，令出奔，既不欲其身反，又不欲國立其宗后。故孔子順而書之曰"崔氏出奔衛"，若其舉族盡去之爾。

---

① 孔穎達疏："如鄭此言，則獻子之時禘皆非正，因宣公六月禘爲得正，故變文云有事，以明餘禘之不正也。故餘禘不載於經，唯譏於宣公得正之禘也。鄭又一解云《禮記》之言，不可合於《春秋》書例，故鄭答趙商云'《禮記》之云，何必皆在《春秋》之例'，是《禮記》不與《春秋》合也。"

本注。

［1］孔氏、王復輯《傳》上有《經》"雨螽於宋"四字，四庫無《經》《傳》文，黃氏與袁同。

［2］袁氏輯用《公羊傳》何注之文，孔氏、四庫、王復輯同。黃氏雜糅袁輯與孔氏等輯爲之。

［3］孔氏輯《傳》上有《經》"王使榮叔歸，含且賵"八字，黃氏輯與袁氏同，四庫未輯此條，王復輯無《傳》。

［4］王復僅輯自"秦自敗"至"不責晚"，并云："原本（四庫本）無此條，今據《春秋穀梁傳·文公五年》疏引補入。又《禮記·雜記》疏節引此條，詞恉亦同。"

［5］此條據黃氏輯補，蓋黃氏輯基本與袁輯同。孔輯《傳》上有《經》"宋人殺其大夫司馬"八字，《傳》無"司馬，官也"四字。四庫、王復輯有此《經》文，無《傳》文。

［6］四庫、王復輯無"《傳》例"以下之文。

［7］孔氏輯《傳》上有《經》"獲宋華元"四字。黃氏與袁氏同，四庫、王復輯有此《經》文，無《傳》文。

［8］"兩言"，孔氏、黃氏同，四庫、王復、王謨、皮氏作"兩書"。

［9］"今兩書"，王謨《左氏膏肓》輯作"今而書"、《穀梁廢疾》輯作"今兩書"，"而"當"兩"之形訛。

［10］四庫、王復輯無此《經》文。

［11］孔氏輯《傳》上有《經》"雨不克葬"四字，四庫、王復輯無《經》《傳》文，黃氏與袁氏同。

［12］孔氏、四庫、王復輯無"《公羊》説"以下六十二字。

［13］孔氏輯《傳》上有《經》"齊崔氏出奔衛"六字，而無此《傳》文。四庫、王復輯有此《經》文、無此《傳》文。黃氏與袁氏同。

成公

七年傳：冬無爲雩也。[1]

《廢疾》闕。

《釋》冬及春夏。[2] 案《春秋説·考異郵》，三時惟有禱禮，無雩祭之事，惟四月龍星見，始有常雩耳，故因載其禱請山川辭云："方今天旱，野無生稼，寡人當死，百姓何依？不敢煩民請命，願撫萬民，[3] 以身塞無狀。"本疏。考證曰:"疏引《釋廢疾》繹其詞,是鄭釋也。'冬及春秋'上本有'去'字,是'云'字之譌。今刪'夏'字,疑'秋'字之譌,讀其文可知。"①

［1］孔氏、黄氏輯《傳》上有《經》"冬大雩"三字。王復輯無《經》《傳》文,四庫未及此條。

［2］"冬"上,王復輯、四庫本《春秋穀梁傳注疏》(下簡稱"本疏",與袁氏輯稱同)有"去"字。

［3］"願",袁氏輯作"顧",據孔氏輯、四庫本、王復輯、黄氏輯改。

襄公

十九年傳:還者,事未畢之辭也。受命而誅,生死無所加其怒。不伐喪,善之也。善之則何爲未畢也?君不尸小事,臣不專大名。[1]

《廢疾》君子不求備于一人,士匄不伐喪,純善矣,何以復責其專大功也?本疏。

《釋》士匄不伐喪,則善矣。然于善則稱君,禮仍未備。故言乃還,不言乃復,作未畢之辭。還者致辭,復者反命。"同上。②

二十年經:陳侯之弟光出奔楚。[2]

《廢疾》闕。

《釋》惡陳侯也。本疏。考證曰:"疏引作《釋廢疾》。"

二十七年傳:專之去,合乎《春秋》。[3]

《廢疾》甯喜本弑君之家,獻公過而殺之,小負也。專以君之小負自絶,非大義也,何以合乎《春秋》?本注。

《釋》甯喜雖弑君之家,本專與約納獻公爾。公由喜得入,已與喜以君臣從事矣。《春秋》撥亂,重盟約。今獻公背之而殺忠于己者,是獻公惡而難親也。獻公既惡而難親,專又與喜爲黨,[4]懼禍將及,"君子見幾而作,不俟終日",③微子去紂,孔子以爲三仁。專之去衛,其心若此,

---

① 楊士勛疏:"鄭意亦以不須雩,唯有禱請而已。"

② 楊士勛疏:"如鄭之言,亦是譏士匄不復命也。然如鄭意,以乃還爲惡,乃復爲善,則公子遂至黄乃復,又爲惡之者。彼以遂違君命而反,故加畢事之文,欲見臣不專君命,與此意少異。此既善不伐喪,復爲事畢之辭,則是純善士匄,故以未畢之辭言之。"

③ 語出"易·系辭下"。

合于《春秋》不亦宜乎？同上。

三十年傳：其不日，子奪父政，是謂夷之。[5]

《廢疾》蔡世子般弑其君固，[6] 不日，謂之夷。楚世子商臣弑其君，何以反書日邪？本疏。

《釋》商臣弑父日之，嫌夷狄無禮，罪輕也。今蔡，中國而又弑父，故不日之。若夷狄不足責。[7] 然《公羊》有若不疾乃疾之，推以況此，則無怪然。[8] 同上。①

[1] 孔氏輯《傳》上有《經》"晉士匄帥師侵齊，至穀，聞齊侯卒，乃還"十五字，黃氏輯入《傳》中。四庫、王復輯無《經》《傳》文。

[2] 四庫、王復未輯此條。

[3] 孔氏輯《傳》上有《經》"衛侯之弟專出奔晉"八字，黃氏同。四庫、王復無《經》《傳》文。

[4] "爲黨"，王謨作"爲短"。

[5] 孔氏輯《傳》上有《經》"夏四月，蔡世子般弑其君固"十一字，黃氏輯入《傳》文。四庫、王復輯無《經》《傳》。

[6] "世子般"，王謨作"世子班"。

[7] "夷狄"，四庫輯皆作"荆蠻"。

[8] 四庫、王復輯無"然《公羊》"以下十八字。

昭公

十一年傳：其曰世子，何也？不與楚殺也。[1]

《廢疾》即不與楚殺，當貶楚爾，何故反貶蔡稱世子邪？本注。

《釋》滅蔡者，楚子也，而稱師，固已貶矣。楚子思啓封疆而貪蔡，誘殺蔡侯般，冬而滅蔡，殺友。惡其淫放，其志殺蔡國二君以取其國，故變子言世子，使若不得其君然。[2] 同上。②

---

① 楊士勛疏："然此注之意與鄭君《釋廢疾》大致同也，但解商臣之弑書日少異耳。何者？鄭云嫌夷狄無禮罪輕，故日。徐乾云'閔其爲惡之甚，故日'，是少異也。昭十九年，夏五月戊辰，'許世子止弑其君買'。傳云'日弑，正卒也'，與此異者，彼以實不弑君而書日，故與此異也。"

② 楊士勛疏："鄭知是楚子者，以棄疾若貶，當云楚人，今貶而稱師，故知楚子也。又《傳》云：惡楚子也，明非棄疾。然則惡楚子，變文云世子者，以楚四年之中滅兩國殺二君，自謂得志，若遂其凶暴，是表中國之衰，申夷狄之彊，故抑之，使若不得其君，故云世子也。"

十二年傳：其曰晉，狄之也。其狄之何也？不正其與夷狄交，伐中國。[3]

《廢疾》《春秋》多與夷狄竝伐，何以不狄也？本注。

《釋》晉不見因會以綏諸夏而伐同姓，貶之可也。狄之大重，晉爲厥愁之會，實謀救蔡。以八國之師而不救，楚終滅蔡。今又伐徐，晉不糾合諸侯以遂前志，舍而伐鮮虞，是楚而不如也，故狄稱之焉。"同上。①

［1］孔氏輯《傳》上有《經》"執蔡世子友"五字，黄氏輯入《傳》中。王復輯《經》作"楚師滅蔡，執蔡世子友以歸"，無《傳》文。

［2］"然"，四庫、王謨、皮氏作"終"。柳興恩《穀梁春秋大義述》曰："'終'者，衍字。'使若不得其君'者，言楚不得執蔡君，但得其世子云爾，於文亦何悖乎？"

［3］孔氏輯《傳》上有《經》"晉伐鮮虞"四字，黄氏輯入《傳》中。四庫、王復輯有此《經》文，無《傳》文。

定公

十二年傳：墮猶取也。[1]

《廢疾》當言取，不言墮，實壞耳，無取于訓詁。[2]

《釋》陪臣專强，違背公室，恃城爲固，是以叔孫墮其城。若新得之，故云墮，墮猶取也。墮非訓取，言今但毁其誠，則郈永屬己，若更取邑于他然。本注。考證曰："此范注也。疏云'傳言墮猶取也，即其訓，而曰非者，何休難云'，云'鄭君如此釋之'，據此是范用鄭釋爲注也，今即録之。"

［1］孔氏輯《傳》上有《經》"墮郈"二字。黄氏輯《經》"叔孫州仇帥師墜郈"入《傳》中。

［2］孔氏、黄氏輯"實壞耳，無取于訓詁"爲鄭玄《去廢疾》之語，無下"《釋》"之文。四庫、王復未輯此條。

哀公

六年傳：陽生入以弑其君，以陳乞主之，何也？不以陽生君荼也。其

---

① 范寧注："《穀梁》無傳，鄭君之説似依《左氏》。"

不以陽生君荼，何也？陽生正，荼不正。不正，則其曰君，何也？荼雖不正，已受命矣。入者，内弗受也。荼不正，何用弗受？以其受命，何以言弗受也？陽生以其國氏，何也？取國于荼也。[1]

《廢疾》即不使陽生以荼爲君，不當去"公子"，見當國也。又，《穀梁》以爲國氏者，取國于荼。齊小白又不取國于子糾，無乃近自相反乎？本注。

《釋》陽生篡國，故不言公子。不使君荼，謂書陳乞弑君爾。荼與小白其事相似，荼弑乃後立，小白立乃後弑。雖然俱篡國而受國焉爾。傳曰"齊小白入于齊"，惡之也。陽生其以國氏何？取國于荼也。義適互相足，又何自反乎？子糾宜立而小白篡之，非受國于子糾，則將誰乎？同上。

[1] 孔氏輯《傳》上有《經》"齊陽生入于齊，齊陳乞弑其君荼"十三字，《傳》無"陽生人以弑其君"七字及"其不以"下至"何以言弗受也"五十四字。黄氏與孔氏同，惟以此《經》混入《傳》中。四庫、王復輯有經"齊陽生入于齊"六字，無《傳》文。①

據孔氏輯補②

莊公

七年傳：著於上見於下，謂之雨；著於下不見於上，謂之霣。豈雨説哉。

【范寧注】解經不得言雨星而言霣星也。鄭君曰衆星列宿，諸侯之象不見者，是諸侯棄天子禮儀法度也。《穀梁傳》。

僖公

四年傳：有二事偶，則以後事致，後事小，則以先事致，其以伐楚致，大伐楚也。

---

① 楊士勛疏："案莊九年夏，齊小白入于齊，九月齊人取子糾殺之。是小白立乃後殺也。義適互相足者，莊九年傳云'小白入于齊，惡之'，則陽生入于齊，亦惡之。此年傳云'陽生其以國氏取國于荼也'則小白以其國氏亦取國于子糾也。以義推之，適互相足，故鄭云'子糾宜立，而小白篡之，非受國于子糾，則將誰乎'是也。"

② 孔廣林曰："凡四條，見《穀梁集解》。但稱'鄭君'，不言'釋'，未審是《釋廢疾》或《駁異義》，附錄，俟更考。"

【范寧注】鄭君曰："會爲大事，伐爲小事。今齊桓伐楚而後盟于召陵，公當致會而致伐者，楚彊莫能伐者，故以伐楚爲大事。"《穀梁傳》。

成公

十六年經：公至自會
【范寧注】無二事，會則致會，伐則致伐，上無會事，當言至自伐鄭而言，至自會，甯所未詳，鄭君曰："伐而致會，於伐事不成。"《穀梁傳》。

哀公

二年經：晉趙鞅帥師納衛世子蒯聵于戚。
【范寧注】鄭君曰蒯聵欲殺母，靈公廢之是也。若君薨有反國之道，當稱子某如齊子糾也。今稱世子，如君存，是《春秋》不與蒯聵得反立明矣。《穀梁傳》。

《發墨守》匯校

此書唐以前尚存二卷，爲《公羊》之學者不喜焉，故本疏僅存一條。散見諸經疏者，亦寥寥數條而已。

隱公

元年傳：君之始年也。
《墨守》君者，臣之天也。《文選·陸機〈謝平原内史表〉注》。①
《發》闕。
爲桓立也。[1]
《墨守》闕。
《發》隱爲攝位，周公爲攝政，雖俱相幼君，攝位與攝政異也。《禮記·明堂位》疏。考證曰："《左傳·隱元年》疏云：'周公攝政，仍以成王爲主，直攝其政事而已，所有大事稟王命以行之，致政之後乃死，故卒稱薨，不稱崩。隱公所攝，則位亦攝之，以桓爲太子，所有大事皆專命以行，攝位被殺，在君位而死，故生稱公，死稱薨，是與周公異也。'足以發明鄭攝位、攝政之義，附録于此。"②

三年經：宋公和卒。[2]
《墨守》闕。考證曰："休注云：'宋稱公者，殷后也。王者封二王后，地方百里，爵稱公，客待之而不臣也。'當即《墨守》之義。"

---

① 此條，余蕭客《古經解鉤沉》同。
② 清陸隴其《讀禮志疑》卷六："昔者周公朝諸侯于明堂之位，天子負斧依南鄉而立。鄭注云：'周公攝王位，以明堂之禮儀朝諸侯也，不于宗廟辟，王也天子周公也。'此最謬處，集說非之，是矣。孔疏又載鄭《發墨守》云：'隱爲攝位，周公爲攝政，雖俱相幼君，攝政與攝位異也。'愚按，此則鄭又自相矛盾矣。又鄭於《大誥》'王若曰'亦云，王謂周公，居攝命，大事則权称王也。孔疏于《書》主安國傳，故極言鄭之非；于《禮記》，主鄭義，故不駁。"

《發》六年制禮作樂，封殷之后，稱公于宋。《禮記·樂記》疏。考證曰："《樂記疏》謂武王初克紂，微子服其故位，即徙居宋。武庚于周公居攝之時作亂被滅，周公因封微子。先在于宋，更封而大之，其實封爲五百里，在制禮之後，故《發墨守》云云。"

[1] 孔氏輯無《傳》《墨守》之文。黃氏輯"爲桓立也"上有"故凡隱之立"五字，餘與袁氏同。四庫、王復輯無《傳》《墨守》。

[2] 孔氏、王復輯無《傳》《墨守》之文。黃氏輯"宋公"上有"八月庚辰"四字。四庫未輯此條。

桓公

十一年傳：古者鄭國處于留，先鄭伯有善于鄶公者，通乎夫人以取其國而遷鄭焉，而野留。莊公死，已葬，祭仲將往省于留。塗出于宋，宋人執之。[1]

《墨守》闕。

《發》鄭始封君曰桓公者，周宣王之母弟。國在宗周畿內，今京兆鄭縣是也。桓公生武公，遷居東周畿內，國在虢鄶之間，今河南新鄭是也。武公生莊公，因其國焉。留乃在陳宋之東，鄭受封至此適三世，安得古者鄭國處于留、祭仲將往省留之事乎？《周禮·大司徒》疏。考證曰："《詩·鄭譜》疏引'桓公國在宗周畿內，武公遷居東周畿內'二句，是遷東周者武公也。《周禮疏》所引于'桓公生武公'下衍'武公生莊公'一句，又譌'遷居'爲'遷易'，今並刪正之。"

[1] 孔氏輯無"塗出于宋，宋人執之"八字，四庫、王復輯《傳》僅"古者鄭國處於留"七字，黃氏與袁氏同。

僖公

二十四年傳：不能乎母也。[1]

《墨守》不能事母，罪莫大于不孝，故絕之言出也。下無廢上之義，得絕之者，明母得廢之，臣下得從母令。考證曰："此用休注補。"

《發》聖人制法，必因其事，非虛加之。《孟子》曰："夫人必自侮，而後人侮之；家必自毀，而後人毀之；國必自伐，而後人伐之。"今襄王實不能孝道，稱惠后之心，令其寵專于子，失教而亂作，出居于鄭，自絕于周，故孔子因其自絕而書之。《公羊》以"母得廢之"，則《左氏》已死矣。從《左氏》。[2] 本疏。考證曰："'則《左氏》已死'句有脱譌。《左傳》云：'先后其謂我何？'是其時惠后已死。此'《左氏》'下當有'説惠后'三字。疏又引'失敎而亂作，自絶于周。從《左氏》'，'失敎'二句重出，'從《左氏》'三字亦是鄭《發》。"①

[1] 孔氏輯《傳》上有《經》"天王出居于鄭"六字，無《墨守》文。黄氏輯無《經》有《傳》，於"不能母乎也"上有"王者無外出，其言出何"九字，所輯《墨守》文與袁氏同。四庫、王復輯《傳》《發》與袁氏同，無《墨守》文。

[2] 孔氏、四庫、王復輯皆無此句。

成公

六年傳：武宫者何？武公之宫也。立者何？立者不宜立也。立武宫，非禮也。[1]

《墨守》闕。考證曰："休注云：'立武宫者，蓋時衰多廢人事，而好求福于鬼神，故重而書之。'當即《墨守》之義。"

《發》孝子祭祀，惟致其誠信與其忠敬而已，不求其爲，[2] 而祝尸嘏主人曰："皇尸命工祝，承致多福無疆，于女孝孫，來女孝孫，使女受禄于天，宜稼于田，眉壽萬年，勿替引之。"若此祭祀，内盡己心，外亦有祈福之義也。《禮記·禮器》疏。

[1] 孔氏、四庫、王復輯無《傳》及《墨守》文，黄氏輯于"武宫者何"上有"六年二月辛巳，立武宫"九字。

[2] 四庫、王復輯至此，無下文。

---

① 按，"從《左氏》"下，孔疏云："鄭氏雜用三家，不苟從一。"則"從《左氏》"亦爲《發墨守》語。

下編

諸家輯佚鄭著《春秋》類成果點校

無名氏輯佚書點校

《箴膏肓》

【何休曰】古制，諸侯幼弱，天子命賢大夫輔相爲政，無攝代之義。昔周公居攝，死不記崩。今隱公生稱侯，死稱薨，何因得爲攝者？

【箴曰】周公歸政就臣位乃死，何得記崩？隱公見死於君位，不稱薨云何？且《公羊》："宋穆公云：'吾立乎此，攝也。'"以此言之，何得非《左氏》？

【何休曰】《左氏》以宰渠伯糾父在，故名；仍叔之子何以不名？又仍叔之子以爲，父在稱子；伯糾父在，何以不稱子？

【箴曰】仍叔之子者，譏其幼弱，故略言子，不名之。至於伯糾，能堪聘事，私覿又不失子道，故名且字也。

曹太子來朝，賓之以上卿，禮也。

【何休曰】《左氏》以人子安處父位，非衰世救失之宜。於義《左氏》爲短。

【箴曰】必如所言，父有老耄罷病，孰當理其政，預王事也？

築王姬之館於外。

【箴曰】宫廟、朝廷各有定處，無所館天子之女，故宜築於外宫。

三甥請殺楚子。

【何休曰】楚鄧强弱相懸，若從三子之言，楚子雖死，鄧滅曾不旋踵，若剢腹去疾、炊炭止沸。《左氏》爲短。

【箴曰】楚之强盛從滅鄧以後，於時楚未爲强，何得云"强弱相懸"？

凡君即位，卿出並聘。

【何休曰】三年之喪，使卿出聘，於義《左氏》爲短。

【箴曰】《周禮》：諸侯邦交，歲相問，殷相聘，世相朝。《左氏》合古禮，何以難之？

王使榮叔歸含且賵。

【何休曰】禮，尊不含卑，又不兼二禮。《左氏》以爲禮，於義爲短。

【箴曰】禮，天子於二王后之喪，含爲先，襚次之，賵次之，賻次之。于諸侯，含之，賵之。小君亦如之。于諸侯臣，襚之。諸侯相於，如天子於二王后。於卿大夫，如天子於諸侯。於士，如天子於諸侯臣。何休云"尊不含卑"是違禮，非經意。其一人兼歸二禮，亦是爲譏。

秦人來歸僖公成風之襚。

【何休云】禮主於敬，一使兼二喪，又於禮既緩，而《左氏》以爲禮，非也。

【箴曰】若以爲緩，按禮，衛將軍文子之喪，既除喪而越人來弔，子游何得善之？

【何休云】禮無反馬，而《左氏》以爲得禮。禮，婦人謂嫁曰歸，明無大故不反於家。經書高固及子叔姬來，故譏乘行匹至也。

【箴曰】《冠義》云："無大夫冠禮而有其昏禮。"則昏禮者，天子、諸侯、大夫皆異也。《士昏禮》云："主人爵弁纁裳緇袘，從者畢玄端。乘墨車，從車二乘，執燭前馬。婦車亦如之，有裧。"此婦車出於夫家，則士妻始嫁乘夫家之車也。《詩·鵲巢》云："之子於歸，百兩禦之。"又曰："之子於歸，百兩將之。"將，送也。國君之禮，夫人始嫁自乘其家之車也。《何彼穠矣》篇曰："曷不肅雍，王姬之車。"言齊侯嫁女，以其母王姬始嫁之車遠送之。則天子諸侯嫁女，留其乘車可知。高固，大夫也。來反馬，則大夫亦留其車也。禮雖散亡，以《詩》之義論之，大夫以上其嫁皆有留車反馬之禮。留車，妻之道也。反馬，壻之義也。高固以秋九月來逆叔姬，冬來反馬，則婦入三月，祭行乃反馬，禮也。

【何休曰】媵不必同姓，所以博異氣。今《左傳》"異姓則否"。十年，齊人來媵，何以無貶刺之文？《左氏》爲短。

【箴曰】禮稱納女：於天子，云備百姓；於國君，云備酒漿。不得云百姓，是不博異氣也。齊是大國，今來媵我，得之爲榮，不得貶也。

【何休曰】《左氏》以叔孫僑如舍族，爲尊夫人。按襄二十七年，豹及諸侯之大夫盟，復何所尊而亦舍族？《春秋》之例，一事再見者，亦以省文耳。

【箴曰】《左氏》以豹違命，故貶之而去族。今僑如無罪而亦去族，故以爲尊夫人也。《春秋》有事同文異，則此類也。

魯作三軍。

【何休曰】《左氏》說云"尊公室"，休以爲與"舍中軍"義同，於義《左氏》爲短。

【箴曰】《左氏傳》云：作三軍，"三分公室，各有其一"。謂三家始專兵甲，卑公室。云《左氏》說云"尊公室"，失《左氏》意遠矣。

申豐論雨雹。

【何休云】《春秋》書雹，以爲政之所致，非由冰也。若今朝廷藏冰，亦不於深山窮谷，何故或無雹？天下郡縣皆不藏冰，何故或不雹？若言有之，於古，必有驗；於今，此其不合；於義，失天人相與之意。

【箴曰】雨雹，失政之所致，是固然也。國之失政，君子知其大者，其次知其小者。藏冰之禮，凌人掌之，月令載之，豳詩歌之，此獨非政歟？故其小者耳。夫深山窮谷，固陰冱寒，極陰之處。冰凍所聚，不取其冰，則氣蓄不泄，結滯而爲伏陰。凡雨水，陽也。雪雹，陰也。雨水而伏，陰薄之，則凝而爲雹。雨雪而愆陽薄之，則合而爲霰。申豐見時失藏冰之禮而有雹，推之陰陽，知此伏陰所致，亦聖人之寓言也。詳載其言者，以著藏冰之禮不可廢耳。

子產論伯有。

【何休曰】孔子不語怪力亂神，以鬼神爲政必惑衆，故不言也。今《左氏》以此令後世信其然，廢仁義而祈福於鬼神，此大亂之道也。子產雖立良止以托繼絶，此以鬼賞罰，要不免於惑衆，豈當述之以示季末。

【箴曰】伯有，惡人也。其死爲厲鬼。厲者，陰陽之氣相乘不和之名。《尚書·五行傳》六厲是也。人死體魄則降，知氣在上，有尚德者，附和氣而興利。孟夏之月，令雩祀百辟、卿士有益於民者，由此也。爲厲者，因害氣而施災，故謂之厲鬼。《月令》民多厲疾，《五行傳》有禦六厲之禮。禮，天子立七祀，有大厲；諸侯立五祀，有國厲。欲以安鬼神，弭其害也。子產立良止，使祀伯有以弭害，乃禮與洪範之事也。子所不語怪力亂神，謂虛陳靈象，於今無驗也。伯有爲厲鬼，著明若此，而何不語乎？子產固爲衆愚將惑，故並立公孫洩，云："從政有所反之，以取媚也。"孔子曰："民可使由之，不可使知之。"子產達於此也。

士踰月。

【何休云】禮，士三月葬。今云踰月，《左氏》爲短。

【箴曰】人君殯數來日，葬數往月。大夫殯葬皆數來日來月。士殯葬皆數往日往月。尊卑相下之差數，故大夫士俱三月，其實不同，士之三月，及大夫之踰月也。

【何休曰】春秋之義，三代異，建適媵，別貴賤，有姪娣以廣親疎。立適以長不以賢，立子以貴不以長。王后無適，明尊之敬之，義無所卜筮。不以賢者，人狀難別，嫌有所私，故絕其怨望，防其覬覦。今如《左氏》言云："年鈞以德，德鈞以卜。"君之所賢，人必從之，豈復有卜？隱桓之禍，皆由是興，乃曰古制，不亦謬哉？又大夫不世，而並爲公卿，通繼嗣之禮，《左氏》爲短。

【箴曰】立嫡固以長矣，無嫡而立子，固以貴矣。今言無嫡則擇立長，謂貴鈞。如立長，王不得立愛之法。年均，則會群臣、群吏、萬民而詢之，有司以叙進而問，大衆之口，非君所能掩，是王不得立愛之法也。《禮》有詢立君，示義在此。距之言謬，失《春秋》與《禮》之義矣。公卿之世立者，有功德，先王之命有所不犯。

天子郊以夏正上旬之日，魯之卜三正下旬之日。

【何休曰】説《左氏傳》者曰："《春秋》之志，非聖人孰能修之？"言夫子聖人，乃能修之。禦叔謂臧武仲爲聖人，是非獨孔子。

【箴曰】武仲者，述聖人之道，魯人稱之曰聖。今使如晉過御叔，御叔不説學，見武仲而雨行，傲之，云"焉用聖人爲？"《左氏傳》載之者，非御叔不説學，不謂武仲聖與孔子同。

楚鬻拳同姓有不去之恩。

【何休曰】天子之車稱大路，諸侯車稱路車，大夫稱車。今鄭子僑，諸侯之大夫耳，當與天子士同。賜其車而名之曰大路，非正也。孔子曰："惟器與名不可以假人。""名不正則言不順。"於義《左氏》爲短。

【箴曰】《詩·采薇》云："彼路斯何，君子之車。"言大夫亦得爲路車。

魯郊當卜祀日月爾，不當卜可祀與否。

【何休曰】《感精符》云："立推度以正陽。日食則鼓，用牲于社，朱絲縈社，鳴鼓脅之。"《左氏》云："用牲非常。"明《左氏》説非夫子《春秋》，於義《左氏》爲短。

【箴曰】用牲者，不宜用，《春秋》之通例。讖説正陽朱絲鳴鼓，豈説用牲之義也？讖用牲於社者，取經死句耳。

【何休曰】狂狡近於古道。

【箴曰】狂狡臨敵拘於小仁，忘在軍之禮。譏之，義合於讖。

《箴膏肓補遺》

僖二十二年，宋公及楚人戰于泓，《左氏》以爲不用子魚之計，至於軍敗身傷，所以責襄公也。而《公羊》善之，云雖文王之戰，亦不是過。

鄭《箴膏肓》云："刺襄公不度德，不量力。"引《考異郵》："至襄公大辱師，敗於泓。徒信不知權譎之謀，不足以交鄰國，定遠疆也。"此是譏師敗也。《公羊》不譏，違《考異郵矣》。見《詩·大明》疏。

《起廢疾》

【何休曰】《公羊》以爲日與不日爲遠近異詞。若《穀梁》云"益師惡而不日"，則公子牙及季孫意如，何以書日乎？

【釋曰】公子牙，莊公弟，不書弟，則惡明也，故不假去日。季孫意如，則定公所不惡，故亦書日。

【何休曰】廐焚，孔子曰："傷人乎？"不問馬。今《穀梁》以苞人民爲輕，斬樹木、壞宮室爲重，是理道之不通也。

【釋曰】苞人民，毆牛馬，兵去則可以歸還。樹木斷不復生，宮室壞不自成，爲毒害更甚也。

【何休曰】《春秋》"楚世子商臣弒其君，其後滅江、六"，不言大去，又大去者，於齊滅之不明。但知不使小人加乎君子，而不言滅，縱失襄公之惡，反爲大去也。

【釋曰】商臣弒其父，大惡也，不得但爲小人。江、六之君又無紀侯得民之賢，不得變滅言大去也。元年冬，齊師遷紀。三年，紀季以酅入於齊。今紀侯大去其國，是足起齊滅之矣。即以變滅言大去，爲縱失襄公之惡，是乃經也，非傳也。且《春秋》因事見義，舍此以滅人，爲罪者自多矣。

王人子突救衛。

何休以爲稱子，則非名也。

【釋曰】王人，賤者，録則名可。今以其銜命救衛，故貴之。貴之，則子突爲字明矣。此名當爲字誤耳。

【何休曰】三年，溺會齊師伐衛，故貶而名之。四年，公及齊人狩於郜，故卑之曰人。今親納讎子，反惡其晚，恩義相違，莫此之甚。

【釋曰】於讎不復，則怨不釋。而魯釋怨，屢會仇讎，一貶其臣，一卑其君，亦足以責魯臣子。其餘則同，不復譏也。至於伐齊納糾，譏當可納而不納爾，此自正義不相反也。

【何休曰】《春秋》不言月食日者，以其無形，故闕疑。其夜食何緣書乎？

【釋曰】一日一夜合爲一日。今朔日，日始出，其食有虧傷之處未復，故知此自以夜食。夜食則亦屬前月之晦，故穀梁子不以爲疑。

【何休曰】南季、宰渠伯糾、家父、宰周公來聘，皆稱使，獨於祭叔奪之，何也？

【釋曰】諸稱使者是奉王命，其人無自來之意。今祭叔不一心於王，而欲外交，不得王命來，故去使以見之。

自柯之明年，葵丘以前，去貫與陽穀，固已九合矣。

【何休曰】即日爲美，其不日皆爲惡也。桓公之盟不日，皆爲惡邪？莊十三年，柯之盟不日，爲信。至葵丘日以爲美，義相反也。

【釋曰】柯之盟不日，固始信之。自其後盟以不日爲平文。從陽穀以來，至此葵丘之盟，皆令諸侯以天子之禁。桓德極而將衰，故備日以美之，自此不復盟矣。

【何休曰】《公羊》書雩者，善人君應變求索。不雩，則言旱，旱而不害物，言不雨也。就如《穀梁》設本不雩，何以明之？如以不雨明之，設旱而不害物，何以別乎？

【釋曰】雩者，夏祈穀實之禮也，旱亦用焉。得雨書雩，明雩有益。不得雨書旱，明旱災成，後得雨無及也。國君而遭旱，雖有不憂民事者，何乃廢禮本不雩禱哉？顧不能致精誠也。旱而不害物，故以久不雨別之。文二年、十三年"自十有二月""自正月""不雨，至於秋七月"是也。《穀梁傳》曰："歷時而言不雨，文不閔雨也。"以文不憂雨，故不如僖時書不雨,文所以不閔雨者,素無志於民,性退弱而不明,又見時久不雨而無災耳。

【何休曰】按城緣陵,先盟亦言諸侯,非散也。又《穀梁》美九年諸侯盟於葵丘,即散,何以美之邪?

【釋曰】九年,公會宰周公、齊侯、宋子、衛侯、鄭伯、許男、曹伯於葵丘。九月戊辰,盟於葵丘,時諸侯初在會,未有歸者,故可以不序。今此十三年夏,公會齊侯、宋公、陳侯、衛侯、鄭伯、許男、曹伯于鹹,而冬,公子友如齊,此聘也。書聘,則會固已前歸矣。今云諸侯城緣陵而不序其人,明其散。桓德衰矣,葵丘之事,安得以難此?

【何休曰】戰言及者,所以別客主直不直也。故文十三年,晉人、秦人戰於河曲,兩不直,故不云及。今言宋師及齊師戰於甗,明直在宋,非所以惡宋也。即言及爲惡,是河曲之戰爲兩善乎?又《穀梁》以河曲不言及,略之也,則自相反矣。

【釋曰】及者,別異客主耳,不施於直與不直也。直不直自在事而已。義兵則客直,宣十二年夏,"晉荀林父帥師及楚子戰於邲,晉師敗績"是也。兵不義則主人直,莊二十八年春,"衛人及齊人戰,衛人敗績"是也。今齊桓卒,未葬,宋襄欲興霸事而伐喪,於禮尤反。故反其文以宋及齊,即實以宋及齊,明直在宋。邲之戰,直在楚,不以楚及晉,何邪?秦晉戰于河曲,不言及,疾其亟戰爭舉兵,故略其先後。

【何休曰】邢人、狄人伐衛,即伐衛救齊,當兩舉,如伐楚救江矣。又轉以江遠楚近,故伐楚救江。今狄亦近衛而遠齊,其事一也,義異何也?

【釋曰】文三年冬,晉陽處父帥師伐楚救江,兩舉之者,以晉未有救江文,故明言之。今此春,宋公、曹伯、衛人、邾人伐齊。夏,狄救齊。冬,邢人、狄人伐衛,爲其救齊可知,故省文耳。事同義又何異?

【何休曰】春秋以執之爲罪,不以釋之爲罪,責楚子專釋宋公,非其理也。《公羊》以爲公會諸侯釋之,故不復書楚耳。

【釋曰】不與楚專釋者,非以責之也。傳云"外釋不志,此其志,何也?以公之與之盟目之也。"言公與諸侯盟而釋宋公,公有功焉。與《公羊》義無違錯。

【何休曰】泓之戰,即宋公身傷,當言公不當言師,成十六年"楚子敗績"是也。又成十六年傳曰:"不言師,君重於師也。"即成十六年是,二十二年虛言也。即二十二年是，十六年非也。

【釋曰】《傳》説"楚子敗績"，曰"四體偏斷"，此則目也。此言君之目與手足有破斷者，乃爲敗矣。今宋襄公身傷耳，當持鼓，軍事無所害，而師猶敗，故不言宋公敗績也。《傳》所以言，則衆敗身傷爲者，疾其信而不道，以取大辱。

【何休曰】所謂教民戰者，習之也。《春秋》貴偏戰而惡詐戰。宋襄公所以敗於泓者，守禮偏戰也，非不教其民也。孔子曰："君子去仁，惡乎成名？造次必於是，顛沛必於是。"未有守正以敗而惡之者。《公羊》以爲不書葬，爲襄公諱。背殯出會，所以美其有承齊桓尊周室之美志。

【釋曰】教民習戰而不用，是亦不教也。詐戰謂不期也。既期矣，當觀敵爲策，倍則攻，敵則戰，少則守。今宋襄公於泓之戰違之，又不用其臣之謀而敗。故徒善不用賢良，不足以興霸主之功；徒言不知權譎之謀，不足以交鄰國、會遠疆。故《易》譏鼎折足，《詩》刺不用良，此説善也。

宋殺其大夫。

【何休曰】曹殺其大夫亦不稱名姓，豈可復以爲祖乎？

【釋曰】宋之大夫書名姓。禮，公族有罪，刑於甸師氏，不與國人慮兄弟也，所以尊異之。孔子之祖孔父累於宋殤公而死，今骨肉在其位而見殺，故尊之，隱而不忍稱名氏。若罪大者名之而已，使若異姓然，此乃祖之疏也。曹殺其大夫，自以無大夫，不稱名氏耳。《春秋》詞同事異者甚多。隱去即位以見讓，莊去即位爲繼弒，是復可以此例非之乎？

楚人圍陳，納頓子於頓。

【何休曰】即陳納之，當舉陳，何以不言陳？

【釋曰】納頓子，固宜爲楚也。穀梁子見經云"楚人圍陳，納頓子於頓"，有似晉陽處父伐楚救江之文，故云蓋陳也。

楚人、陳侯、蔡侯、鄭伯、許男圍宋。

【何休曰】哀元年，楚子、陳侯、隨侯、許男圍蔡，不稱人，明不以此故也

【釋曰】時晉文爲賢伯，故譏諸侯不從而信荊蠻也。哀元年，時無賢伯，又何據而當貶之邪？

【何休曰】大夫無遂事。按，襄十二年，季孫宿救台，遂入鄆，惡季孫不受命而入也。如公子遂受命如晉，不當言遂。

【釋曰】遂固受命如京師如晉，不專受命如周。《經》近上言，天王使宰周公來聘，故公子遂報焉。因聘于晉，尊周，不敢使並命，使若公子遂自往。然即云"公子遂如京師如晉"，是同周于諸侯，叛而不尊天子也。《公羊傳》有"美惡不嫌同詞"，何獨不廣之於此乎？

【何休曰】螽猶衆也，死而隊者，象宋群臣相殘害也。今《穀梁》直云"茅茨盡矣，著於上，見於下，謂之雨"，與讖違，是爲短。

【釋曰】《穀梁》意亦以宋德薄，後將有禍，故螽飛在上，墜地而死。言"茅茨盡"者，著甚之，驗於讖，何錯之有乎？

【何休曰】四年，夫人風氏薨。九年，秦人來歸僖公成風之襚，最晚矣，何以言來？

【釋曰】秦自敗於殽之後，與晉爲仇，兵無休時，乃知免繆公之喪而來。君子原情，不責晚。

宋人殺其大夫司馬。

【何休曰】近上七年，宋公壬臣卒，宋人殺其大夫，不言官。今此在三年申言官，義相違。

【釋曰】七年殺其大夫，此實無君也。今殺其司馬，無人君之德耳。司馬、司城，君之爪牙，守國之臣，乃殺其司馬，奔其司城，無道之甚。故稱官以見輕慢也。

獲宋華元。

【何休曰】書獲，皆生獲也。如欲不病華元，當有變文。

【釋曰】將帥見獲，師敗可知，不當復書師敗績。此兩書之者，明宋師懼華元見獲，皆竭力以救之，無奈不勝敵耳。華元有賢行，得衆如是，雖師敗身獲，適明其美，不傷賢行。今兩書敗獲，非變文如何？

齊崔氏出奔衛。

【何休曰】氏者，譏世卿也。即稱氏爲舉族而出，尹氏卒，寧可復以爲舉族死乎？

【釋曰】云"舉族死"，是何妖問甚乎！"舉族而出之之詞"者，固譏世卿也。崔杼以世卿專權，齊人惡其族，令出奔，既不欲其身反，又不欲國立其宗后。故孔子順而書之曰"崔氏出奔衛"，若其舉族盡去之爾。

【何休曰】君子不求備於一人，士匄不伐喪，純善矣，何以復責其專大功也？

【釋曰】士匄不伐喪則善矣，然於善則稱君，禮仍未備。故言乃還，不言乃復，作未畢之詞。還者，致詞。復者，反命。

【何休曰】甯喜本弒君之家，獻公過而殺之，小負也。專以君之小負自絕，非大義也，何以合乎《春秋》？

【釋曰】甯喜雖弒君之家，本專與約納獻公爾。公由喜得入，已與喜以君臣從事矣。《春秋》撥亂，重盟約。今獻公背之而殺忠於己者，是獻公惡而難親也。獻公既惡而難親，專又與喜爲黨，懼禍將及，"君子見幾而作，不俟終日"，微子去紂，孔子以爲三仁。專之去衛，其心若此，合於《春秋》，不亦宜乎？

【何休曰】蔡世子般弒其君固，不日，謂之夷。楚世子商臣弒其君，何以反書日邪？

【釋曰】商臣弒父日之，嫌荆蠻無禮，罪輕也。今蔡，中國而又弒父，故不日之。若荆蠻不足責。

楚師滅蔡，執蔡世子友以歸。

【何休曰】即不與楚殺，當貶楚爾，何故反貶蔡稱世子邪？

【釋曰】滅蔡者，楚子也，而稱師，固已貶矣。楚子思啓封疆而貪蔡，誘殺蔡侯般，冬而滅蔡殺友，惡其淫放，其志殺蔡二君以取其國，故變子言世子，使若不得其君終。

晉伐鮮虞。

【何休曰】《春秋》多與外裔並伐，何以不狄也？

【釋曰】晉不見因會以綏諸夏而伐同姓，人之可也。國之大重，晉爲厥愁之會，實謀救蔡。以八國之師而不救，楚終滅蔡。今又伐徐，晉不糾合諸侯以遂前志，舍而伐鮮虞，是楚而不如也，故國稱之焉。

齊陽生入於齊。

【何休曰】即不使陽生以荼爲君，不當去"公子"，見當國也。又《穀梁》以爲國氏者，取國於荼。齊小白又不取國於子糾，無乃近自相反乎？

【釋曰】陽生篡國，故不言公子，不使君荼，謂書陳乞弒君爾。荼與小白其事相似，荼弒乃後立，小白立乃後弒。雖然俱篡國而受國焉爾。傳曰"齊小白入於齊"，惡之也。陽生其以國氏何？取國於荼也。義適互相足，又何自反乎？子糾宜立而小白篡之，非受國於子糾，則將誰乎？

【何休曰】《運門樞》曰："夏不田。"《穀梁》有夏田，於義爲短。

【釋曰】四時皆田，夏殷之禮。《詩》云："之子於苗，選徒囂囂。"

夏田明矣。孔子雖有聖德，不敢顯然改先王之法以教授於世。若其所欲改，其陰書於緯藏之，以傳後王。《穀梁》四時田者，近孔子故也。《公羊》正當六國之亡，讖緯見，讀而傳爲三時田。作傳有先後，雖異，不足以斷《穀梁》也。

雖庶人葬爲雨止。

《春秋》凡書二十四旱。《考異郵》說云："分爲四部，各有義焉"。

宰咺來歸惠公仲子之賵。

【釋曰】平王新有幽王之亂，還於成周，欲崇禮於諸侯，原情免之，若無事而晚者，去來以譏之，榮叔是也。

宣八年六月，有事於太廟。禘而云有事者，雖爲卿佐，卒張本。而云有事，其實當時有用七月而禘，因宣公六月而禘，得禮，故變文言有事。《春秋》因事變文，見其得正也。

歲三田，謂以乾豆三事爲田也。

若仲子是桓之母，桓未爲君，則是惠公之妾，天王何以賵之？則惠公之母亦爲仲子也。

《發墨守》

古者鄭國處於留，發曰鄭。始封君曰桓公者，周宣王之母弟，國在宗周畿內，今京兆鄭縣是也。桓公生武公，武公生莊公，遷易東周畿內，國在虢、鄶之間，今河南新鄭是也。武公生莊公，因其國焉。留乃在陳、宋之東，鄭受封至此適三世，安得古者鄭國處於留、祭仲將往省留之事乎？

孝子祭祀惟致其誠信與其忠誠而已，不求其爲。

隱爲攝位，周公爲攝政，雖俱相幼君，攝政與攝位異也。

聖人制法，必因其事，非虛之。孟子曰："夫人必自侮，而後人侮之。家必自毀，而後人毀之。國必自伐，而後人伐之。"今襄王實不能孝道，稱惠后之心，令其寵專於子，失教而亂作，出居於鄭，自絕于周，故孔子因其自絕而書之。《公羊》以母得廢之，則《左氏》已死矣。

袁鈞輯佚書點校[①]

《箋膏肓》

隱公

元年傳："不書即位，攝也。"

【膏肓】古制，諸侯幼弱，天子命賢大夫輔相爲政，無攝代之義。昔周公居攝，死不記崩。今隱公生稱侯，死稱薨，何因得爲攝？且《公羊》以爲諸侯無攝。本疏。

【箋】周公歸政就臣位乃死，何得記崩？隱公見死于君位，不稱薨云何？《禮記·明堂位》疏。《公羊》云："宋穆公云：'吾立乎此，攝也。'"以此言之，何得非《左氏》？本疏。考證曰："本疏謂鄭康成引《公羊》難云，則'宋穆公'上當有'《公羊》云'三字。"今以義并取此三字入箋。

士踰月。

【膏肓】士禮，三月而葬。今《左氏》云"踰月"，於義《左氏》爲短。《禮記·王制》疏。考證曰："本疏引此'士禮'二字倒換，無'而'字，'今'下無'《左氏》'字，'踰月'下無'於義'字。"

【箋】禮，人君之喪，殯葬皆數來月來日，士殯葬皆數死月死日，尊卑相下之差數。故大夫、士俱三月，其實不同。士之三月，乃大夫之踰月也。《王制》疏。考證曰："'乃'本作'及'，形涉而誤。"今改。又，

[①] 《鄭氏佚書》光緒戊子（1888）夏浙江書局刊本。

人君殯數來日，葬數往月；大夫殯葬皆數來日來月；士殯葬皆數往日往月。士之三月，大夫之踰月也。本疏。考證曰："《王制》疏引前條後加'又云'二字，引此條之首二句謂前說，以正禮言，後說據《春秋》爲說。是鄭箋本有二說，非引者二條互異也。《檀弓》疏引鄭《箋》云'人君殯數來日，葬數往月。大夫以上殯葬皆以來日數。'是約鄭後說之義，亦非別出後說，上當有'又'字。"今據疏義增補。

桓公

二年傳："今君命太子曰仇，弟曰成師，始兆亂矣。"

《膏肓》闕。考證曰："本疏云：'何休謂《左氏》後有興亡由立名善惡，引后稷名弃爲《膏肓》以難《左氏》。'此約《膏肓》之義。"

《箋》闕。考證曰："本疏云：'大子與桓叔雖並因戰爲名，而所附意異。仇取于戰相仇怨，成師取能成師衆。緣名求義，則大子多仇怨，而成師有徒衆。穆侯本立此名，未必先主此意。但寵愛少子，于時已著。師服知桓叔將盛，故推出此理，因解其名，以爲諷諫，欲使之強幹弱枝耳。人臣規諫，若無端緒，憑何致言以申己志？非謂人之立名必將有驗。'是申鄭箋之義，今錄以補闕。"

四年傳："周宰渠伯糾來聘，父在，故名。"

【膏肓】《左氏》宰渠伯糾父在，故名。仍叔之子，何以不名？又仍叔之子，以爲父在稱子。伯糾父在，何以不稱子？四年經疏。

【箋】仍叔之子者，譏其幼弱，故略言子，不名之。至于伯糾能堪聘事，私覿又不失子道，故名且字也。同上。

九年傳："曹大子來朝，賓之以上卿，禮也。"

【膏肓】《左氏》以人子安處父位，尤非衰世救失之宜。於義《左氏》爲短。本疏。

【箋】必如所言，父有老耄罷病，孰當理其政，預王事也？蘇云："誓于天子，下君一等，未誓，繼子男並是降下，其君甯是安居父位。"同上。考證曰："鄭引蘇云者，蘇寬之說，前'士踰月'，箋疏謂是蘇寬稱古禮，如此故知之。"

莊公

元年傳："築王姬之館于外，爲外，禮也。"

【膏肓】當築夫人宮下，群公子宮上。《公羊》以爲築宮于外，非禮也；《左氏》以爲築宮于外，禮也。《禮記·曲禮》疏。考證曰："《曲禮》疏引何休云云，下引鄭説云云者，當即《膏肓》之文，其末當有'於義《左氏》爲短'六字，六字引文不具爾。"

【箋】宮廟、朝廷各有定處，無所館天子之女，故宜築于宮外。本疏。

六年傳："騅甥、聃甥、養甥請殺楚子。"

【膏肓】楚鄧彊弱相縣，若從三甥之言，楚子雖死，鄧滅曾不旋踵，若刳腹去疾、炊炭止沸。《左氏》爲短。本疏。

【箋】楚之彊盛從滅鄧以後，于時楚未爲彊，何得云"彊弱相縣"？蘇氏云："三甥既有此語，《左氏》因《史記》之文録其實事，非君子之論，何以非之？"同上。

十九年傳："鬻拳可謂愛君矣。"

【膏肓】人臣諫君，非有死亡之急，而以兵臨君，開篡弑之路。《左氏》以爲愛君，於義《左氏》爲短。本疏。

【箋】楚鬻拳同姓，有不去之恩。《詩·柏舟》疏。

二十五年傳："日有食之，鼓，用牲于社，非常也。"

【膏肓】《感精符》云："立推度以正陽，日食，則鼓，用牲于社，朱絲縈社，鳴鼓脇之。"《左氏》云用牲非常，明《左氏》説非夫子《春秋》，於義《左氏》爲短。《禮記·祭法》疏。

【箋】用牲者，不宜用，《春秋》之通例，此讖説正陽、朱絲、鳴鼓，豈説用牲之義也？讖用牲于社者，取經完句耳。同上。考證曰："'完'或誤作'宛'。"

僖公

二十二年傳："君未知戰。"

【膏肓】《左氏》以其不用子魚之計，至于軍敗身傷，所以責襄公也。而《公羊》善之，云："雖文王之戰，亦不是過。"《詩·大明》疏。考證曰："《詩疏》云：'宋公及楚人戰于泓。'《左氏》云云，當是孔述《膏肓》之文。"

【箋】刺襄公不度德，不量力。《考異郵》云："襄公大辱，師敗于泓。徒信不知權譎之謀，不足以交鄰國、定遠疆也。"此是譏師敗也。

《公羊》不譏，違《考異郵》矣。《詩·大明》疏。考證曰："'考異郵云'本作'引考異郵'，至'引'字，疏語'至'字，則云字形似而譌也。"今刪改。

二十三年傳："杞成公卒，書曰子，杞，夷也。"

【膏肓】杞子卒，豈當用夷禮死乎？本疏。

《箴》闕。

三十一年傳："夏四月，四卜郊，不從，乃免牲，非禮也。"

《膏肓》闕。考證曰："《禮記·曲禮》疏引魯四卜郊，述休之意云：'魯郊轉卜三正，假令春正月卜，不吉，又卜殷正，殷正不吉，則用夏正郊天。若此三正之內有凶，不從，則得卜夏三月，但滿三吉日，則得爲郊。'"

【箴】以魯之郊天，惟用周正建子之月。牲數，有災，不吉，改卜後月，故或用周之二月、三月，故有蟄而郊四月則不可。《禮記·曲禮》疏。

禮不卜常祀，而卜其牲日。

《膏肓》闕。

【箴】當卜祀日月爾，不當卜可祀與否。《禮記·曲禮》疏。天子郊以夏正上旬之日，魯之卜三正下旬之日。是雖有常時常日，猶卜日也。《周禮·大宰》疏。

文公

元年傳："穆伯如齊，始聘焉，禮也。"

【膏肓】三年之喪，使卿出聘。於義《左氏》爲短。本疏。

【箴】《周禮》："諸侯邦交，歲相問，殷相聘，世相朝。"《左氏》合古禮，何以難之？同上。

二年傳："襄仲如齊，納幣，禮也。"

【膏肓】喪服未畢，而行昏禮。《左氏》爲短。本疏。考證曰："《禮記·檀弓》疏謂：'《公羊》譏其喪娶，即《膏肓》之義也。'"

【箴】僖公母成風主昏，得權時之禮。《禮記·檀弓》疏。

五年傳："王使榮叔來，含且賵，禮也。"

【膏肓】禮，尊不含卑，又不兼二禮。《左氏》以爲禮，於義爲短。本疏。

【箋】禮，天子于二王后之喪，含爲先，襚次之，賵次之，賻次之。于諸侯，含之，賵之。小君亦如之。于諸侯臣，襚之。諸侯相於，如天子于二王后；于卿大夫，如天子于諸侯。于士，如天子于諸侯臣。何休曰"尊不含卑"，是違禮，非經意。其一人兼歸二禮，亦是爲譏。同上。

九年傳："秦人來歸僖公成風之襚，禮也。"

【膏肓】禮主于敬，一使兼二喪，又于禮既緩，而《左氏》以之爲禮，非也。本疏。

【箋】若以爲緩，按禮，衛將軍文子之喪，既除喪而越人來弔，子游何得善之？若譏一使兼二禮，《雜記》諸侯弔禮有含襚賵臨，何以一使兼行？同上。

十八年傳："此三族也，世濟其凶，增其惡名，以至于堯，堯不能去。"

【膏肓】孔子云："蕩蕩乎，堯之爲君。唯天爲大，唯堯則之。"今如《左氏》，堯在位數十年，久抑元愷而不能舉，養育凶人以爲民害而不能去，則孔子稱堯，虛言也。桀紂爲惡一世則誅，四凶歷數十歲而無誅放。《易》云："積不善之家，必有餘殃。"虛言也。《左氏》爲短。本疏。

【箋】闕。

宣公

二年傳："失禮違命，宜其爲禽也。"

【膏肓】休以爲狂狡近于古道。《詩·大明》疏。

【箋】狂狡臨敵，拘于小仁，忘在軍之禮。譏之義合于譏。同上。

五年傳："冬來反馬也。"

【膏肓】禮無反馬之法，而《左氏》以爲得禮。禮，婦人謂嫁曰歸，明無大故不反于家。經書高固及子叔姬來，故譏乘行匹至也。《儀禮·士昏禮》疏。考證曰："《士昏禮》疏稱休以爲云云，'反馬'下本無'之法'字，從本疏補。本疏云：'昏禮無反馬，故何休據之作《膏肓》以難《左氏》，言禮無反馬之法。'"

【箋】《冠義》云："無大夫冠禮而有其昏禮。"則昏禮者，天子、諸侯、大夫皆異也。本疏。考證曰："本疏作鄭元答之云云，《詩·鵲巢》疏作《箋膏肓》。"《士昏禮》曰："主人爵弁纁裳緇袘，從者畢元端。乘黑車，從車二乘，執燭前馬。婦車亦如之，有裧。"此婦車出于夫家，則士妻始嫁，乘夫家之車也。《詩·鵲巢》云："之子于歸，百兩御之。"又曰："之子于歸，百兩將之。"將，送也。國君之禮，夫人始嫁自乘其家之車也。《何彼襛矣》篇曰："曷不肅雍，王姬之車。"言齊侯嫁女，以其母王姬始嫁之車遠送之。《士昏禮》疏。考證曰："'此婦車'三句本作'此婦乘夫家之車'，'詩鵲巢云'本作'鵲巢詩曰'，無'將送也'三字，'乘其'下無'家之'二字。"從本疏增改。本疏《士昏禮》曰之："'曰'作'云'，'袡'作'衣'，無'從者'五字，'二乘'下無'執燭前馬'四字，'如之'下無'有裧'二字，無'何彼襛矣'已下三十一字。"則天子、諸侯嫁女，留其乘車可知也。高固，大夫也，來反馬，則大夫亦留其車也。禮雖散亡，以《詩》之義論之，大夫以上，其嫁皆有留車反馬之禮。留車，妻之道也；反馬，壻之義也。高固以秋九月來逆叔姬，冬來反馬，則婦入三月，祭行乃反馬，禮也。本疏。考證曰："《士昏禮》疏'嫁女'作'女嫁'，'留其'句無'乘也'二字，'高固'已下作'今高固，大夫，反馬，大夫亦留其車。以《詩》論之，大夫以上至天子有反馬之禮之道之義'，下並無'也'字。'高固以秋九月來逆叔姬'，無'以''九''來'三字，'乃反馬'作'故行反馬'。"又，《詩·鵲巢》疏云："《箋膏肓》引《士昏禮》曰：'主人爵弁纁裳，從車二乘。婦車亦如之，有裧。'又引此詩乃云：'此國君之禮，夫人自乘其家之車也。'又云：'禮雖散亡，以《詩》義論之，天子以至大夫，皆有留車反馬之禮。'"《葛屨》疏引《士昏禮》云："婦入三月而後祭行。"並刪約之辭。

九年傳："孔子曰：'《詩》云："民之多辟，無自立辟。"其洩冶之謂乎？'"

【膏肓】休以爲洩冶無罪。《公羊·宣十二年》傳疏。

《箋》闕。考證曰："休注《公羊》亦謂洩冶有罪，何得作《膏肓》以短《左氏》？"

十年傳："書曰崔氏，非其罪也。且告以族，不以名。"

【膏肓】《公羊》譏世卿。本疏。考證曰："疏云：'《膏肓》以爲《公羊》譏世卿，而難《左氏》，是孔約鄭義，文不具。"

《箋》闕。考證曰："本疏引蘇氏云：'崔杼祖父名不見經，則知非世卿，且《春秋》之時諸侯擅相征伐，猶尚不譏世卿，雖曰非禮，夫子何由獨責？'按，鄭箋每引蘇氏之説，此爲鄭引與否不可知，然亦足以補箋闕矣。"

成公

八年傳："凡諸侯嫁女，同姓媵之，異姓則否。"

【膏肓】媵不必同姓，所以博異氣。今《左傳》"異姓則否"。十年，齊人來媵，何以無貶刺之文？《左》爲短。本疏。

【箴】禮稱納女：于天子云備百姓；于國君云備酒漿。天子云備百姓，博異氣；諸侯直云備酒漿，不得云百姓，是不博異氣也。何得有異姓在其中？齊是大國，今來媵我，得之爲榮，不得貶也。本疏。考證曰："'備酒漿'下本無'天子云備百姓，博異氣。諸侯直云備酒漿'十六字，'異氣也'下本無'何得有異姓在其中'八字，從《穀梁·成十年》'齊人來媵'疏引文補入。《穀梁疏》止引此二十四字。"

十四年傳："舍族，尊夫人也。"

【膏肓】《左氏》以叔孫僑如舍族，爲尊夫人。案《襄二十七年》豹及諸侯之大夫盟，復何所尊而亦舍族？《春秋》之例一事再見者，亦以省文耳。《左氏》爲短。本疏。

【箴】《左氏》以豹違命，故貶之而去族。今僑如無罪而亦去族，故以爲尊夫人也。《春秋》有事異文同，則此類也。同上。

十七年傳："晉范文子反自鄢陵，使其祝宗祈死。六月戊辰，士燮卒。"

【膏肓】休以爲人生有三命：有壽命以保度，有隨命以督行，有遭命以摘暴。未聞死可祈也。昔周公之隆，天不出妖，地不出孽，陰陽和調，災害不生。武王有疾，周公植璧秉珪，願以身代。武王疾愈，周公不夭。由此言之，死不可請，偶自天祿欲盡矣，非果死。今《左氏》以爲果死，因著其事以爲信然，於義《左氏》爲短。《公羊·襄二十九年傳》疏。考證曰："本疏引①'人生'至'祈也'止。"

《箴》闕。

十八年傳："所以復霸也。"

【膏肓】霸不過五。本疏。

【箴】天子衰，諸侯興，故曰霸。夏人昆吾，商有豕韋、大彭，周有

---

① "本"，底本訛作"木"。

齊桓、晉文。此最彊者也，故書傳通謂彼五人爲五霸耳。但霸是彊國爲之，天子既衰，諸侯無主，若有彊者，即營霸業，其數無定限也，而何休以霸不過五，不許悼公爲霸，以鄉曲之學，足以忿人。傳稱文襄之霸，襄承文後，紹繼其業。以後漸弱，至悼乃彊，故云復霸。同上。考證曰："疏引鄭元云云，是《箴膏肓》之文。《膏肓》雖闕，觀鄭箴可得大略，知'而何休'以下非疏語者，《文五年》'王使榮叔來，含且賵'，箴舉何曰亦非疏語，故知是鄭箴也。"

襄公

七年傳："夫郊祀后稷，以祈農事也。是故啓蟄而郊，郊而後耕。"

【膏肓】《孝經》云："郊祀后稷以配天，宗祀文王于明堂以配上帝。"止言配天，不言祈穀。《詩‧噫嘻》序疏。

【箴】《孝經》主説周公孝以必配天之義，死不爲郊祈之禮，出是以其言不備。《月令》"孟春元日祈穀于上帝"，先即郊天也。後"乃擇元辰，天子親載耒耜，躬耕帝籍"，是郊而後耕。二者之禮、獻子之言合。是郊天之與祈穀爲一祭也。同上。考證曰："本疏云：'《詩‧噫嘻》序云："春夏祈穀于上帝，禮仲春之月。"《月令》曰："是月也，天子乃以元日祈穀于上帝。"即是郊天之祭也。其下即云"乃擇元辰，天子親載耒耜，躬耕帝籍"，是郊而後耕也。獻子此言正與禮合。《孝經》只言尊嚴其父主，跡孝子之志，本意不説郊天之祭，無由得有祈穀之言。何休《膏肓》執彼難此，追而想之，亦可以歎息也。此沖遠依鄭箴爲説。"

十一年傳："季武子將作三軍。"

【膏肓】《左氏》説云"尊公室"，休以爲與"舍中軍"義同。於義《左氏》爲短。本疏。

【箴】《左氏傳》云："作三軍，三分公室，各有其一。"謂三家始專兵甲，卑公室。云《左氏》説云"尊公室"，失《左氏》意遠矣。同上。

魏絳于是乎始有金石之樂，禮也。

【膏肓】大夫、士無樂。《禮記‧曲禮》疏。考證曰："《春秋説題辭》，樂無大夫、士制，① 休蓋執以難《左》，故鄭箴分別言之。"

【箴】大夫、士無樂，小胥、大夫判縣，士特縣者，小胥所云娛身之

---

① "士"，底本作"土"。

樂及治人之樂則有之也，故鄉飲酒有工歌之樂是也。《說題辭》云"無樂"者，謂無祭祀之樂，故特牲、少牢、無樂。同上。考證曰："《曲禮》疏云：'鄭元《箴膏肓》從題辭之義云云，"說"本譌作"縣"，從宋本。'"

十九年傳："王追賜之大路。"

【膏肓】天子車稱大路，諸侯車稱路車，大夫稱車。今鄭子蟜，諸侯之大夫耳，當與天子士同賜其車，而名之曰大路，非正也。孔子曰："惟器與名不可以假人，名不正則言不順。"於義《左氏》爲短。本疏。

【箴】卿以上所乘車皆曰大路，《詩》云："彼路斯何，君子之車。"此大夫之車乘路也。《王制》卿爲大夫。《詩·出車》疏。案《周禮》，天子袞冕，上公亦稱袞冕；天子析羽爲旌，諸侯及大夫亦稱旌。又，天子樂官大師，《鄉飲酒禮》君賜樂亦稱大師。此皆名同于上，則卿大夫之路何獨不可同之于天子大路之名乎？何休之難非也。本疏。考證曰："《詩·采薇》疏、《韓奕》疏並有引。"

二十二年傳："焉用聖人？"

【膏肓】說《左氏傳》者曰："《春秋》之志，非聖人孰能修之？"言夫子聖人，乃能修之。御叔謂臧武仲爲聖人，是非獨孔子。《周禮·大司徒》疏。

【箴】武仲者，述聖人之道，魯人稱之曰聖人。使如晉過御叔，御叔不說學，見武仲而雨行，傲之，云："焉用聖人爲？"《左氏傳》載之者，非御叔不說學，不謂武仲聖與孔子同。同上。考證曰："'聖人'之'人'或譌作'今'，屬下句。"

二十四年傳："然明曰：'是將死矣。'"

【膏肓】善言者君子所尚，有小人道之輒爲死徵，是善言不可出口。

《箴》闕。考證曰："疏云：'趙文子，賢人也，其語偷。程鄭，小人也，其言善。俱是失常，無所怪惑。'此可補鄭箴之闕。"

昭公

四年傳："雹之爲災，誰能禦之？《七月》之卒章，藏冰之道也。"

【膏肓】《春秋》書雹，以爲政之所致，非由冰也。若今朝廷藏冰亦不于深山窮谷，何得或無雹？天下郡縣皆不藏冰，何故或不雹？若言有之，于古者，必有驗；于今，此其不合；於義，失天人相與之意。本疏。

【箋】雨雹，政失之所致，是固然也。國之失政，君子知其大者，其次知其小者。藏冰之禮，凌人掌之，《月令》載之，《豳》詩歌之，此獨非政與？故其小者耳。夫深山窮谷固陰沍寒，極陰之處冰凍所聚，不取其冰則氣畜不洩，結滯而爲伏陰。凡雨水，陽也；雪雹，陰也。雨水而伏陰薄之，則凝而爲雹；雨雪而慾陽薄之，則合而爲霰。申豐見時，失藏冰之禮而有雹，推之陰陽，知此伏陰所致，亦聖人之寓言也。詳載其言者，以著藏冰之禮不可廢耳。同上。

七年傳：“子産曰：‘鬼有所歸乃不爲厲，吾爲之歸也。’”

【膏肓】孔子不語怪力亂神，以鬼神爲政必惑衆，故不言也。今《左氏》以此令後世信其然，廢仁義而祈福于鬼神，此大亂之道也。子産雖立良止以托繼絶，此以鬼賞罰，要不免于惑衆，豈當述之以示季末？本疏。

【箋】伯有，惡人也。其鬼爲厲鬼。厲者，陰陽之氣相乘不和之名，《尚書五行傳》“六厲”是也。人死，體魄則降，魂氣在上，有尚德者附和氣而興利。孟夏之月，令雩祀百辟、卿士有益于民者，由此也。爲厲者，因害氣而施災，故謂之厲鬼。《月令》民多厲疾，《五行傳》有禦六厲之禮。禮，天子立七祀，有大厲；諸侯立五祀，有國厲。欲以安鬼神，弭其害也。子産立良止，使祀伯有以弭害，乃禮與洪範之事也。子所不語怪力亂神，謂虛陳靈象，于今無驗也。伯有爲厲鬼，著明若此，而何不語乎？子産固爲衆愚將惑，故并立公孫洩，云從政有所反之以取媚也。孔子曰：“民可使由之，不可使知之。”子産達于此也。同上。考證曰：“‘其死’一作‘其鬼’。”

十八年傳：“宋、衞、陳、鄭皆火，梓慎登大庭氏之庫以望之。”

【膏肓】宋、衞、陳、鄭去魯皆數千里，謂登高以見其火，豈實事哉？本疏。

《箋》闕。考證曰：“疏云：‘孔子在陳，知桓僖災者，豈復望見之乎？若見火知災，則人皆知之矣，何所貴乎梓慎？《左氏傳》而編紀之哉。且四國去魯纔數百里，而何休云數千里，雖意欲其遠，亦虛妄之極。梓慎所望，自當有以知之。’此足補鄭箋之闕。”

二十六年傳：“‘王后無適，則擇立長。年鈞以德，德鈞以卜。’王不立愛，公卿無私，古之制也。”

【膏肓】休以爲《春秋》之義三代異，建適媵，別貴賤，有姪娣以廣親疏。立適以長不以賢，立子以貴不以長。王后無適，明尊之敬之，義無所卜筮。不以賢者，人狀難別，嫌有所私，故絕其怨望，防其覬覦。今如《左氏》言云："年鈞以德，德鈞以卜。"人君所賢，下必從之，焉能使王不立愛也？豈復有卜？若其以卜，隱桓之禍，皆由是興，乃曰古制，不亦謬哉？又，大夫不世，如并爲公卿，通繼嗣之禮。《左氏》爲短。《周禮·太卜》疏。考證曰："'人君'本作'君之'，'下必'本作'人必'，無'焉能使王不立愛也'八字，從本疏改補。本疏引者，'人君'十六字及'大夫不世'已下。'世'下有'功'字，'如'作'而'，'繼嗣'下無'之禮'二字，'豈復有卜'下本無'若其以卜'四字，從《禮記·檀弓》疏補。《檀弓》疏引者，'若其'五句，'之禍'作'以禍'，'是興'作'此作'，'不亦謬哉'作'固亦謬矣'。"

【箋】立適以長不以賢，固立長矣。無適而立子，以貴不以長，固立賢矣。若長鈞貴鈞，何以別之？故須卜。《禮記·檀弓》疏。考證曰："'立子'上本無'無適而'三字，從《太卜》疏補。《太卜》疏引者作'立適固以長矣，無適而立子固以貴矣'。"今言無適則擇立長，謂貴鈞始立長，王不得立愛之法。年鈞，則會群臣、群吏、萬民而詢之。有司以序進而問。《太卜疏》。《周禮》："小司寇掌外朝之政，以致萬民而詢焉。其三曰詢立君。其位：王南鄉，三公及州長、百姓北面，群臣西面，群吏東面。小司寇以序進而問焉。"如此則大衆之口非君所能掩，是王不得立愛之法也。本疏。考證曰："《太卜》疏引'大衆'已下十八字。"《禮》有"詢立君""卜立君"，是有卜也，示義在此。短之言謬，失《春秋》與禮之義矣。《太卜疏》。考證曰："本無'卜立'七字，從《檀弓》疏補。《檀弓》疏引'禮有'十二字。"公卿之世立者，有大功德，先王之命有所不絕者，是大功特命，則得世位也。《詩·文王》疏。考證曰："'世立'下本無'者有'二字，從《太卜》疏補。《太卜》疏引者，'有'下無'大'字，'絕'譌'犯'，下無'者'字。止本疏亦引'公卿'三句，'世'下無'立者'二字，'先王'句無'之有'二字，'特命'本譌'時命'，改。"

《釋廢疾》

本傳作《起廢疾》，《鄭志目錄》"起"作"釋"，《隋志》亦作

"釋"。按，范甯《穀梁注》並引"鄭君釋"，當從《鄭志》。此書因范氏采入注中，故所存獨多。

隱公

元年經："天王使宰咺來歸惠公仲子之賵。"

《廢疾》闕。

【釋】平王新有幽王之亂，遷于成周，欲崇禮于諸侯。原情免之，若無事而晚者，去來以譏之，榮叔是也。《禮記·雜記》疏。

傳："仲子者何？惠公之母，孝公之妾也。"

《廢疾》闕。

【釋】若仲子是桓之母，桓未爲君，則是惠公之妾，天王何以賵之？則惠公之母亦爲仲子也。本疏。

大夫日卒，正也；不日卒，惡也。

【廢疾】《公羊》以爲日與不日爲遠近異辭。若《穀梁》云"益師惡而不日"，則公子牙及季孫意如何以書日乎？本疏。

【釋】公子牙，莊公弟。不書弟，則惡明也，故不假去日。季孫意如，則定公所不惡，故亦書日。同上。考證曰："疏引何休云，即引鄭君釋之。"

五年傳："苞人民，毆牛馬，曰侵。斬樹木，壞宮室，曰伐。"

【廢疾】廐焚，孔子曰："傷人乎？"不問馬。今《穀梁》以苞人民、毆牛馬爲輕，斬樹木、壞宮室爲重，是理道之不通也。本疏。考證曰："疏引《廢疾》本無'毆牛馬'三字，以義增。"

【釋】苞人民、毆牛馬，兵去則可以歸還。其爲壞宮室、斬樹木，則樹木斷不復生，宮室壞不自成。爲毒害更重也。同上。考證曰："疏引作'鄭元云'。"

桓公

四年傳："四時之田，皆爲宗廟之事也。春曰田，夏曰苗，秋曰蒐，冬曰狩。四時之田用三焉，惟其所先得，一爲乾豆，二爲賓客，三爲充君之庖。"

【廢疾】《運斗樞》曰："夏不田。"《穀梁》有夏田，於義爲短。《禮記·王制》疏。

【釋】歲三田，謂以三事爲田。同上。考證曰："疏引此云，即一曰乾豆之等，是深塞何休之言。"四時皆田，夏殷之禮。《詩》云："之子于苗，選徒嚻嚻。"夏田明矣。孔子雖有聖德，不敢顯然改先王之法以教授于世。若其所欲改，具陰書于緯，藏之以傳後王。《穀梁》四時田者，近孔子故也。《公羊》正當六國之亡，讖緯見讀，而傳爲三時田。作傳有先後，雖異不足以斷《穀梁》也。同上。

八年傳："遂，繼事之辭也。其曰遂，逆王后，故略之也。或曰天子無外，王命之則成矣。"

《廢疾》闕。考證曰："《公羊傳》云：'使我爲媒可，則因用是往逆矣。女在其國稱女，此其稱王后何？王者無外，其辭成矣。'《穀梁》以遂逆爲譏，《公羊》不譏。《左氏》説亦云'王者無敵，無親迎之禮'。休蓋主不親迎之説，故鄭釋之如左。"

【釋】大姒之家，在郃之陽，在渭之涘。文王親迎于渭，即天子親迎之明文矣。天子雖尊，其于后猶夫婦。夫婦配合，禮同一體，所謂無敵，豈施此哉？《禮記》哀公問曰："冕而親迎，不已重乎？"孔子愀然作色而對曰："合二姓之好，以繼先聖之後，以爲天地、宗廟、社稷之主，君何謂已重焉？"此言親迎，繼先聖之後，爲天地、宗廟、社稷之主，非天子則誰？《桓八年》經注。

十三年傳："其不地于紀也。"

【廢疾】春秋戰無不地，即于紀戰，無爲不地也。本注。考證曰："注不稱《廢疾》，其下即接引鄭君語。疏引何休難云：'在紀，無爲不地。'與注同，則注'春秋'云云，是《廢疾》也。"

【釋】"紀"當爲"己"，謂在魯也，字之誤耳。時在龍門城下之戰，迫近故不地。同上。考證曰："疏引無'謂在'九字及'之戰'四字，刪約之文。"

莊公

四年傳："不言滅，而曰大去其國者，不使小人加乎君子。"

【廢疾】《春秋》："楚世子商臣弑其君，其後滅江、六。"不言大去，又大去者，于齊滅之不明。但知不使小人加乎君子，而不言王滅，縱失襄公之惡，反爲大去也。本注。

【釋】商臣弑其父，大惡也，不得但爲小人。江、六之君又無紀侯得民之賢，不得變滅言大去也。元年冬，齊師遷紀；三年，紀季以酅入于齊。今紀侯大去其國，是足起齊滅之矣。即以變滅言大去，爲縱失襄公之惡。是乃經也，非傳也。且《春秋》因事見義，舍此以滅人，爲罪者自多矣。同上。

六年傳："王人，卑者也。稱名，貴之也。"

【廢疾】稱子，則非名也。本注。

【釋】王人，賤者，錄則名可。今以其銜命救衛，故貴之。貴之，則子突爲字，可知明矣。此名當爲字誤爾。同上。

九年傳："當可納而不納。齊變而後伐，故乾時之戰不諱敗，惡內也。"

【廢疾】三年，溺會齊師伐衛，故貶而名之。四年，公及齊人狩于郜，故卑之曰人。今親納讎子，反惡其晚，恩義相違，莫此之甚。本注。

【釋】于讎不復，則怨不釋，而魯釋怨。屢會仇讎，一貶其臣，一卑其君，亦足以責魯臣子。其餘則同，不復譏也。至于伐齊納糾，譏當可納而不納爾。此自正義不相反也。同上。

十八年傳："不言日，不言朔，夜食也。"

【廢疾】《春秋》不言月食日者，以其無形，故闕疑。其夜食何緣書乎？本注。

【釋】一日一夜合爲一日。今朔日，日始出，其食有虧傷之處未復，故知此自以夜食。夜食則亦屬前月之晦，故穀梁子不以爲疑。同上。

二十三年傳："不正其外交，故不與使也。"

【廢疾】南季、宰渠伯糾、家父、宰周公來聘，皆稱使，獨于此奪之，何也？本注。

【釋】諸稱使者是奉王命，其人無自來之意。今祭叔不一心于王，而欲外交，不得王命來，故去使以見之。同上。

三十二年經："癸巳，公子牙卒。"

【廢疾】《傳》例，大夫不日卒，惡也。牙與慶父共淫哀姜，謀殺子般，而日卒，何也？本注。

【釋】牙，莊公母弟。不言弟，其惡也見，不待去日矣。同上。

僖公

九年傳："桓盟不日，此何以日？美之也。爲見天子之禁，故備之也。"

【廢疾】即日爲美，其不日皆爲惡也。桓公之盟不日，皆爲惡邪。莊十三年，柯之盟不日，爲信。至此日以爲美，義相反也。本注。

【釋】柯之盟不日，固始信之。自其後盟以不日爲平文。從陽穀以來，至此葵丘之盟，皆令諸侯以天子之禁。桓德極而將衰，故備日以美之。自此不復盟矣。同上。

十一年傳："雩得雨曰雩，不得雨曰旱。"

【廢疾】《公羊》書雩者，善人君應變求索。不雩，則言旱。旱而不害物，言不雨也。就如《穀梁》設本不雩，何以明之？如以不雨明之，設旱而不害物，何以別乎？本注。

【釋】雩者，夏祈穀實之禮也，旱亦用焉。得雨書雩，明雩有益；不得雨書旱，明旱災成，後得雨無及也。國君而遭旱，雖有不憂民事者，何乃廢禮，本不雩禱哉？顧不能致精誠也。旱而不害物，故以久不雨別之。文二年、十三年"自十有二月""自正月"、"不雨，至于秋七月"是也。《穀梁傳》曰："歷時而言，不雨，文不閔雨也。"以文不憂雨，故不如僖時書不雨。文所以不閔雨者，素無志于民，性退弱而不明，又見時久不雨而無災耳。同上。

十三年傳："兵車之會也。"

《廢疾》闕。考證曰："疏云何休于此有《廢疾》，范不具載，鄭釋者以數九會異于鄭故也。"

【釋】自柯之明年，葵邱以前，去貫與陽穀固已九合矣。《莊二十七年》疏。考證曰："《二十七年傳》衣裳之會十有一，范注《十三年》會北杏，《十四年》會鄄，《十五年》又會鄄，《十六年》會幽，《二十七年》又會幽。《僖元年》會檉，《二年》會貫，《三年》會陽穀，《五年》會首戴，《七年》會甯母，《九年》會葵邱。疏云衣裳之會十有一者，謂從北杏至葵邱也。《論語》稱九合諸侯者，貫與陽穀二會管仲不欲，故去之，自外惟九合也。鄭《釋廢疾》云云，則鄭意不數北杏，自外與范注同也。又，《莊十三年》會北杏，疏云鄭《釋廢疾》數九會以柯之明年爲始，又云鄭以孔子云九合諸侯，北杏之會，經無諸侯之文，故不數之，則鄭數九會自柯之明年會鄄始也。會鄄至葵邱，中閒去貫與陽穀止八會。鄭以柯之明年始，自不得數柯，而疏所云貫與陽穀二會及疏引《釋廢疾》所云去貫與陽穀者，'貫'並是'北杏'之譌；所云鄭意，不數北杏者，北杏下又脱'陽穀'二字爾。"

十四年傳："諸侯城，有散辭也。桓德衰矣。"

【廢疾】案，先是盟，亦言諸侯非散也。又《穀梁》美九年諸侯盟于葵邱。即散，何以美之邪？於義《穀梁》爲短。本注。考證曰："本無末句，從《公羊疏》引補入，《公羊疏》'美之'下無'邪'字。"

【釋】九年，公會宰周公、齊侯、宋子、衛侯、鄭伯、許男、曹伯于葵邱。九月戊辰，盟于葵邱。時諸侯初在會，未有歸者，故可以不序。今此十三年夏，公會齊侯、宋公、陳侯、衛侯、鄭伯、許男、曹伯于鹹，而冬公子友如齊，此聘也。書聘，則會固前已歸矣。今云諸侯城緣陵而不序其人，明其散。桓德衰矣，葵邱之事安得以難此？同上。

十八年傳："戰不言伐，客不言及。言及，惡宋也。"

【廢疾】戰言及者，所以別客主直不直也。故文十二年晉人、秦人戰于河曲，兩不直，故不云及。今宋言及，明直在宋，非所以惡宋也。即言及爲惡，是河曲之戰爲兩善乎？又《穀梁》以河曲不言及，略之也，則自相反矣。本注。考證曰："又見王晢《春秋皇綱論》，'不直'下無'也故'，'文十二年晉人、秦人戰于河曲'十四字，有'河曲之戰'四字，'不云'作'去'，'自相'上無'則'字。"

【釋】及者，別異客主耳，不施于直與不直也。直不直自在事而已。義兵則客直，宣十二年夏，"晉荀林父帥師及楚子戰于邲，晉師敗績"是也。兵不義則主人直，莊二十八年春，"衛人及齊人戰，衛人敗績"是也。今齊桓卒，未葬，宋襄欲興霸事而伐喪，于禮尤反。故反其文以宋及齊，即實以宋及齊，明直在宋。邲之戰，直在楚，不以楚及晉，何邪？秦晉戰于河曲，不言及，疾其亟戰爭舉兵，故略其先後。同上。

伐衛所以救齊也。

【廢疾】即伐衛救齊，當兩舉，如伐楚救江矣。又傳以爲江遠楚近，故伐楚救江。今狄亦近衛而遠齊，其事一也，義異何也？於義《穀梁》爲短。本注。考證曰："本無末句，從《公羊疏》引補入，《公羊疏》無'義異何也'四字。"

【釋】文三年冬，晉陽處父帥師伐楚救江。兩舉之者，以晉未有救江文，故明言之。今此春，宋公、曹伯、衛人、邾人伐齊；夏，狄救齊；冬，邢人、狄人伐衛，爲其救齊可知，故省文耳。事同義又何異？同上。

二十一年經："大旱。"

《廢疾》闕。

【釋】《春秋》凡書二十四旱，《考異郵》説云分爲四部，各有義焉。《禮記·月令》疏。

傳："外釋不志，此其志何也？以公之與之盟日之也。不言楚，不與楚專釋也。"

【廢疾】《春秋》以執之爲罪，不以釋之爲罪。責楚子專釋，非其理也。《公羊》以爲，公會諸侯釋之，故不復出楚耳。本注。

【釋】不與楚專釋者，非以責之也。傳云"外釋不志，此其志何也？以公之與之盟日之也。"言公與諸侯盟而釋宋公，公有功焉。與《公羊》義無違錯。同上。

二十二年傳："襄公曰：'不鼓不成列，須其成列而後擊之'，則衆敗而身傷焉。"

【廢疾】即宋公身傷，當言公，不當言師。成十六年，"楚子敗績"是也。又成十六年傳曰："不言師，君重于師也。"即成十六年是，二十二年虛言也；即二十二年是，十六年非也。本注。

【釋】傳説"楚子敗績"，曰"四體偏斷"，此則目也。此言君之目與手足有破斷者，乃爲敗矣。今宋襄公身傷耳，非四體偏斷，又非傷目，尚持鼓，軍事無所害，而師猶敗，故依常例稱師，不言宋公敗績也。傳所以言則衆敗身傷焉者，疾其信而不道，以取大辱。同上。考證曰："疏引鄭元云，非'四體偏斷'，又非'傷目'，故以常例稱師也。三句前二句，是'身傷'下脱文，後一句去'故''也'二字，是'師猶敗'下脱文，今並補入。'尚持鼓'之'尚'本作'當'，'則衆敗'之'則'本作'敗'，並形涉而譌，今以義改。"

二十三年傳："不葬，何也？失民也。其失民何也？以其不教民戰，則是弃其師也。"

【廢疾】所謂教民戰者，習之也。《春秋》貴偏戰而惡詐戰。宋襄公所以敗于泓者，守禮偏戰也，非不教其民也。孔子曰："君子去仁，惡乎成名？造次必于是，顛沛必于是。"未有守正以敗而惡之也。《公羊》以爲不書葬，爲襄公諱。背殯出會，所以美其有承齊桓尊周室之美志。本注。

【釋】教民習戰而不用，是亦不教也。詐戰謂不期也。既期矣，當觀敵爲策。倍則攻，敵則戰，少則守。今宋襄公于泓之戰違之，又不用其臣之謀而敗。故徒善不用賢良，不足以興霸王之功；徒信不知權譎之謀，不足以交隣國，會遠疆。故《易》譏鼎折足，《詩》刺不用良。此說善也。同上。考證曰："'徒信'本譌'徒言'，此《考異郵》文。據《膏肓》引是，'信'字此脫偏旁耳，今改正。《膏肓》所引，'徒信'至'遠疆'，此故易二句，疑亦《考異郵》文，故鄭云此說善也。"

二十五年傳："其不稱名姓，以其在祖之位，尊之也。"

【廢疾】曹殺其大夫亦不稱名姓，豈可復以爲祖乎？本注。

【釋】宋之大夫盡名姓。禮，公族有罪，刑于甸師氏，不與國人，慮兄弟也，所以尊異之。孔子之祖孔父累于宋殤公而死，今骨肉在其位而見殺，故尊之，隱而不忍稱名氏。若罪大者名之而已，使若異姓然，此乃祖之疏也。曹殺其大夫，自以無大夫，不稱名氏耳。《春秋》辭同事異者甚多。隱去即位以見讓，莊去即位爲繼弒，是復可以此例非之乎？同上。考證曰："'此乃祖之疏也'，疏云古本或作'禮之疏'。"

納者，内弗受也。圍一事也，納一事也。而遂言之，蓋納頓子者，陳也。

【廢疾】即陳納之當舉陳，何以不言陳？本疏。

【釋】納頓子固宜爲楚也，穀梁子見經云"楚人圍陳，納頓子于頓"，有似晉陽處父伐楚救江之文，故云蓋陳也。同上。

二十七年傳："人楚子，所以人，諸侯也。其人諸侯何也？不正其信夷狄而伐中國也。"

【廢疾】哀元年，楚子、陳侯、隨侯、許男圍蔡。不稱人，明不以此故也。本注。

【釋】時晉文爲賢伯，故譏諸侯不從而信夷狄也。哀元年，時無賢伯，又何據而當貶之耶？同上。

三十年傳："以尊遂乎卑，此言不敢叛京師也。"

【廢疾】大夫無遂事。案，襄十二年，季孫宿救台，① 遂入鄆，惡季孫不受命而入也。如公子遂受命，如晉不當言遂。本注。

【釋】遂固受命如京師如晉，不專受命于周。《經》近上言，天王使宰周公來聘，故公子遂報焉。因聘于晉，尊周，不敢使並命。使若公子遂自往，然即云"公子遂如京師如晉"，是同周于諸侯，叛而不尊天子也。

① "宿"，底本作"宿"，《說文》小篆。

《公羊傳》有"美惡不嫌同辭",何獨不廣之于此乎?同上。

文公

三年傳:"茅茨盡矣,著于上,見于下,謂之雨。"

【廢疾】蟲猶衆也。衆死而隊者,群臣將爭疆相殘賊之象。是後大臣比爭鬭相殺,司城驚逃,子哀奔亡,國家廓然無人,朝廷久空,蓋由三世内娶貴近妃族,禍自上下,故異之云爾。《公羊傳注》。考證曰:"本疏引《廢疾》'蟲猶衆也。死而隊者,象宋群臣相殘害也云云,上下異之云爾',何休注《公羊》自'蟲猶衆也'至'異之云爾',前後與本疏所引正同。云云之說,當即休彼注中數語耳,今即錄彼注以補疏引所未備。今《穀梁》直云"茅茨盡矣,著于上,見于下,謂之雨",與讖違,是爲短。本疏。

【釋】《穀梁》意亦以宋德薄,後將有禍,故蟲飛在上,墜地而死。言"茅茨盡"者,著甚之,驗于讖,何錯之有乎?同上。

五年傳:"其不言來,不周事之用也。賵以早,而含已晚。"

【廢疾】四年,夫人風氏薨;九年,秦人來歸僖公成風之襚,最晚矣。何以言來?本疏。

【釋】天子于二王后之死,含爲先,襚次之,賵次之。於諸侯,含之,賵之。小君亦如之。于諸侯之臣,襚之,賵之。其諸侯相於,如天子于二王之后;于卿大夫,如天子于諸侯。于士,如天子于諸侯之臣。京師去魯千里,王室無事,三月乃含,故不言來以譏之。本疏。考證曰:"《禮記‧雜記》疏引鄭釋云'天子于諸侯,含之,賵之;諸侯於卿大夫,如天子於諸侯;諸侯於士,如天子於諸侯臣。襚之,賵之,天子於二王之后,含爲先,襚則次之,賵爲後。諸侯相與,如天子於二王后。"秦自敗于殽之後,與晉爲仇,兵無休時,乃加免繆公之喪而來。君子原情不責晚。見集解。《禮記正義》引"以其殽敗,兵無休時。君子原情不責晚也"十六字。

八年傳:司馬;官也。其以官稱,無君之辭也。□□【廢疾】近上七年,宋公壬臣卒,宋人殺其大夫,不言官。今此在三年中言官,義相違。注本。

【釋】七年,殺其大夫,此實無君也。今殺其司馬,無人君之德耳。司馬、司城君之爪牙,守國之臣,乃殺其司馬,奔其司城,無道之甚。故稱官以見輕慢也。傳例，稱人以殺，殺有罪也。亦爲上下俱失之。本注。考證曰："'亦爲'本作'此'，從七年疏改，疏引此句起無'之'字。七年疏引此句作'亦爲上下俱失'"。罪臣以權寵逼君，故稱人以殺。君以非理殺臣，故著言司馬。不稱名者，以其世在祖之位尊，亦與僖二十五年宋殺其大夫同。見七年疏。

宣二年："獲宋華元。"傳："以三軍敵華元。華元雖獲，不病矣。"

【廢疾】書獲，皆生獲也。如欲不病華元，當有變文。

【釋】將帥見獲，師敗可知，不當復書師敗績。此兩言之者，明宋師懼華元見獲，皆竭力以救之，無奈不勝敵耳。華①元有賢行，得衆如是。雖師敗身獲，適明其美，不傷賢行。今兩書敗獲，非變文如何？同上。

八年經："有事于太廟。"

《廢疾》闕。

【釋】宣八年六月，"有事于太廟"。禘而云"有事"者，雖爲卿佐卒張本。而書有事，其實當時有用七月而禘，因宣公六月而禘，得禮，故變文言有事。《春秋》因事變文，見其得正也。《禮記·雜記》疏。考證曰："疏引《釋廢疾》，繹其詞，是鄭釋。"

傳："葬既有日，不爲雨止，禮也。"

《廢疾》闕。考證曰："《公羊》説'雨不克葬，謂天子諸侯也，卿大夫臣賤，不能以雨止'，《穀梁》説'葬既有日，不爲雨止'，並見《異義》。休蓋據《公羊》以知《穀梁》爾。"

【釋】雖庶人葬，爲雨止。《公羊》説"卿大夫臣賤，不能以雨止"，此等之説，則在廟未發之時，庶人及卿大夫亦得爲雨止。若其已發在路、及葬，則不爲雨止。其人君在廟及在路及葬，皆爲雨止。《禮記·王制》疏。

十年傳："氏者，舉族而出之之辭也。"

【廢疾】氏者，譏世卿也。即稱氏爲舉族而出，尹氏卒，甯可復以爲舉族死乎？本注。

【釋】云舉族死，是何妖問甚乎！"舉族而出之之辭"者，固譏世卿也。崔杼以世卿專權，齊人惡其族，令出奔。既不欲其身反，又不欲

---

① 自"侯於卿大夫，如天子於諸侯"至"無奈不勝敵耳。華"378字，底本脱，據《通德遺書》本補。

國立其宗后。故孔子順而書之曰"崔氏出奔衛",若其舉族盡去之爾。本注。

成公

七年傳:"冬無爲雩也。"

《廢疾》闕。

【釋】冬及春夏。案,《春秋説·考異郵》,三時惟有禱禮,無雩祭之事。惟四月龍星見,始有常雩耳。故因載其禱請山川辭云:"方今天旱,野無生稼,寡人當死,百姓何依?不敢煩民請命,願撫萬民,以身塞無狀。"本疏。考證曰:"疏引《釋廢疾》,繹其詞,是鄭釋也。'冬及春秋'上本有'去'字,是'云'字之譌。今删'夏'字,疑'秋'字之譌,讀其文可知。"

襄公

十九年傳:"還者,事未畢之辭也。受命而誅,生死無所加其怒。不伐喪,善之也。善之則何爲未畢也?君不尸小事,臣不專大名。"

【廢疾】君子不求備于一人,士匄不伐喪,純善矣。何以復責其專大功也?本疏。

【釋】士匄不伐喪,則善矣。然于善則稱君,禮仍未備。故言乃還,不言乃復,作未畢之辭。還者致辭,復者反命。同上。

二十年經:"陳侯之弟光出奔楚。"

《廢疾》闕。

【釋】惡陳侯也。本疏。考證曰:"疏引作《釋廢疾》。"

二十七年傳:"專之去,合乎《春秋》。"

【廢疾】甯喜本弑君之家,獻公過而殺之,小負也。專以君之小負自絶,非大義也,何以合乎《春秋》?本注。

【釋】甯喜雖弑君之家,本專與約納獻公爾。公由喜得入,已與喜以君臣從事矣。《春秋》撥亂,重盟約。今獻公背之而殺忠于己者,是獻公惡而難親也。獻公既惡而難親,專又與喜爲黨。懼禍將及,"君子見幾而作,不俟終日",微子去紂,孔子以爲三仁。專之去衛,其心若此,合于《春秋》不亦宜乎?同上。

三十年傳:"其不日,子奪父政,是謂夷之。"

【廢疾】蔡世子般弒其君固，不日，謂之夷。楚世子商臣弒其君，何以反書日邪？本疏。

【釋】商臣弒父，日之，嫌夷狄無禮，罪輕也。今蔡，中國而又弒父，故不日之。若夷狄不足責。然《公羊》有若不疾乃疾之，推以況此，則無怪然。同上。

昭公

十一年傳："其曰世子，何也？不與楚殺也。"

【廢疾】即不與楚殺，當貶楚爾，何故反貶蔡稱世子邪？本注。

【釋】滅蔡者，楚子也，而稱師，固已貶矣。楚子思啓封疆而貪蔡，誘殺蔡侯般，冬而滅蔡，殺友。惡其淫放，其志殺蔡國二君以取其國，故變子言世子，使若不得其君然。同上。

十二年傳："其曰晉，狄之也。其狄之何也？不正其與夷狄交，伐中國。"

【廢疾】《春秋》多與夷狄竝伐，何以不狄也？本注。

【釋】晉不見因會以綏諸夏，而伐同姓，貶之可也。狄之大重，晉爲厥憗之會，實謀救蔡。以八國之師而不救，楚終滅蔡。今又伐徐，晉不糾合諸侯以遂前志，舍而伐鮮虞，是楚而不如也，故狄稱之焉。同上。

定公

十二年傳："墮猶取也。"

【廢疾】當言取，不言墮，實壞耳，無取于訓詁。

【釋】陪臣專强，違背公室，恃城爲固，是以叔孫墮其城。若新得之，故云墮，墮猶取也。墮非訓取，言今但毀其誠，則郈永屬已，若更取邑于他然。本注。考證曰："此范注也。疏云傳言'墮猶取也'，即其訓。而曰非者，何休難云云。鄭君如此釋之，據此是范用鄭釋爲注也。今即錄之。"

哀公

六年傳："陽生入以弒其君，以陳乞主之，何也？不以陽生君荼也。其不以陽生君荼，何也？陽生正，荼不正。不正則其曰君，何也？荼雖不正，已受命矣。入者，內弗受也。荼不正，何用弗受？以其受命，何以言弗受也？陽生以其國氏，何也？取國于荼也。"

【廢疾】即不使陽生以荼爲君，不當去"公子"，見當國也。又，《穀梁》以爲國氏者取國于荼，齊小白又不取國于子糾，無乃近自相反乎？本注。

【釋】陽生篡國，故不言公子。不使君荼，謂書陳乞弒君爾。荼與小白其事相似，荼弒乃後立，小白立乃後弒。雖然俱篡國，而受國焉爾。《傳》曰"齊小白入于齊"，惡之也。陽生其以國氏，何取國于荼也？義適互相足，又何自反乎？子糾宜立而小白篡之，非受國于子糾，則將誰乎？同上。

《發墨守》

此書唐以前尚存二卷，爲《公羊》之學者不喜焉，故本疏僅存一條。散見諸經疏者，亦寥寥數條而已。

隱公

元年傳："君之始年也。"
【墨守】君者，臣之天也。《文選·陸機〈謝平原内史表〉》注。
發闕。
爲桓立也。
《墨守》闕。
【發】隱爲攝位，周公爲攝政，雖俱相幼君，攝位與攝政異也。《禮記·明堂位》疏。考證曰："《左傳·隱元年》疏云：'周公攝政，仍以成王爲主，直攝其政事而已，所有大事稟王命以行之。致政之後乃死，故卒稱薨，不稱崩。隱公所攝，則位亦攝之，以桓爲太子，所有大事皆專命以行。攝位被殺，在君位而死，故生稱公，死稱薨，是與周公異也。'足以發明鄭攝位、攝政之義，附錄于此。"

三年經："宋公和卒。"
《墨守》闕。考證曰："休注云：'宋稱公者，殷后也。王者封二王后，地方百里，爵稱公，客待之而不臣也。'當即《墨守》之義。"

【發】六年制禮作樂，封殷之后，稱公于宋。《禮記·樂記》疏。考證曰："《樂記》疏謂武王初克紂，微子服其故位，即徙居宋。武庚于周公居攝之時作亂被滅，周公因封微子。先在于宋，更封而大之，其實封爲五百里，在制禮之後，故《發墨守》云云。"

桓公

十一年傳："古者鄭國處于留先鄭伯有善于鄶公者，通乎夫人以取其國，而遷鄭焉，而野留。莊公死已葬，祭仲將往省于留，塗出于宋，宋人執之。"

《墨守》闕。

【發】鄭始封君曰桓公者，周宣王之母弟。國在宗周畿内，今京兆鄭縣是也。桓公生武公，遷居東周畿内，國在虢鄶之閒，今河南新鄭是也。武公生莊公，因其國焉。留乃在陳宋之東，鄭受封至此適三世，安得古者鄭國處于留、祭仲將往省留之事乎？《周禮·大司徒》疏。考證曰："《詩·鄭譜》疏引'桓公國在宗周畿内，武公遷居東周畿内'二句，是遷東周者武公也。《周禮疏》所引于'桓公生武公'下衍'武公生莊公'一句，又譌'遷居'爲'遷易'，今並删正之。"

僖公

二十四年傳："不能乎母也。"

【墨守】不能事母，罪莫大于不孝，故絶之言出也。下無廢上之義，得絶之者，明母得廢之，臣下得從母令。考證曰："此用休注補。"

【發】聖人制法必因其事，非虛加之。《孟子》曰："夫人必自侮，而後人侮之；家必自毀，而後人毀之；國必自伐，而後人伐之。"今襄王實不能孝道，稱惠后之心，今其寵專于子，失教而亂作，出居于鄭，自絶于周，故孔子因其自絶而書之。《公羊》以"母得廢之"，則《左氏》已死矣。從《左氏》。本疏。考證曰："'則《左氏》已死'句有脱譌。《左傳》云：'先后其謂我何？'是其時惠后已死。此'《左氏》'下當有'説惠后'三字。疏又引'失教而亂作，自絶于周。從《左氏》'，'失教'二句重出，'從《左氏》'三字亦是鄭發。"

成公

六年傳："武宫者何？武公之宫也。立者何？立者不宜立也。立武宮，非禮也。"

《墨守》闕。考證曰："休注云：'立武宮者，蓋時衰多廢人事，而好求福于鬼神，故重而書之。'當即《墨守》之義。"

【發】孝子祭祀，惟致其誠信與其忠敬而已，不求其爲，而祝尸嘏主人曰"皇尸命工祝，承致多福無疆，于女孝孫，來女孝孫，使女受禄于天，宜稼于田，眉壽萬年，勿替引之"。若此祭祀，内盡己心，外亦有祈福之義也。《禮記·禮器》疏。

孔廣林輯佚書點校[1]

《箴左傳膏肓》

隱公元年傳："不書即位，攝也。"【膏肓以爲】古制，諸侯幼弱，天子命賢大夫輔相爲政，無攝代之義。昔周公居攝，死不記崩。今隱公生稱侯，死稱薨，何因得爲攝？見本傳正義。

周公歸政就臣位乃死，何得記崩？隱公見死于君位，不稱薨云何？見《禮記·明堂位》正義。《公羊》云："宋穆公云：'吾立乎此，攝也。'以此言之，何得非《左氏》？"見本傳正義。

士踰月。【休以爲】《禮》"士三月葬"，今云"踰月"，於義二字見《禮記正義》。《左氏》爲短。見正義、《禮記·王制》正義。

禮，人君之喪，殯葬皆數來月來日，士殯葬皆數死月死日，尊卑相下之差數。故大夫、士俱三月，其實不同。士之三月及似當爲"乃"。大夫之踰月也。見《禮記·王制》正義。人君殯數來日，葬數往月；十字又見《王制》正義。大夫殯葬皆數來日來月；以上又見《檀弓》正義，此句作"大夫以上殯葬皆以來日數"。士殯葬皆數往日往月。據此，似前"死日""死月"亦當作"往"。士之三月，大夫之踰月也。見本傳正義。《王制》正義云："前以正禮言，後據《春秋》爲説。"

桓二年傳："命大子曰仇，弟曰成師，始兆亂矣。"【休謂】《左氏》後有興亡由立名善惡。引后稷名棄以難。見本傳正義。

【廣林謂】禍釁由人氣所感召，師服之説理未必無，故借以戒穆侯，

---

[1] 《通德遺書所見錄》，山東文獻集成影印本。

使豫知防，非謂吉凶必由名作也。正義云："太子與桓叔雖並因戰爲名，而所附意異。緣名求義，則太子多仇怨，而成師有徒衆。穆侯立名未必先生此意，但寵愛少子，於時已著。師服知桓叔將盛，故推出此理解其名，以爲諷諫，欲使強幹弱枝耳。人臣規諫，若無端緒，憑何致言以申己志？非謂人之立名必將有驗。"此足以補鄭氏之箴。

四年傳："周宰渠伯糾來聘，父在，故名。"【休以爲】《左氏》宰渠伯糾父在，故名。仍叔之子，何以不名？又仍叔之子以爲父在稱子，伯糾父在，何以不稱子？

仍叔之子者，譏其幼弱，故略言子，不名之。至于伯糾，能堪聘事，私覿又不失子道，故名且字也。見本傳正義。

九年傳："曹太子來朝，賓之以上卿，禮也。"【休以爲】《左氏》以人子安處父位，尤非衰世救失之宜。於義《左氏》爲短。

必如所言，父有老耄罷病，孰當理其政，預王事也？見本傳正義。

莊元年傳："築王姬之館于外，爲外，禮也。"

宮廟、朝廷各有定處，無所館天子之女，故宜築于宮外。見本傳正義。

六年傳："請殺楚子。"【膏肓以爲】楚鄧彊弱相縣，若從三甥之言，楚子雖死，鄧滅曾不旋踵，若刳腹去疾、炊炭止沸。《左氏》爲短。

楚之彊盛從滅鄧以後，于時楚未爲彊，何云彊弱相縣。見本傳正義。

十九年傳："鬻拳可謂愛君矣。"【膏肓云】人臣諫君，非有死亡之急，而以兵臨君，開篡弒之路。《左氏》以爲愛君，於義《左氏》爲短。見本傳正義。

楚鬻拳同姓，有不去之恩。見《詩·邶·柏舟》正義。

二十五年傳："鼓，用牲于社，非常也。"【膏肓】引《感精符》云："立推度以正陽，日食則鼓，用牲于社，朱絲縈社，鳴鼓脅之。"《左氏》云"用牲非常"，明《左氏》説非夫子《春秋》，於義《左氏》爲短。

用牲者不宜用，《春秋》之通例，此譏説正陽、朱絲、鳴鼓，豈説用牲之義也？譏用牲于社者，取經完句耳。見《禮記·祭法》正義。"完"本譌"宛"。

僖二十二年："宋公及楚人戰于泓。"

刺襄公不度德，不量力。《考異郵》云："襄公大辱，師敗于泓。徒信不知權譎之謀，不足以交鄰國，定遠疆也。"此是譏師敗也。《公羊》

不譏,違《考異郵》矣。見《詩·大明》正義。

二十三年傳:"杞成公卒,書曰子杞,夷也。"【膏肓】難左氏云:"杞子卒,豈當用夷禮死乎?"見本傳正義。

【廣林謂】杞以不遵王制,爲時王所黜,故侯降而伯,伯降而子。《莊二十七年》書杞伯後無事,見經。至此書杞子卒,傳即于此發義,見其用夷禮久矣。何氏之云,何妖問甚乎!

三十一年傳:"禮不卜常祀,而卜其牲日。"

天子郊以夏正上旬之日,魯之卜三正下旬之日。是雖有常時常日,猶卜日也。見《周官·大宰》疏。當卜祀日月爾,不當卜可祀與否。見《禮記·曲禮上》正義。

文元年傳:"穆伯如齊,始聘焉,禮也。"【休以爲】三年之喪,使卿出聘。於義《左氏》爲短。

《周禮》:"諸侯邦交,歲相問,殷相聘,世相朝。"《左氏》合古禮,何以難之?見本傳正義。

二年傳:"襄仲如齊,納幣,禮也。"正義云:"《公羊》譏喪娶,何休據此以《左氏》爲短。"

僖公母成風主昏,得權時之禮。見《禮記·檀弓上》正義。

五年傳:"王使榮叔來,含且賵,禮也。"【休以爲】禮,尊不含卑,又不兼二禮。《左氏》以爲禮,於義爲短。

禮,天子于二王后之喪,含爲先,襚次之,賵次之,賻次之。于諸侯,含之,賵之。小君亦如之。于諸侯臣,襚之。諸侯相於,如天子于二王后;于卿大夫,如天子于諸侯;于士,如天子于諸侯臣。【何休云】尊不含卑,是違禮,非經意。其一人兼歸二禮,亦是爲譏。見本傳正義。

九年傳:"秦人來歸僖公成風之襚,禮也。"【膏肓云】禮主于敬,一使兼二喪,又于禮既緩,而《左氏》以之爲禮,非也。

若以爲緩,案禮,衛將軍文子之喪,既除喪而越人來弔,子游何得善之?見本傳正義。

十八年傳:"此三族也,世濟其凶,增其惡名,以至于堯,堯不能去。"【休以爲】孔子云:"蕩蕩乎堯之爲君,唯天爲大,唯堯則之。"今如《左氏》,堯在位數十年,久抑元愷而不能舉,養育凶人以爲民害而不能去,則孔子稱堯,虛言也。桀紂爲惡一世則誅,四凶歷數十歲而無誅放。《易》云:"積不善之家,必有餘殃。"虛言也。《左氏》爲短。見本傳正義。

【廣林謂】堯不云四凶，君人之度也。堯有欽明之德，非不知人，故驩兜舉共工則曰："吁，静言庸違，象恭滔天。"四岳舉鯀則曰："吁咈哉，方命圮族。"時四凶罪惡未大著，自可包荒，又不委以政，亦無大害。川澤納汙，山藪藏疾，正放勳所以則天也。舜臣堯而鯀湮汨之罪已成，三凶皆其黨與，因楬其罪而流之，放之，殛之。是又舜以道事君之大義矣。二聖各有其道，何以致難爲哉？至所云"世濟其凶，增其惡名"，亦史克立文如是，非必果世爲惡也。前人因傳云："三族謂三凶，皆三帝苗裔，非其子。彼二凶莫考矣。"鯀固顓頊子，烏得云"世惡邪及身被殛"？《易》之所云豈爲虛語？史克之對，欲明臣子去凶之義，其言容不免過當，亦史克辭耳，非《左氏傳》義也，何必致詰？

宣二年傳："失禮違命，宜其爲禽也。"【休以爲】狂狡近于古道。

狂狡臨敵，拘于小仁，忘在軍之禮。譏之義合于譏。見《詩·大明》正義。

五年："冬，齊高固及子叔姬來。"傳："反馬也。"【休以爲】禮無反馬，而《左氏》以爲得禮。禮，婦人謂嫁曰歸，則無大故不反于家。經書高固及子叔姬來，故此字疑誤，否則文錯或當在經書上。譏乘行匹至也。見《儀禮·士昏》疏。

《冠義》云："無大夫冠禮而有其昏禮。"則昏禮者，天子、諸侯、大夫皆異也。士昏則異，據士禮無反馬，蓋失之矣。此十四字據《士昏》疏所引增入。《士昏禮》云："主人爵弁纁裳緇袘。"《士昏》疏下有"從者畢玄端"五字。乘黑車，從車二乘。《士昏》疏下有"執燭前馬"四字。婦車亦如之。"《士昏》疏下有"有裧"二字。此婦車出于夫家，則士妻始嫁，乘夫家之車也。《士昏》疏引"此婦乘夫家之車"七字。《詩·鵲巢》云："之子于歸，百兩御之。"又曰："之子于歸，百兩將之。"將，送也。《士昏》疏無此三字。國君之禮，夫人始嫁自乘其家之車也。《士昏》疏無"家之"二字。《何彼襛矣》篇云："曷不肅雝，王姬之車。"言齊侯嫁女，以其母王姬始嫁之車遠送之。以上三十一字依《士昏》疏所引增入。則天子、諸侯女嫁，本謂"嫁女"，依《士昏》疏改正。留其乘車可知也。《士昏》疏作"今高固，大夫，反馬，大夫亦留其車"。禮雖散亡，以《詩》之義二字《士昏》疏無。論之，大夫以上，其嫁皆有留車反馬之禮。作"大夫以上至天子，有反馬之禮"。留車，妻之道也；反馬，壻之義也。《士昏》疏無兩"也"字。高固以秋九月來逆叔姬，《士昏》疏作"高固秋九月逆叔姬"。冬來反馬，則婦入三月，祭行乃反馬，禮也。《士昏》疏作"故行反馬，禮也"，"故"似"乃"之譌。見本傳正義、《儀禮·士昏》疏。此箴膏肓又見《詩·鵲巢》正義，乃約舉數語，非全文。

九年傳："孔子曰：'《詩》云："民之多辟，無自立辟。"其洩冶之謂乎？'"【膏肓以爲】洩冶無罪。見《公羊·宣十二年》疏。

【廣林之聞也】臣有五諫：一曰諷諫，二曰順諫，三曰直諫，四曰爭諫，五曰戇諫。各視其君之情性、事之重輕、時之緩急而審行之。適其宜，斯爲善諫。即或君心不寤，而孤忠可表，弗之有愧矣。陳靈公通夏姬，衷袒戲朝，幾亡國。不諫無論，已諫必當陳利害，指禍福，怵其君，使改過自新。誅二臣乃止，冶不知此，徒曰民無效焉。且聞不令冶在朝已久，曾不識其君淫昏太甚？將以爲是數語者可動其悛心，除佞定國乎？進不能格君心之非，退不能褫二臣之魄。卒以機不密而失身，冶烏得以有此一諫逃不能匡救之責哉？律以明哲見幾之義，知靈公不可諫，量己力又不能諫，奉身而退，君子諒之。傳所以引孔子之言也。休注《公羊》亦云"洩冶有罪"矣。

十年傳："書曰，崔氏非其罪也。"【休以爲】《公羊》譏世卿。見本傳正義。

【廣林謂】齊惠公時，高固、國佐用事，崔氏無聞。杼父夭，唯城濮之戰一見，他亦不著。杼爲大夫在魯成公十七年，此時未參國政，何譏世卿之有？五年，公如齊，高固使齊侯，止公，請子叔姬。固作威福作，于斯可見，崔氏無大惡。高國徒以杼有寵，畏其偪，以私怨舉族逐之，故傳特釋之曰"非其罪也"。《公羊》自失經義，乃據以難《左》，過矣。

成八年傳："凡諸侯嫁女，同姓媵之，異姓則否。"【膏肓以爲】媵不必同姓，所以博異氣。今《左傳》"異姓則否"，十年，齊人來媵，何以無貶刺之文？《左氏》爲短。

禮稱納女，于天子云備百姓，于國君云備酒漿。不得云百姓，是不博異氣也。齊是大國，今來媵我，得之爲榮，不得貶也。見本傳正義。《穀梁·成十年》疏引此《箴》云："天子云備百姓，博異氣，諸侯直云備酒漿，何得有異姓在其中？"

十四年傳："舍族，尊夫人也。"《左氏》以叔孫僑如舍族，爲尊夫人。案,《襄二十七年》豹及諸侯之大夫盟,復何所尊而亦舍族?《春秋》之例一事再見者,亦以省文耳。《左氏》爲短。

《左氏》以豹違命,故貶之而去族。今僑如無罪而亦去族,故以爲尊夫人也。《春秋》有事異文同,則此類也。見逆女傳正義。

十七年傳:"晉范文子反自鄢陵,使其祝宗祈死。六月戊辰,士燮卒。"【休以爲】人生有三命:有壽命以保度,有隨命以督行,有遭命以摘暴。未聞死可祈也。見本傳正義、《公羊·襄二十九年》疏。昔周公之隆,天不出妖,地不出孽,陰陽和調,災害不生。武王有疾,周公植璧秉珪,願以身代。武王疾愈,周公不夭。由此言之,死不可請,偶自天禄欲盡矣,非果死。今《左氏》以爲果死,因著其事以爲信然,於義《左氏》爲短。見《公羊·襄二十九年》疏。

【廣林謂】《傳》云"反自鄢陵而祈死",則是上年秋冬事,其死以今年六月,非一祈即死,死不因祈明甚。傳因文子之卒,欲見州蒲失道。賢臣憂懼,不欲生,故追叙祈死事以爲君人者鑑,豈真謂死可祈邪?叔孫昭子事與此同。

十八年傳:"所以復霸也。"【休以爲】霸不過五,不許悼公爲霸。見本傳正義。

【廣林之聞也】書傳説三代之霸,則曰昆吾、豕韋、大彭、齊桓、晉文,説東周之霸則曰齊桓、晉文、宋襄、秦穆、楚莊。合三代而霸八人,獨言五霸者,數其尤著者耳。宋襄不克厥終,秦止霸西戎,楚亦未能屬諸夏,故不數。至東周之霸,五侯而外,若晉襄固繼文之盛,悼亦蒙文之業,皆非特起者,此亦不數。非霸不可六,而悼不足當霸也。何氏之曲説矣。或曰五霸,猶云五侯之霸者,然五霸與三王、四王對文,明是實綜人數,非若五侯、九伯可作約舉之辭解也。是亦不足以折何氏。

襄七年傳:"孟獻子曰:'夫郊祀后稷,以祈農事也。是故啓蟄而郊,郊而後耕。'"本傳正義謂《孝經》止云郊祀后稷以配天,不言祈農,何休執彼難此。

《孝經》主説周公孝以必配天之義,本不爲郊祀之禮,出是以其言不備。《月令》孟春元日"祈穀于上帝",是即郊天也。後"乃擇元辰,天子親載耒耜,躬耕帝藉",是郊而後耕。二者之禮、獻子之言合。見《詩·噫嘻》正義。

十一年:"作三軍。"《左氏》説云"尊公室"。【休以爲】與"舍中軍"義同，於義《左氏》爲短。

《左氏傳》云："作三軍，三分公室，各有其一。"謂三家始專兵甲，卑公室。云《左氏》說者"尊公室"，失《左氏》意遠矣。見本傳正義。

傳："魏絳于是乎始有金石之禮樂也。"

《禮記·曲禮下》正義云熊氏云："案《春秋說》題辭，樂無大夫、士制，鄭《箴膏肓》從題辭之義。大夫、士無樂。小胥：大夫判縣，士特縣者，小胥所云娛身之樂及治人之樂則有之也，故鄉飲酒有工歌之樂是也。《說題辭》云'無樂'者，謂無祭祀之樂，故特牲、少牢、無樂。"

十九年傳："鄭公孫蠆卒，王追賜之大路。"【休以爲】天子車稱大路，諸侯車稱路車，大夫稱車。今鄭子蟜，諸侯之大夫耳，當與天子士同，賜其車而名之曰大路，非正也。孔子曰："唯器與名不可以假人，名不正則言不順。"於義《左氏》爲短。見本傳正義。

卿以上所乘車皆曰大路，《詩》云："彼路斯何，君子之車。"此大夫之車稱路也。《王制》卿爲大夫。見《詩·采薇》正義。

二十二年傳："焉用聖人？"說《左氏傳》者曰："《春秋》之志，非聖人孰能脩之？"言夫子聖人，乃能脩之。御叔謂臧武仲爲聖人，是非獨孔子。

武仲者，述聖人之道，魯人稱之曰聖。今使如晉過御叔，御叔不說學，見武仲而雨行，傲之，云"焉用聖人爲"？《左氏傳》載之者，非御叔不說學，不謂武仲聖與孔子同。見《周官·大司徒》疏。

二十四年傳："程鄭問降階何由，然明曰：'是將死矣。'"善言者君子所尚，有小人道之輒爲死徵，是善言不可出口。見本傳正義。

【廣林謂】君子言善，小人言惡，其常也。物反常爲妖，人反常則死，天之道也。故曾子語孟敬子曰："人之將死，其言也善。"小人即終身作孽，天良固未盡澌滅，至將死而真性來復，其言必善，故知爲死徵耳。正義云："趙文子，賢人也，其語偷。程鄭，小人也，其言善。俱是失常，無所怪惑也。"

昭四年傳："今藏川池之冰，棄而不用。雹之爲菑，誰能禦之？"【膏肓云】《春秋》書雹，以爲政之所致，非由冰也。若今朝廷藏冰亦不于深山窮谷，何得或無雹？天下郡縣皆不藏冰，何故或不雹？若言有之，於古者，必有驗；於今，此其不合；於義，失天人相與之意。

雨雹，政失之所致，是固然也。國之失政，君子知其大者，其次知其小者。藏冰之禮，凌人掌之，《月令》載之，《豳風》歌之，此獨非政與？故此字疑。其小者耳。夫深山窮谷固陰冱寒，極陰之處，冰凍所聚，不取其冰則氣畜不泄，結滯而爲伏陰。凡雨水，陽也；雪雹，陰也。雨水而伏陰薄之，則凝而爲雹；雨雪而怨陽薄之，則合而爲霰。申豐見時，失藏冰之禮而有雹，推之陰陽，知此伏陰所致，亦聖人之寓言也。詳載其言者，以著藏冰之禮不可廢耳。見本傳正義。

七年傳："子產立公孫洩及良止，子大叔問其故。子產曰：'鬼有所歸乃不爲厲，吾爲之歸也。'大叔曰：'公孫洩何爲？'子產曰：'説也。爲身無義而圖説，從政有所反之，以取媚也。'"孔子不語怪力亂神，以鬼神爲政必惑衆，故不言也。今《左氏》以此令後世信其然，廢仁義而祈福於鬼神，此大亂之道也。子產雖立良止，以托繼絶，此以鬼賞罰，要不免於惑衆，豈當述之以示季末？

伯有，惡人也。其鬼爲厲鬼。厲者；陰陽之氣相乘不和之名，《尚書五行傳》"六厲"是也。人死，體魄則降，魂氣在上，有尚德者附和氣而興利。孟夏之月，令雩祀百辟、卿士有益于民者，由此也。爲厲者，因害氣而施災，故謂之厲鬼。《月令》民多厲疾，《五行傳》有禦六厲之禮。禮，天子立七祀，有大厲；諸侯立五祀，有國厲。欲以安鬼神，弭其害也。子產立良止，使祀伯有以弭害，乃禮與洪範之事也。子所不語怪力亂神，謂虛陳靈象，於今無驗也。伯有爲厲鬼，著明若此，而何不語乎？子產固爲衆愚將惑，故幷立公孫洩，云從政有所反之以取媚也。孔子曰："民可使由之，不可使知之。"子產達于此也。見本傳正義。

十八年傳："梓慎登大庭氏之庫以望之，曰：'宋、衛、陳、鄭也。'"【何休云】宋、衛、陳、鄭去魯皆數千里，謂登高以見其火，豈實事哉？見本傳正義。

【廣林謂】登大庭氏之庫以望，望氛祲所起處也。度其分野遠近，即可決火之所在。傳未嘗質言望見火也，即實爲望見火。正義引劉炫云："玄卿以爲孔子登泰山見吳門之白馬，離婁覩千里之毫末。梓慎既非常人，何知不見數百里之煙火？孔子在陳，知桓僖災，豈復望見之乎？若見火知災，人皆知之矣，何所貴乎梓慎？且四國去魯纔數百里，而何休云數千里，亦虛妄之極。梓慎不知見何氣知其災也。"此亦足以折何氏矣。

二十六年傳："'王后無適，則擇立長。年鈞以德，德鈞以卜。'王不立愛，公卿無私，古之制也。"【休以爲】《春秋》之義三代異，建適勝，別貴賤，有姪娣以辨親疏。立適以長不以賢，立子以貴不以長。王后無適，明尊之敬之。義無所卜筮。不以賢者，人狀難別，嫌有所私，故絕其怨望，防其覬覦。今如《左氏》言："年鈞以德，德鈞以卜。"君之所賢，下必從之，豈復有卜？隱桓之禍，皆由是興，乃曰古制，不亦謬哉？又，大夫不世，而本譌"如"，依本傳正義引者改。并爲公卿，通繼嗣之禮。《左氏》爲短。見《周官·大卜》疏。

本傳正義引者云："人君所賢，下必從之，焉能使王不立愛也？大夫不世功，而并爲公卿，通繼嗣。《左氏》爲短。"《禮記·檀弓下》正義引者曰："若其以卜，隱桓之禍，皆由此作，乃曰古制，固亦謬矣。"

立適固以長矣，無適而立子固以貴矣。今言無適則擇立長，謂貴均始立長，王不得立愛之法。年均，則會群臣、群吏、萬民而詢之。有司以序進而問。大衆之口非君所能掩，是王不得立愛之法也。《禮》有"詢立君"，示義在此。短之言謬，失《春秋》與禮之義矣。公卿之世立者，有功德，先王之命有所不絕。見《周官·大卜》疏。

本傳正義引者云："《周禮》：'小司寇掌外朝之政，以致萬民而詢焉。其三曰詢立君。其位：王南鄉，三公及州長、百姓北面，群臣西面，群吏東面。小司寇以叙進而問焉。'如此則大衆之口非君所能掩，是王不得立愛之法也。公卿之世有大功德，先王命所不絕者。"《禮記·檀弓下》正義引者云："立長以適不以賢，固立長矣。立子以貴不以長，固立貴矣。若長均貴均，何以別之？故須卜。禮有詢立君、卜立君，是有卜也。"《詩·文王》正義引"公卿之世立大功德，先王之命有所不絕者"十七字。

《釋穀梁廢疾》

隱元年："天王使宰咺來歸惠公仲子之賵。"

平王新有幽王之亂，遷于成周，欲崇禮于諸侯。原情免之，若無事而晚者，去來以譏之，榮叔是也。見《禮記·雜記》正義。

傳："仲子者何？惠公之母，孝公之妾也。"

若仲子是桓之母，桓未爲君，則是惠公之妾，天王何以賵之？則惠公之母亦爲仲子也。見本經疏。

公子益師卒。傳："不日卒，惡也。"《公羊》以爲日與不日爲遠近異辭。若《穀梁》云"益師惡而不日"，則公子牙及季孫意如何以書日乎？

公子牙，莊公弟。不書弟，則惡明也，故不假去日。季孫意如，則定公所不惡，故亦書日。見本傳疏。

五年傳："苞人民，毆牛馬，曰侵。斬樹木，壞宮室，曰伐。"廐焚，孔子曰："傷人乎？"不問馬。今《穀梁》以苞人民爲輕，斬樹木、壞宮室爲重，是理道之不通也。

苞人民、毆牛馬，兵去則可以歸還。其爲壞宮室、斬樹木，則樹木斷不復生，宮室壞不自成。爲毒害更重也。見本傳疏。

桓四年傳："夏曰苗。"《運斗樞》曰："夏不田。"《穀梁》有夏田，於義爲短。

四時皆苗，夏殷之禮。《詩》云："之子于苗，選徒囂囂。"夏田明矣。孔子雖有聖德，不敢顯然改先王之法以教授於世。若其所欲改，具陰書於緯，藏之以傳後王。《穀梁》四時田者，近孔子故也。《公羊》當六國之亡，纖緯見讀而傳爲三時田。作傳有先後，雖異不足以斷《穀梁》也。歲三田，謂以三事爲田。並見《禮記·王制》正義。

十三年傳："其不地於紀也。"春秋戰無不地，即於紀戰，無爲不地也。集解不著"何休曰"，據疏知爲《癈疾》語也。

"紀"當爲"己"，謂在魯也，字之誤耳。時在龍門城下之戰，追近，故不地。見集解。

莊四年傳："不言滅，而曰大去其國者，不使小人加乎君子。"《春秋》："楚世子商臣弒其君，其後滅江、六。"不言大去，又大去者，於齊滅之不明。但知不使小人加乎君子，縱失襄公之惡，反爲大去也。

商臣弒其父，大惡也，不得但爲小人。江、六之君又無紀侯得民之賢，不得變滅言大去也。元年冬，齊師遷紀；三年，紀季以酅入于齊。今紀侯大去其國，是足起齊滅之矣。即以變滅言大去，爲縱失襄公之惡。是乃經也，非傳也。且《春秋》因事見義，舍此以滅人，爲罪者自多矣。見集解。

六年："王人子突救衛。"傳："稱名，貴之也。"休以爲："稱子，則非名也。"

王人，賤者，錄則名可。今以其銜命救衛，故貴之。貴之則子突爲字，可知明矣。此名當爲字誤爾。見集解。

九年傳："當可納而不納。齊變而後伐，故乾時之戰不諱敗，惡內也。"三年，溺會齊師伐衛，故貶而名之。四年，公及齊人狩于郜，故卑之曰人。今親納讎子，反惡其晚，恩義相違，莫此之甚。

於讎不復，則怨不釋，而魯釋怨，屢會仇讎，一貶其臣，一卑其君，亦足以責魯臣子。其餘則同，不復譏也。至於伐齊納糾，譏當可納而不納爾。此自正義不相反也。見集解。

十八年傳："不言日，不言朔，夜食也。"《春秋》不言月食日者，以其無形，故闕疑。其夜食何緣書乎？

一日一夜合爲一日。今朔日，日始出，其食有虧傷之處未復，故知此自以夜食。夜食則亦屬前月之晦。故穀梁子不以爲疑。見集解。

二十三年："祭叔來聘。"傳："不正其外交，故不與使也。"南季、宰渠伯糾、家父、宰周公來聘，皆稱使，獨于此奪之，何也？

諸稱使者是奉王命，其人無自來之意。今祭叔不一心於王，而欲外交，不得王命來，故去使以見之。見集解。

三十二年："秋七月癸巳，公子牙卒。"傳例，大夫不日卒，惡也。牙與慶父共淫哀姜，謀殺子般，而日卒，何也？

牙，莊公母弟。不言弟，其惡已見，不待去日矣。見集解。

僖九年："九月戊辰，諸侯盟于葵丘。"傳："桓盟不日，此何以日？美之也。"休以爲："即日爲美，其不日皆爲惡也。桓公之盟不日，皆爲惡邪。莊十三年，柯之盟不日，爲信。至此日以爲美，義相反也。"

柯之盟不日，固始信之。自其後盟以不日爲平文。從陽穀以來，至此葵丘之盟，皆令諸侯以天子之禁。桓德極而將衰，故備日以美之。自此不復盟矣。見集解。

十一年："大雩。"傳："得雨曰雩，不得雨曰旱。"《公羊》書雩者，善人君應變求索。不雩，則言旱。旱而不害物，言不雨也。就如《穀梁》設本不雩，何以明之？如以不雨明之，設旱而不害物，何以別乎？

雩者，夏祈穀實之禮也，旱亦用焉。得雨書雩，明雩有益；不得雨書旱，明旱災成，後得雨無及也。國君而遭旱，雖有不憂民事者，何乃廢禮本不雩禱哉？顧不能致精誠也。旱而不害物，故以久不雨別之。文二年、十三年"自十有二月"、"自正月"、"不雨，至于秋七月"是也。《穀梁傳》曰："歷時而言不雨，文不閔雨也。"以文不憂雨，故不如僖時書不雨。文所以不閔雨者，素無志於民，性退弱而不明，又見時久不雨而無災耳。見集解。

十三年："會于鹹。"傳："兵車之會也。"

自柯之明年，葵丘以前，去貫與陽穀固已九合矣。見《莊二十七年》疏。

十四年："諸侯城緣陵。"傳："有散辭也。"案，先是盟，亦言諸侯非散也。又《穀梁》美九年，諸侯盟于葵丘。即散，何以美之邪？

九年，公會宰周公、齊侯、宋子、衛侯、鄭伯、許男、曹伯于葵丘。九月戊辰，盟于葵丘。時諸侯初在會，未有歸者，故可以不序。今此十三年夏，公會齊侯、宋公、陳侯、衛侯、鄭伯、許男、曹伯于鹹。而冬，公子友如齊，此聘也。書聘，則會固前已歸矣。今云諸侯城緣陵而不序其人，明其散。桓德衰矣，葵丘之事安得以難此？見集解。

十八年："宋師及齊師戰于巘。"傳："戰不言伐，客不言及。言及，惡宋也。"戰言及者，所以別客主直不直也。故文十二年晉人、秦人戰于河曲，兩不直，故不云及。今宋言及，明直在宋，非所以惡宋也。即言及爲惡，是河曲之戰爲兩善乎？又《穀梁》以河曲不言及，略之也，則自相反矣。

及者，別異客主耳，不施於直與不直也。直不直自在事而已，義兵則客直，宣十二年夏，"晉荀林父帥師及楚子戰于邲，晉師敗績"是也。兵不義則主人直，莊二十八年春，"衛人及齊人戰，衛人敗績"是也。今齊桓卒，未葬，宋襄欲興霸事而伐喪，於禮尤反。故反其文以宋及齊，即實以宋及齊，明直在宋。邲之戰直在楚，不以楚及晉，何邪？秦晉戰于河曲，不言及，疾其亟戰爭舉兵，故略其先後。見集解。

邢人、狄人伐衛。傳："所以救齊也。"即伐衛救齊，當兩舉，如伐楚救江矣。又傳以爲江遠楚近，故伐楚救江。今狄亦近衛而遠齊，其事一也，義異何也？

文三年冬，晉陽處父帥師伐楚救江。兩舉之者，以晉未有救江文，故明言之。今此春，宋公、曹伯、衛人、邾人伐齊；夏，狄救齊；冬，邢人、狄人伐衛。爲其救齊可知，故省文耳。事同義又何異？見集解。

二十一年："釋宋公。"傳："不言楚，不與楚專釋也。"《春秋》以執之爲罪，不以釋之爲罪。責楚子專釋，非其理也。《公羊》以爲公會釋之，故不復出楚耳。

不與楚專釋者，非以責之也。傳云"外釋不志，此其志何也？以公之與之盟日之也。"言公與諸侯盟而釋宋公，公有功焉。與《公羊》義無違錯。見集解。

二十二年："戰于泓。"傳："衆敗而身傷焉。"即宋公身傷，當言公不當言師，成十六年，"楚子敗績"是也。又成十六年傳曰："不言師，君重于師也。"即成十六年是，二十二年虛言也；即二十二年是，十六年非也。

傳説"楚子敗績"，曰"四體偏斷"，此則目也。此言君之目與手足有破斷者乃爲敗矣。今宋襄公身傷耳，當持鼓軍事無所害，而師猶敗，故不言宋公敗績也。傳所以言敗，衆敗身傷焉者，疾其信而不道，以取大辱。見集解。

二十三年傳："以其不教民戰，則是棄其師也。"所謂教民戰者，習之也。《春秋》貴偏戰，而惡詐戰。宋襄公所以敗于泓者，守禮偏戰也，非不教其民也。孔子曰："君子去仁，惡乎成名？造次必於是，顛沛必於是。"未有守正以敗而惡之也。《公羊》以爲不書葬，爲襄公諱。背殯出會，所以美其有承齊桓尊周室之美志。

教民習戰而不用，是亦不教也。詐戰謂不期也。既期矣，當觀敵爲策。倍則攻，敵則戰，少則守。今宋襄公于泓之戰違之，又不用其臣之謀而敗。故徒善不用賢良，不足以興霸主之功；徒信本譌"言"，據《詩正義》引《箴膏肓》改。不知權譎之謀，不足以交鄰國，會遠疆。故《易》譏鼎折足，《詩》刺不用良。見集解。

二十五年："宋殺其大夫。"傳："以其在祖之位，尊之也。"曹殺其大夫亦不稱名姓，豈可復以爲祖乎？

宋之大夫盡名姓。禮，公族有罪，刑于甸師氏，不與國人，慮兄弟也，所以尊異之。孔子之祖孔父累於宋殤公而死，今骨肉在其位而見殺，故尊之，隱而不忍稱名氏。若罪大者名之而已，使若異姓然，此乃祖疏云古本或作"禮"。之疏也。曹殺其大夫，自以無大夫，不稱名氏耳。《春秋》辭同事異者甚多。隱去即位以見讓，莊去即位爲繼弑，是復可以此例非之乎？見集解。

楚人圍陳，納頓子于頓。傳："蓋納頓子者，陳也。"休以爲："即陳納之，當舉陳，何以不言陳？"

納頓子固宜爲楚也，穀梁子見經云"楚人圍陳，納頓子于頓"，有似晉陽處父伐楚救江之文，故云蓋陳也。見本傳疏。

二十七年："楚人、陳侯、蔡侯、鄭伯、許男圍宋。"傳："人楚子，所以人，諸侯也。其人諸侯何也？不正其信，夷狄而伐中國也。"哀元年，楚子、陳侯、隨侯、許男圍蔡。不稱人，明不以此故也。

時晉文爲賢伯，故譏諸侯不從而信夷狄也。哀元年，時無賢伯，又何據而當貶之邪？見集解。

三十年："公子遂如京師。遂如晉。"傳："以尊遂乎卑，此言不敢叛京師也。"大夫無遂事。案，襄十二年，季孫宿救台，遂入鄆，惡季孫不受命而入也。如公子遂受命如晉，不當言遂。

遂固受命如京師如晉，不專受命如周。《經》近上言，天王使宰周公來聘，故公子遂報焉。因聘于晉，尊周，不敢使並命。使若公子遂自往，然即云"公子遂如京師如晉"，是同周于諸侯，叛而不尊天子也。《公羊傳》有"美惡不嫌同辭"，何獨不廣之於此乎？見集解。

文三年："雨螽于宋。"傳："茅茨盡矣，著於上，見於下，謂之雨。"螽猶衆也。死而墜者，象宋羣臣相殘害也。云云，疑即《公羊注》中數語。上下異之云爾。今《穀梁》直云"茅茨盡矣，著於上，見於下，謂之雨"，與讖違，是爲短。

《穀梁》意亦以宋德薄，後將有禍，故螽飛在上，墮地而死。言"茅茨盡"者，著甚之，驗於讖，何錯之有乎？見本傳疏。

五年："王使榮叔歸，含且賵。"傳："其不言來，不周事之用也。賵以早，而含已晚。"四年，夫人風氏薨；九年，秦人來歸僖公成風之襚，最晚矣。何以言來？見集解。

天子於二王后之喪，含爲先，襚次之，賵次之。於諸侯，含之，賵之。小君亦如之。於諸侯之臣，襚之，賵之。其諸侯相於，如天子於二王之后；於卿大夫，如天子於諸侯；於士，如天子於諸侯之臣。京師去魯千里，王室無事，三月乃含，故不言來以譏之。見本傳疏。《禮記·雜記》正義引此云："天子於諸侯，含之，賵之；諸侯於卿大夫，如天子於諸侯；諸侯於士，如天子於諸侯臣。襚之，賵之，天子於二王之后，含爲先，襚則次之，賵爲後。諸侯相與，如天子於二王后。"秦自敗于殽之後，與晉爲仇，兵無休時，乃加冕繆公之喪而來。君子原情不責晚。見集解。《禮記》正義引"以其殽敗，兵無休時。君子原情不責晚也"十六字。

八年："宋人殺其大夫司馬。"傳："其以官稱，無君之辭也。"近上七年，宋公壬臣卒，宋人殺其大夫，不言官。今此在三年中言官，義相違。

七年殺其大夫，此實無君也。今殺其司馬，無人君之德耳。司馬、司城，君之爪牙，守國之臣，乃殺其司馬，奔其司城，無道之甚。故稱官以見輕慢也。傳例，稱人以殺，殺有罪也。此上下俱失之。見集解。《七年》疏引此句作"亦爲上下俱失"。罪臣以權寵逼君，故稱人以殺君。以非理殺臣，故著言司馬。不稱名者，以其世在祖之位尊，亦與僖二十五年宋殺其大夫同。見《七年》疏。

宣二年："獲宋華元。"傳："以三軍敵華元。華元雖獲，不病矣。"書獲，皆生獲也。如欲不病華元，當有變文。

將帥見獲，師敗可知，不當復書師敗績。此兩言之者，明宋師懼華元見獲，皆竭力以救之，無奈不勝敵耳。華元有賢行，得衆如是，雖師敗身獲，適明其美，不傷賢行。今兩書敗獲，非變文如何？見集解。

八年："有事于大廟。"

宣八年六月，"有事于大廟"。禘而云"有事"者，雖爲卿佐，卒張本。而書有事，其實當時有用七月而禘，因宣公六月而禘，得禮，故變文言有事。《春秋》因事變文，見其得正也。見《禮記・雜記下》正義。

雨不克葬。傳："葬既有日，不爲雨止，禮也。"

雖庶人葬，爲雨止。見《禮記・王制》正義。

十年："齊崔氏出奔衛。"傳："舉族而出之之辭也。"氏者，譏世卿也。即稱氏爲舉族而出，尹氏卒，寧可復以爲舉族死乎？

云"舉族死"，是何妖問甚乎！"舉族而出之之辭"者，固譏世卿也。崔杼以世卿專權，齊人惡其族，令出奔，既不欲其身反，又不欲國立其宗後。故孔子順而書之曰"崔氏出奔衛"，若其舉族盡去之爾。見集解。

成七年："冬大雩。"傳："冬無爲雩也。"

冬及春夏。案，《春秋說・考異郵》，三時唯有禱禮，無雩祭之事。唯四月龍星見，始有常雩耳。故因載其禱請山川辭云："方今天旱，野無生嫁，寡人當死，百姓何依？不敢煩民請命，願撫萬民，以身塞無狀。"見本傳疏。

襄十九年："晉士匄帥師侵齊，至穀聞齊侯卒，乃還。"傳："還者，事未畢之辭也。受命而誅，生死無所加其怒。不伐喪，善之也。善之則何？爲未畢也。君不尸小事，臣不專大名。"君子不求備於一人，士匄不伐喪，純善矣。何以復責其專大功也？

　　士匄不伐喪，則善矣。然於善則稱君，禮仍未備。故言乃還，不言乃復，作未畢之辭。還者致辭，復者反命。見本傳疏。

　　二十年："陳侯之弟光出奔楚。"

　　惡陳侯也。見本傳疏。

　　二十七年："衛侯之弟專出奔晉。"傳："專之去，合乎《春秋》。"寧喜本弒君之家，獻公過而殺之，小負也。專以君之小負自絕，非大義也，何以合乎《春秋》？

　　甯喜雖弒君之家，本專與約納獻公爾。公由喜得入，已與喜以君臣從事矣。《春秋》撥亂，重盟約。今獻公背之而殺忠于己者，是獻公惡而難親也。獻公既惡而難親，專又與喜爲黨，懼禍將及，"君子見幾而作，不俟終日"，微子去紂，孔子以爲三仁。專之去衛，其心若此，合于《春秋》不亦宜乎？"見集解。

　　三十年："夏四月，蔡世子般弒其君固。"傳："其不日，子奪父政，是謂夷之。"蔡世子般弒其君固，不日，謂之夷。楚世子商臣弒其君，何以反書日邪？

　　商臣弒父日之，嫌夷狄無禮，罪輕也。今蔡，中國而又弒父，故不日之。若夷狄，不足責。然《公羊》有若不疾乃疾之，推以況此，則無怪然。見本傳疏。

　　昭十一年："執蔡世子友。"傳："其曰世子，何也？不與楚殺也。"即不與楚殺，當貶楚爾，何故反貶蔡稱世子邪？

　　滅蔡者，楚子也，而稱師固已貶矣。楚子思啓封疆而貪蔡，誘殺蔡侯般，冬而滅蔡，殺友。惡其淫放，其志殺蔡國二君以取其國，故變子言世子，使若不得其君然。見集解。

　　十二年："晉伐鮮虞。"傳："其曰晉，狄之也。其狄之何也？不正其與夷狄交，伐中國。"《春秋》多與夷狄並伐，何以不狄也？

　　晉不見因會以綏諸夏，而伐同姓，貶之可也。狄之大重，晉爲厥憖之會，實謀救蔡。以八國之師而不救，楚終滅蔡。今又伐徐，晉不糾合諸侯以遂前志，舍而伐鮮虞，是楚而不如也，故狄稱之焉。見集解。

　　定十二年："墮郈。"傳："墮猶取也。"當言取，不言墮。

　　實壞耳，無取於訓詁。見本傳疏。

　　哀六年："齊陽生入于齊，齊陳乞弒其君荼。"傳："以陳乞主之，何也？不以陽生君荼也。陽生其以國氏，何也？取國于荼也。"即不使陽生以荼爲君，不當去"公子"，見當國也。又，《穀梁》以爲國氏者，取國于荼，齊小白又不取國于子糾，無乃近自相反乎？

陽生篡國，故不言公子。不使君荼謂書陳乞弑君爾。荼與小白其事相似，荼弑乃後立，小白立乃後弑。雖然俱篡國，而受國焉爾。傳曰"齊小白入于齊"，惡之也。陽生其以國氏何？取國于荼也。義適互相足，又何自反乎？子糾宜立而小白篡之，非受國于子糾，則將誰乎？見集解。

《春秋》凡書二十四旱，《考異郵》說云分爲四部，各有義焉。見《禮記·月令》正義。不得其第次，故綴于末。

附：凡四條，見《穀梁集解》。但稱"鄭君"，不言"釋"，未審是《釋廢疾》或駁異義。附錄俟更考。

衆星列宿，諸侯之象不見者，是諸侯棄天子禮義法度也。見莊七年。恒星，不見傳集解。

會爲大事，伐爲小事。今齊桓伐楚而後盟于召陵，公當致會而致伐者，楚彊莫能伐者，故以伐楚爲大事。見僖四年"公至自伐楚"集解。

伐而致會，於伐事不成。見成十六年"十二月，公至自會"集解。

蒯聵欲殺母，靈公廢之是也。若君薨有反國之道，當稱子某如齊子糾也。今稱世子，如君存，是《春秋》不與蒯聵得反立明矣。見哀二年"晉納蒯聵"集解。

《發公羊墨守》

桓十一年傳："古者鄭國處于留。先鄭伯有善于鄶公者，通乎夫人以取其國，而遷鄭焉，而野留。莊公死，已葬，蔡仲將往省于留。"

鄭始封君曰桓公者，周宣王之母弟。國在宗周畿內，今京兆鄭縣是也。桓公生武公，此下本衍"武公生莊公"句。遷居本譌"易"，依《詩正義》改。東周畿內，《詩鄭譜》正義引"桓公國在宗周畿內，武公遷居東周畿內"十六字。國在虢鄶之間，今河南新鄭是也。武公生莊公，因其國焉。留乃在陳宋之東，鄭受封至此適三世，安得古者鄭國處於留、祭仲將往省留之事乎？見《周官·大司徒》疏。

僖二十四年："天王出居于鄭。"傳："不能乎母也。"

聖人制法必因其事，非虛加之。《孟子》曰："夫人必自侮，而後人侮之；家必自毁，而後人毁之；國必自伐，而後人伐之。"今襄王實不能孝道，稱惠后之心，令其寵專於子，失教而亂作，出居于鄭，自絶於周，故孔子因其自絶而書之。《公羊》以"母得廢之"，則《左氏》已死矣。此句似有脱字，見本傳疏。

孝子祭祀，雖致其誠信與其忠敬而已，不求其爲，而祝尸嘏主人曰："皇尸命工祝，承致多福無疆，于女孝孫，來女孝孫，使女受禄于天，宜稼于田，眉壽萬年，勿替引之。"若此祭祀，内盡己心，外亦有祈福之義也。見《禮記·禮器》正義。此下三條不能得其第次，依正義先後録之。

隱爲攝位，周公爲攝政，雖俱相幼君，攝政與攝位異也。見《禮記·明堂位》正義。

六年制禮作樂，封殷之后，稱公于宋。見《禮記·樂記》正義。

王復輯佚書點校[①]

《箴膏肓》

【何休以爲】古制，諸侯幼弱，天子命賢大夫輔相爲政，無攝代之義。昔周公居攝，死不記崩。今隱公生稱侯，死稱薨，何因得爲攝者？

【箴曰】周公攝政，仍以成王爲主，直攝其政事而已，所有大事稟王命以行之。致政之後乃死，故卒稱薨，不記崩。隱公所攝，則位亦攝之，以桓爲太子，所有大事皆專命以行。攝位被殺，在君位而死，故生稱公，死稱薨，是與周公異也。且《公羊》以爲諸侯無攝，宋穆公云："吾立乎此，攝也。"以此言之，何得非《左氏》？按：《春秋左氏傳·隱公元年》疏引，又見《禮記·明堂位》疏。原本載此條于"箴曰"下節刪數句而大意悉合。

【何休以爲】《禮》"士三月葬"，今云"踰月"，《左氏》爲短。

【箴云】人君殯數來日，葬數往月；大夫殯皆數來日、來月；士殯葬皆數往日、往月。士之三月，大夫之踰月也。案：《春秋左氏傳·隱公元年》疏引，又見《禮記·王制》疏、《檀弓》疏引《箴膏肓》云，亦與此略同。原本此條載在"子產論伯有"條下，今據《春秋》年代改正。

【何休以爲】《左氏》宰渠伯糾父在，故名。仍叔之子，何以不名？又仍叔之子以爲父在稱子。伯糾父在，何以不稱子？

【箴云】仍叔之子者，譏其幼弱，故略言子，不名之。至於伯糾，能堪聘事，私覿又不失子道，故名且字也。案：《春秋左氏傳·桓公四年》

[①] 《問經堂叢書》輯本，嘉慶三年（1798）刊本。

疏引。

曹太子來朝，賓之以上卿，禮也。【何休以爲】《左氏》以人子安處父位，尤非衰世救失之宜。於義《左氏》为短。

【箋云】必如所言，父有老耄罷病，孰當理其政，預王事也？按：《春秋左氏傳·桓公九年》疏引。

築王姬之館於外。

【箋云】宫廟、朝廷各有定處，無所館天子之女，故宜築于宫外。案：《春秋左氏傳·莊公元年》疏引。

三甥請殺楚子。【何休以爲】楚鄧疆弱相縣，若從三甥之言，楚子雖死，鄧滅曾不旋踵，若刳腹去疾、炊炭止沸。《左氏》爲短。

【箋云】楚之疆盛從滅鄧以後，於時楚未爲疆，何得云"疆弱相縣"？案：《春秋左氏傳·莊公六年》疏引。

【闕】

凡君即位，卿出並聘。【何休以爲】三年之喪，使卿出聘。於義《左氏》爲短。

【箋云】《周禮》："諸侯邦交，歲相問，殷相聘，世相朝。"《左氏》合古禮，何以難之？案：《春秋左氏傳·文公元年》疏引。

王使榮叔歸，含且賵。【何休以爲】禮，尊不含卑，又不兼二禮。《左氏》以爲禮，於義爲短。

【箋云】禮：天子於二王后之喪，含爲先，襚次之，賵次之，賻次之。於諸侯，含之，賵之。小君亦如之。於諸侯臣，襚之。諸侯於相，如天子於二王后；於卿大夫，如天子於諸侯；於士，如天子於諸侯臣。何休云"尊不含卑"，是違禮，非經意。其一人兼歸二禮，亦是爲譏。案：《春秋左氏傳·文公五年》疏引。

秦人來歸僖公成風之襚。【何休云】禮主于敬，一使兼二喪，又於禮既緩，而《左氏》以爲禮，非也。

【箋云】若以爲緩，按禮，衛將軍文子之喪，既除喪，而越人來弔，子游何得善之？案：《春秋左氏傳·文公九年》疏引。

冬來反馬也。【何休難《左氏》言】禮無反馬之法。案：原本載何休云"禮無反馬，而《左氏》以爲得禮。禮婦人謂嫁曰歸，明無大故不反于家。經書高固及子叔姬來，故譏乘行匹至也。"較此差詳，並附議之，以備考。

【箋之曰】《冠義》云："無大夫冠禮而有其昏禮。"則昏禮者，天子、諸侯、大夫皆異也。《士昏禮》云："主人爵弁纁裳緇袘，乘墨車，從車二乘。婦車亦如之。"此婦車出於夫家，則士妻始嫁乘夫家之車也。《詩·鵲巢》云："之子于歸，百兩御之。"又云："之子于歸，百兩將之。"將，送也。國君之禮，夫人始嫁自乘其家之車也。則天子、諸侯嫁女，留其乘車可知也。高固，大夫也，來反馬則大夫亦留其車也。禮雖散亡，以《詩》之義論之，大夫以上其嫁皆有留車反馬之禮。留車，妻之道也；反馬，壻之義也。高固以秋九月來逆叔姬，冬來反馬，則婦入三月，祭行乃反馬，禮也。案：《春秋左氏傳·宣公五年》疏引，又見《詩·鵲巢》正義，《儀禮·士昏禮》疏並同。原本引《士昏禮》云："主人爵弁纁裳緇袘，從者畢玄端乘墨車，從車二乘，執燭前馬。婦車亦如之，有裧。"與《儀禮》合，宜從原本。

凡諸侯嫁女，同姓媵之，異姓則否。【何休以爲】媵不必同姓，所以博異氣。今《左傳》"異姓則否"，十年齊人來媵，何以無貶刺之文？《左氏》爲短。

【箋云】禮稱納女：于天子云備百姓。於國君云脩酒漿。不得云百姓，是不博異氣也。齊是大國，今來媵我，得之爲榮，不得貶也。案：《春秋左氏傳·成公八年》疏引。

宣伯如齊逆女，稱族，尊君命也。【何休曰】叔孫僑如舍族，爲尊夫人。按《襄二十七年》豹及諸侯之大夫盟，復何所尊而亦舍族？《春秋》之例一事再見者，亦以省文耳。《左氏》爲短。

【箋云】《左氏》以豹違命，故貶之而去族。今僑如無罪而亦去族，故以爲尊夫人也。《春秋》有事異文同，則此類也。案：《春秋左氏傳·成公十有四年》疏引。

季武子將，作三軍。【何休以爲】《左氏》説云"尊公室"，休以爲與"舍中軍"義同，於義《左氏》爲短。

【箋曰】《左氏傳》云："作三軍，三分公室，各有其一。"謂三家始專兵甲，卑公室。云《左氏》説者"尊公室"，失《左氏》意遠矣。案：《春秋左氏傳·襄公十一年》疏引。

晉侯請于王，王追賜之大路，使以行禮也。【何休云】天子車稱大路，諸侯車稱路，大夫稱車。今鄭子僑，諸侯之大夫耳，當與天子士同，賜其車，而名之曰大路，非正也。孔子曰："唯器與名不可以假人，名不正則言不順。"於義《左氏》爲短。

【箋云】按《周禮》，天子袞冕，上公亦稱袞冕。天子析羽爲旌，諸侯及大夫亦稱旌。又，天子樂官大師，《鄉飲酒禮》君賜樂亦稱大師。此皆名同于上，則卿大夫之路何獨不可同之於天子大路之名乎？何休之難非也。案：《春秋左氏傳·襄公十有九年》疏引，又《詩·采薇》正義、《韓奕》正義俱引此。原本載在"楚鬻拳同姓"條下，於《箋》云作："《詩·采薇》云：'彼路斯何，君子之車。'言大夫亦得爲路車。"與此迥異，並附議之，以備考。

申豐論雨雹。【何休云】《春秋》書雹，以爲政之所致，非由冰也。若今朝廷藏冰，亦不於深山窮谷，何故或無雹？天下郡縣皆不藏冰，何故或不雹？若言有之，于古，必有驗；于今，此其不合；於義，失天人相與之意。

【箋之云】雨雹，政失之所致，是固然也。國之失政，君子知其大者，其次知其小者。藏冰之禮，凌人掌之，《月令》載之，《豳風》歌之，此獨非政歟？故其小者耳。夫深山窮谷固陰冱寒，極陰之處冰凍所聚，不取其冰則氣畜不泄，結滯而爲伏陰。凡雨水，陽也；雷雹，陰也。雨水而伏陰薄之，則凝而爲雹；雨雪而愆陽薄之，則合而爲霰。申豐見時失藏冰之禮而有雹，推之陰陽，知此伏陰所致，亦聖人之寓言也。詳載其言者，以著藏冰之禮不可廢耳。案：《春秋左傳·昭公四年》疏引。

子產論伯有。【何休曰】子不語怪力亂神，以鬼神爲政必惑衆，故不言也。今《左氏》以此令後世信其然，廢仁義而祈福于鬼神，此大亂之道也。子產雖立良止以托繼絕，此以鬼賞罰，要不免于惑衆，豈當迷之以示季末？

【箋曰】伯有，惡人也。其死爲厲鬼。厲者，陰陽之氣相乘不和之名，《尚書·五行傳》"六厲"是也。人死，體魄則降，魂氣則上，有尚德者附和氣而興利。孟夏之月，令雩祀百辟、卿士有益于民者，由此也。爲厲者，因害氣而施災，故謂之厲鬼。《月令》民多厲疾，《五行傳》有禦六厲之禮。禮，天子立七祀，有大厲；諸侯立五祀，有國厲。欲以安鬼神，弭其害也。子產立良止，使祀伯有以弭害，乃禮與洪範之事也。子所不語怪力亂神，謂虛陳靈象，于今無驗也。伯有爲厲鬼，著明若此，而何不語乎？子產固爲衆愚將惑，故并立公孫洩，云從政有所反之以取媚也。孔子曰："民可使由之，不可使知之。"子產達于此也。案：《春秋左氏傳·昭公七年》疏引。

年鈞以德，德鈞以卜。【何休曰】"年鈞以德"之言，云人君所賢，下必從之，焉能使王不立愛也？

【箴云】《周禮》："小司寇掌外朝之政，以致萬民而詢焉。"其三曰"詢立君"。其位，王南鄉，三公及州長、百姓北面，群臣西面，群吏東面。小司寇以敘進而問焉。如此，則大衆之口非君所能掩，是王不得立愛之法也。案：原本未載此條，今據《春秋左氏傳·昭公二十六年》疏補入。

王不立愛，公卿無私，古之制也。【何休云】大夫不世功而並爲公卿，通繼嗣。《左氏》爲短。

【箴云】公卿之世有大功德，先王命所不絶者。案：原本此條亦未載，今采《春秋左氏傳·昭公二十六年》疏補入。又《詩經·文王》篇正義節引"箴云"與此合。

【箴膏肓難之云】天子云備百姓，博異氣，諸侯直云備酒漿，何得有異姓在其中？案：原本無此條，今據《春秋穀梁傳·成公十年》疏補入。考前"諸侯嫁女"，鄭所箴即此，而文句稍異。

【箴曰】当卜祀日月爾，不當卜可祀與否。案：《禮記·曲禮上》疏引。原本在"天子車稱大路"條下，今爲改正。

《春秋説題辭》："樂無大夫士制。"

《箴膏肓》從《題辭》之義，大夫士無樂。案：原本未載此條，今據《禮記·曲禮》疏補入。

【箴膏肓】僖公母成風主婚，得權時之宜。案：原本無此條，今據《禮記·檀弓》疏補入。

【何休難《左氏》云】若其以卜，隱桓之禍，皆由此作，乃曰古制，固亦謬矣。

【箴曰】立長以嫡不以賢，固立長矣；立子以貴不以長，固立貴矣。若長鈞貴鈞，何以別之？故須卜。禮有"請立君""卜立君"，是有卜也。案：原本未載此條，今據《禮記·檀弓》疏補入。

【何休引《感精符》云】立推度以正陽，日食則鼓，用牲於社，朱絲營社，鳴鼓脅之。《左氏》云用牲非常，明《左氏》説非夫子《春秋》。於義《左氏》爲短。

【箴之曰】用牲者不宜用《春秋》之通例，此讖説正陽、朱絲、鳴鼓，豈說用牲之義也？識用牲於社者，取經完句耳。案：《禮記·祭法》疏引。

【箋膏肓云】天子郊以夏正上旬之日，魯之卜三正下旬之日。案：《周禮·冢宰》疏引。

【何休云】說《左氏傳》者曰："《春秋》之志，非聖人孰能修之？"言夫子聖人，乃能修之。御叔謂臧武仲爲聖人，是非獨孔子。

【箋之曰】武仲者，述聖人之道，魯人稱之曰聖。今使如晉過御叔，御叔不說學，見武仲而雨行，傲之，云："焉用聖人爲？"《左氏傳》載之者，非御叔不說學，不謂武仲聖與孔子同。案：《周禮·大司徒》疏引。

【何休以爲】《春秋》之義，三代異，建嫡媵，別貴賤，有姪娣以辨親疏。立嫡以長不以賢，立子以貴不以長。王后無嫡，別尊之敬之義無所卜筮。不以賢者，人狀難別，嫌有所私，故絶其怨望，防其覬覦。今如《左氏》言云："年鈞以德，德鈞以卜。"君之賢，下必從之，豈復有卜？隱桓之禍，皆由是興，乃曰古制，不亦謬哉？又，大夫不世，如并爲公卿，通繼嗣之禮。《左氏》爲短。

【箋之曰】立適固以長矣，無適而立子，固以貴矣。今言無適則擇立長，謂貴鈞。始立長，王不得立愛之法。年鈞，則會群臣、群吏、萬民而詢之。有司以序進，而問大衆之口，非君所能掩，是王不得立愛之法也。《禮》有"詢立君"，示義在此。短之言謬，失《春秋》與《禮》之義矣。公卿之世立者，有功德，先王之命有所不犯。案：《周禮·太卜》疏引此。原本前二條俱載此條下，今據《周禮》序官次序改正。

【箋云】楚鬻拳同姓，有不去之恩。案：《詩·柏舟》正義引。

僖二十二年，宋公及楚人戰于泓。《左氏》以爲不用子魚之計，至於軍敗身傷，所以責襄公也。而《公羊》善之，云："雖文王之戰，亦不過是。"

【箋曰】刺襄公不度德，不量力。引《考異郵》："至襄公大辱，師敗於泓。徒信不知權譎之謀，不足以交隣國，定遠疆也。"此是譏師敗也。《公羊》不譏，違《考異郵》矣。案：《詩·大明》篇正義引。

《左傳》："狂狡輅鄭人。"【何休以爲】狂狡近於古道。

【箋曰】狂狡臨敵，拘於小仁，忘在軍之禮。譏之義合於讖。案：《詩·大明》篇正義引。原本以上二條倒置，載在"感精符"條下，今據《詩》次序改正。

《襄七年·左傳》曰："夫郊祀后稷，以祈農事，故啓蟄而郊，郊而後祈。"是郊爲祈穀之事也。《孝經》云："郊祀后稷以配天，宗祀文王於明堂以配上帝。"上言配天，不言祈穀者。

【箴膏肓曰】《孝經》主說周公孝以必配天之義，本不爲郊祀之禮，出是以其言不備。案：《詩·噫嘻》正義引。原本未載此條，今據補。

《起廢疾》

【釋曰】若仲子是桓之母，桓未爲君，則是桓公之妾，天王何以賵之？則桓公之母亦爲仲子也。案：《春秋穀梁傳·隱公元年》疏引。原本此條殿末，今據《春秋》年代改正。

【何休曰】《公羊》以爲日與不日爲遠近異辭。若《穀梁》云"益師惡而不日"，則公子牙及季孫意如何以書日乎？

【釋曰】公子牙，莊公弟。不書弟，則惡明也，故不假去日。季孫意如，則定公所不惡，故亦書日。案：《春秋穀梁傳·隱公元年》疏引。

【何休曰】廄焚，孔子曰："傷人乎？"不問馬。今《穀梁》以苞人民爲輕，斬樹木、壞宮室爲重，是理道之不通也。

【釋曰】苞人民、毆牛馬，兵去則可以歸還。其爲壞宮室、斬樹木，則樹木斷不復生，宮室壞不自成。爲毒害更甚也。案：《春秋穀梁傳·隱公五年》疏引。

【何休曰】《春秋》："楚世子商臣弑其君，其後滅江、六。"不言大去，又大去者，於齊滅之不明。但知不使小人加乎君子，而不言滅，縱失襄公之惡，反爲大去也。

【釋曰】商臣弑其父，大惡也，不得但爲小人。江、六之君又無紀侯得民之賢，不得變滅言大去也。元年冬，齊師遷紀；三年，紀季以酅入於齊。今紀侯大去其國，是足起齊滅之矣。即以變滅言大去，爲縱失襄公之惡。是乃經也，非傳也。且《春秋》因事見義，舍此以滅人，爲罪者多矣。

王人子突救衛。【何休以爲】稱子則非名也。

【釋曰】王人，賤者，録則名可。今以其銜命救衛，故貴之。貴之則子突爲字，可知明矣。此名當爲字誤耳。案：《春秋穀梁傳·莊公六年》

集解引。

【何休曰】三年，溺會齊師伐衛，故貶而名之。四年，公及齊人狩于郜，故卑之曰人。今親納讎子，反惡其晚，恩義相違，莫此之甚。

【釋曰】於讎不復，則怨不釋，而魯釋怨。屢會仇讎，一貶其臣，一卑其君，亦足以責魯臣子。其餘則同，不復譏也。至於伐齊納糾，譏當可納而不納爾。此自正義不相反也。案：《春秋穀梁傳·莊公九年》集解引。

鄭《釋廢疾》數九會，則以柯之明年爲始。案：《春秋穀梁傳·莊公十三年》疏引。原本無，今據補。

【何休曰】《春秋》不言月食日者，以其無形，故闕疑。其夜食何緣書乎？

【釋曰】一日一夜合爲一日。今朔日，日始出，其食有虧傷之處，未復。故知此自以夜食，夜食則亦屬前月之晦。故穀梁子不以爲疑。案：《春秋穀梁傳·莊公十八年》集解引。

【何休曰】南季、宰渠伯糾、家父、宰周公來聘，皆稱使，獨于此奪之，何也？

【釋曰】諸稱使者是奉王命，其人無自來之意。今祭叔不一心於王，而欲外交，不得王命來，故去使以見之。案：《春秋穀梁傳·莊公二十三年》集解引。

【釋曰】自柯之明年，葵邱以前，去貫與陽穀固已九合矣。案：《春秋穀梁傳·莊公二十七年》疏引。

【何休曰】傳例，大夫不日卒，惡也。牙與慶父共淫哀姜，謀殺子般，而日卒，何也？

【釋曰】牙，莊公母弟。不言弟，其惡已見，不待去日矣。案：《春秋穀梁傳·莊公三十三年》集解引。

【何休以爲】即日爲美，其不日皆爲惡也。桓公之盟不日，皆爲惡邪。莊十三年，柯之盟不日，爲信。至此日以爲美，義相反也。

【釋曰】柯之盟不日，固始信之。自其後盟，以不日爲平文。從陽穀以來，至此蔡邱之盟，皆令諸侯以天子之禁。桓德極而將衰，故備日以美之。自此不復盟矣。案：《春秋穀梁傳·僖公九年》集解引。

【何休曰】《公羊》書雩者，美人君應變求索。不雩，則言旱。旱而不害物，言不雨也。就如《穀梁》設本不雩，何以明之？如以不雨明之，設旱而不害物，何以別乎？

【釋曰】雩者，夏祈穀實之禮也，旱亦用焉。得雨書雩，明雩有益；不得雩書旱，明旱災成，後得雨無及也。國君而遭旱，雖有不憂民事者，何乃廢禮本不雩禱哉？顧不能致精誠也。旱而不害物，故以久不雨別之。文二年、十三年"自十有二月""自正月"、"不雨，至于秋七月"是也。《穀梁傳》曰："歷時而言，不雨，文不閔雨也。"以文不憂雨，故不如僖時書不雨。文所以不閔雨者，素無志於民，性退弱而不明，又見時久不雨而無災耳。案：《春秋穀梁傳·僖公十一年》集解引。

【何休曰】案，先是盟亦言諸侯，非散也。又《穀梁》美九年諸侯盟于葵邱。即散，何以美之邪？

【釋曰】九年，公會宰周公、齊侯、宋子、衛侯、鄭伯、許男、曹伯于葵邱。九月戊辰，盟于葵邱。時諸侯初在會，未有歸者，故可以不序。今此十三年夏，公會齊侯、宋公、陳侯、衛侯、鄭伯、許男、曹伯于鹹。而冬公子友如齊，此聘也。書聘，則會固前已歸矣。今云諸侯城緣陵而不序其人，明其散。桓德衰矣，葵邱之事安得以難此？案：《春秋穀梁傳·僖公十四年》集解引。

【何休曰】戰言及者，所以別客主直不直也。故文十三年晉人、秦人戰于河曲，兩不直，故不云及。今宋言及，明直在宋，非所以惡宋也。即言及爲惡，是河曲之戰爲兩善乎？又《穀梁》以河曲不言及略之也，則自相反矣。

【釋曰】及者，別異客主耳，不施於直與不直也。直不直自在事而已。義兵則客直，宣十二年夏，"晉荀林父帥師及楚子戰于邲，晉師敗績"是也。兵不義則主人直，莊二十八年春，"衛人及齊人戰，衛人敗績"是也。今齊桓卒，未葬，宋襄欲興霸事而伐喪，於禮尤反。故反其文以宋及齊，即實以宋及齊，明直在宋。邲之戰直在楚，不以楚及晉，何邪？秦晉戰于河曲，不言及，疾其亟戰爭舉兵，故略其先後。案：《春秋穀梁傳·僖公十八年》集解引。

【何休曰】邢人、狄人伐衛。即伐衛救齊，當兩舉，如伐楚救江矣。又傳以爲江遠楚近，故伐楚救江。今狄亦近衛而遠齊，其事一也，義異何也？

【釋曰】文三年冬，晉陽處父帥師伐楚救江。兩舉之者，以晉未有救江文，故明言之。今此春，宋公、曹伯、衛人、邾人伐齊；夏，狄救齊；

冬，邢人、狄人伐衛。爲其救齊可知，故省文耳。事同義又何異？案：《穀梁·僖十八年傳》集解引。

【何休曰】《春秋》以執之爲罪，不以釋之爲罪。責楚子專釋，非其理也。《公羊》以爲公會諸侯釋之，故不復出楚耳。

【釋曰】不與楚專釋者，非以責之也。傳云"外釋不志，此其志何也?"以公之與之盟目之也。言公與諸侯盟而釋宋公，公有功焉。與《公羊》義無違錯。案：《春秋穀梁傳·僖公二十一年》集解引。

【何休曰】泓之戰，即宋公身傷，當言公不當言師。成十六年，"楚子敗績"是也。又《成十六年》傳曰："不言師，君重于師也。"即成十六年是，二十二年虛言也；即二十二年是，十六年非也。

【釋曰】傳說"楚子敗績"，曰"四體偏斷"，此則目也。此言君之目與手足有破斷者乃爲敗矣。今宋襄公身傷耳，尚持鼓軍事無所害，而師猶敗，故不言宋公敗績也。傳所以言敗，衆敗身傷焉者，疾其信而不道，以取大辱。案：《春秋穀梁傳·僖公二十二年》集解引。

【何休曰】所謂教民戰者，習之也。《春秋》貴偏戰而惡詐戰。宋襄公所以敗于泓者，守禮偏戰也，非不教其民也。孔子曰："君子去仁，惡乎成名？造次必於是，顛沛必於是。"未有守正以敗而惡之者。《公羊》以爲不書葬，爲襄公諱。背殯出會，所以美其有承。齊桓尊周室之美志。

【釋曰】教民習戰而不用，是亦不教也。詐戰謂不期也。既期矣，當觀敵爲策。倍則攻，敵則戰，少則守。今宋襄公于泓之戰違之，又不用其臣之謀而敗。故徒善不用賢良，不足以興霸主之功；徒言不知權譎之謀，不足以交隣國，會遠疆。故《易》譏鼎折足，《詩》刺不用良。此說善也。案：《春秋穀梁傳·僖公二十三年》集解引。

宋殺其大夫。【何休曰】曹殺其大夫亦不稱名姓，豈可復以爲祖乎？

【釋曰】宋之大夫書名姓。禮，公族有罪，刑于甸師氏，不與國人，慮兄弟也，所以尊異之。孔子之祖孔父累于宋殤公而死，今骨肉在其位而見殺，故尊之，隱而不忍稱名氏。若罪大者名之而已，使若異姓然，此乃祖之疏也。曹殺其大夫，自以無大夫，不稱名氏耳。《春秋》辭同事異者甚多。隱去即位以見讓，莊去即位爲繼弑，是復可以此例非之乎？案：《春秋穀梁傳·僖公二十五年》集解引。

楚人圍陳，納頓子于頓。【何休曰】即陳納之當舉陳，何以不言陳？

【釋曰】納頓子固宜爲楚也，穀梁子見經云"楚人圍陳，納頓子于頓",有似"晉陽處父伐楚救江"之文,故云蓋陳也。案:《春秋穀梁傳·僖公二十五年》疏引。

楚人、陳侯、蔡侯、鄭伯、許男圍宋。【何休曰】哀元年,楚子、陳侯、隨侯、許男圍蔡。不稱人,明不以此故也。

【釋曰】時晉文爲賢伯,故譏諸侯不從而信夷狄也。哀元年,時無賢伯,又何據而當貶之邪?案:《穀梁傳·僖公二十七年》集解引。

【何休曰】大夫無遂事。按襄十二年,季孫宿救台,遂入鄆,惡季孫不受命而入也。如公子遂受命如晉,不當言遂。

【釋曰】遂固受命如京師如晉,不專受命如周。《經》近上言,天王使宰周公來聘,故公子遂報焉。因聘於晉,尊周,不敢使並命。使若公子遂自往,然即云"公子遂如京師如晉",是同周于諸侯,叛而不尊天子也。《公羊傳》有'美惡不嫌同辭',何獨不廣之子此乎?

雨螽于宋。【何休曰】螽猶眾也。死而墜者,象宋群臣相殘害也。今《穀梁》直云"茅茨盡矣,著於上,見於下,謂之雨",與讖違,是爲短。

【釋曰】《穀梁》意以宋德薄,後將有禍,故螽飛在上,墜地而死。言"茅茨盡"者,著甚之,驗於讖,何錯之有乎?案:《春秋穀梁傳·文公三年》疏引。

【何休曰】四年,夫人風氏薨;九年,秦人來歸僖公成風之襚,最晚矣。何以言來?

【釋曰】秦自敗于殽之後,與晉爲仇,兵無休時,乃知免繆公之喪而來。君子原情不責晚。案:《春秋穀梁傳·文公五年》集解引,又見《禮記·雜記》疏。

【釋廢疾云】天子於二王后之喪,含爲先,襚次之,賵次之。餘諸侯,含之,賵之。小君亦如之。於諸侯之臣,襚之,賵之。其諸侯相與,如天子於二王之后;於卿大夫,如天子與諸侯;於士,如天子於諸侯之臣。京師去魯千里,王室無事,三月乃含,故不言來以譏之。案:原本無此條,今據《春秋穀梁傳·文公五年》疏引補入。又《禮記·雜記》疏節引此條,詞恉亦同。

宋人殺其大夫、司馬。【何休曰】近上七年,宋公壬臣卒,宋人殺其大夫,不言官。今此在三年中言官,義相違。

【釋曰】七年,殺其大夫,此實無君也。今殺其司馬,無人君之德耳。司馬、司城、君之爪牙,守國之臣,乃殺其司馬,奔其司城,無道之甚。故稱官以見輕慢也。案:《春秋穀梁傳·文公八年》集解引。

獲宋華元。【何休曰】書獲，皆生獲也。如欲不病華元，當有變文。

【釋曰】將帥見獲，師敗可知，不當復書師敗績。此兩書之者，明宋師懼華元見獲，皆竭力以救之，無奈不勝敵耳。華元有賢行，得衆如是。雖師敗身獲，適明其美，不傷賢行。今兩書敗獲，非變文如何？案:《春秋穀梁傳·宣公二年》集解引。

齊崔氏出奔衛。【何休曰】氏者，譏世卿也。即稱氏爲舉族而出，尹氏卒，寧可復以爲舉族死乎？

【釋曰】云"舉族死"，是何妖問甚乎！"舉族而出之之辭"者，固譏世卿也。崔杼以世卿專權，齊人惡其族，令出奔。既不欲其身反，又不欲國立其宗后。故孔子順而書之曰"崔氏出奔衛"，若其舉族盡去之爾。案:《春秋穀梁傳·宣公十年》集解引。

【釋廢疾曰】去冬及春夏。案，《春秋說·考異郵》三時唯有禱禮，無雩祭之事。唯四月龍星見，始有常雩耳。故因載其禱請山川云:"方今天旱，野無生稼，寡人當死，百姓何依？不敢煩民請命，願撫萬民，以身塞無狀。"案:原本未載此條，今據《春秋穀梁傳·成公七年》疏補入。

【何休曰】君子不求備於一人，士匄不伐喪，則善矣。何以復責其專大功也？

【釋曰】士匄不伐喪，則善矣。然于善則稱君，禮仍未備。故言乃還，不言乃復，作未畢之辭。還者致辭，復者反命。案:《春秋穀梁傳·襄公十九年》疏引。

【何休曰】甯喜本弒君之家，獻公過而殺之，小負也。專以君之小負自絕，非大義也，何以合乎《春秋》？

【釋曰】甯喜雖弒君之家，本專與約納獻公爾。公由喜得入，已與喜以君臣從事矣。《春秋》撥亂，重盟約。今獻公背之而殺忠於己者，是獻公惡而難親也。獻公既惡而難親，專又與喜爲黨，懼禍將及，"君子見幾而作，不俟終日"，微子去紂，孔子以爲三仁。專之去衛，其心若此，合於《春秋》不亦宜乎？案:《春秋穀梁傳·襄公二十七年》集解引。

【何休曰】蔡世子般弒其君固，不日，謂之夷。楚世子商臣弒其君，何以反書日邪？

【釋曰】商臣弒父日之，嫌夷狄無禮，罪輕也。今蔡，中國而又弒父，故不日之。若夷狄，不足責。案:《春秋穀梁傳·襄公三十年》疏。

楚師滅蔡，執蔡世子友以歸。【何休曰】即不與楚殺，當貶楚爾，何故反貶蔡稱世子邪？

【釋曰】滅蔡者，楚子也，而稱師固已貶矣。楚子思啓封疆而貪蔡，誘殺蔡侯般，冬而滅蔡，殺友。惡其淫放，其志殺蔡國二君以取其國，故變子言世子，使若不得其君終。案：《春秋穀梁傳·昭公十一年》集解引。

晉伐鮮虞。【何休曰】《春秋》多與夷狄並伐，何以不狄也？

【釋曰】晉不見因會以綏諸夏而伐同姓，貶之可也。狄之大重晉，爲厥憖之會，實謀救蔡。以八國之師而不救，楚終滅蔡。今又伐徐，晉不糾合諸侯以遂前志，舍而伐鮮虞，是楚而不如也，故狄稱之焉。案：《春秋穀梁傳·昭公十二年》集解引。

齊陽生入于齊。【何休曰】即不使陽生以荼爲君，不當去"公子"，見當國也。又，《穀梁》以爲國氏者取國于荼，齊小白又不取國于子糾，無乃近自相反乎？

【釋曰】陽生篡國，故不言公子。不使君荼？謂書陳乞弒君爾。荼與小白其事相似，荼弒乃後立，小白立乃後弒。雖然俱篡國而受國焉爾。傳曰"齊小白入于齊"，惡之也。陽生其以國氏何？取國于荼也。義適互相足，又何自反乎？子糾宜立而小白篡之，非受國于子糾，則將誰乎？案：《春秋穀梁傳·襄公六年》集解引。

【何休曰】《運斗樞》曰："夏不田。"《穀梁》有夏田，於義爲短。

【釋曰】四時皆田，夏殷之禮。《詩》云："之子於苗，選徒囂囂。"夏田明矣。孔子雖有聖德，不敢顯然改先王之法以教授於世。若其所欲改，其陰書於緯，藏之以傳後王。《穀梁》四時田者，近孔子故也。《公羊》正當六國之亡，讖緯見讀，而傳爲三時田。作傳有先後，雖異不足以斷《穀梁》也。案：《禮記·王制》疏引。

【釋廢疾云】歲三田，謂以乾豆三事爲田也。案：《王制》疏引。坊本作"歲三田，謂以三事爲田"，即上一曰乾豆之等。

【釋廢疾云】雖庶人葬，爲雨止。案：《王制》疏引。原本與前條錯置，今據疏文先後校正。

【釋廢疾云】《春秋》凡書二十四旱，《考異郵》說云分爲四部，各有義焉。案：《禮記·月令》疏引。

宰咺來歸惠公仲子之賵。【釋曰】平王新有幽王之亂，遷于成周。欲崇禮於諸侯，原情免之若無事，而晚者去來以譏之，榮叔是也。案：《禮記·雜記》疏引。

【釋廢疾云】宣八年六月，有事於太廟。禘而云有事者，雖爲卿佐，卒張本。而書有事，其實當時有用七月而禘，因宣公六月而禘，得禮，故變文言有事。《春秋》因事變文，見其得正也。案：《禮記·雜記》疏引。

《發墨守》

古者，鄭國處於留。
【發曰】鄭始封君曰桓公者，周宣王之母弟。國在宗周畿内，今京兆鄭縣是也。桓公生武公，武公生莊公。遷易東周畿内，國在虢鄶之間，今河南新鄭是也。武公生莊公，因其國焉。留乃在陳宋之東，鄭受封至此適三世，安得"古者鄭國處於留"、祭仲將往省留之事乎？案：《周禮·大司徒疏》引。

【發云】孝子祭祀，惟致其誠信與其忠敬而已，不求其爲。案：《禮記·禮器》疏引。

【發云】隱爲攝位，周公爲攝政，雖俱相幼君，攝政與攝位異也。案：《禮記·明堂位》疏引。

【發云】六年，制禮作樂，封殷之后，稱公于宋。案：原本無此條，今據《樂記》疏補入。

不能乎母也。【發云】聖人制法必因其事，非虛加之。《孟子》曰："夫人必自侮，而後人侮之；家必自毀，而後人毀之；國必自伐，而後人伐之。"今襄王實不能孝道，稱惠后之心，令其寵專於子，失教而亂作，出居於鄭，自絶于周，故孔子因其自絶而書之。《公羊》以"母得廢之"，則《左氏》已死矣。案：《春秋公羊傳·僖公二十四年》疏引。

王謨輯佚書點校[1]

《左氏膏肓》

漢　任城何休撰　　　泰和郭鋌光校

隱公元年傳："春，王周正月，不書即位，攝也。"

古制，諸侯幼弱，天子命賢大夫輔相爲政，無攝代之義。昔周公居攝，死不記崩。今隱公生稱侯，死稱薨，何因得爲攝者？周公攝政，仍以成王爲主，直攝其政事而已，所有大事，稟王命以行之。致政之後，乃死，故卒稱薨，不稱崩。隱公所攝，則位亦攝之，以桓爲太子，所有大事皆專命以行。攝位被殺，在君位而死，故生稱公，死稱薨，是與周公異也。且《公羊》以爲諸侯無攝。

【箴曰】宋穆公云："吾立乎此，攝也。"以此言之，何得非《左氏》？《禮記正義》引箴曰："周公歸政就臣位乃死，何得記崩？隱公見死于君位，不稱薨云何？"

士踰月，外姻至。

《禮》，士三月葬，今云"踰月"，《左氏》爲短。

【箴曰】人君殯數來日，葬數往月；大夫殯、葬皆數來日、來月；士殯、葬皆數往日、往月。士之三月，大夫之踰月也。《禮記正義》引箴曰："《禮》，人君之喪，殯、葬皆數來月、來日，士殯、葬皆數死月、死日，尊卑相下之差數。故大夫、士俱三月，其實不同。士之三月及大夫之踰月也。"

---

[1] 《漢魏遺書鈔》，嘉慶三年（1798）刊本。

桓公四年傳："夏，周宰渠伯糾來聘，父在，故名。"

《左氏》渠伯糾，父在，故名。仍叔之子何以不名？又仍叔之子以爲父在稱子，伯糾父在，何以不稱子？

【箴曰】仍叔之子者，譏其幼弱，故略言子，不名之。至于伯糾能堪聘事，私覜，又不失子道，故名且字也。

九年傳："冬，曹太子來朝，賓之以上卿，禮也。"

《左氏》以人子安處父位，尤非衰世救失之宜。於義《左氏》爲短。

【箴曰】必如所言，父有老耄罷病，孰當理其政，預王事也？

莊公元年傳："秋，築王姬之館於外，爲外，禮也。"

《膏肓》本文無考。

【箴曰】宮廟、朝廷各有定處，無所館天子之女，故宜築于宮外。

六年傳："請殺楚子。鄧侯弗許。"

楚鄧彊弱相縣，若從三甥之言，楚子雖死，鄧滅曾不旋踵，若刳腹去疾、炊炭止沸。於義，《左氏》爲短。

【箴曰】楚之彊盛，從滅鄧以後，於時楚未爲彊，何得云"彊弱相縣"？

十九年，鬻拳彊諫，楚子臨之以兵。

人臣諫君，非有死亡之急，而以兵臨君，開篡弑之路。《左氏》以爲愛君，於義《左氏》爲短。

二十五年傳：凡天災，有幣，無牲。

《感精符》云："立推度以正陽，日食則鼓，用牲于社，朱絲縈社，鳴鼓脅之。"《左氏》云用牲非常，明《左氏》說非夫子《春秋》，於義《左氏》爲短。

【箴曰】用牲者不宜用，《春秋》之通例，此譏說正陽、朱絲、鳴鼓，豈說用牲之義也？譏用牲于社者，取經完句耳。

僖公二十二傳："宋公及楚人戰于泓。宋師敗績。"

《膏肓》本文無考。

【箴曰】刺襄公不度德，不量力。《考異郵》云："襄公大辱，師敗于泓。徒信不知權譎之謀，不足以交鄰國，定遠疆也。"此是譏師敗也。《公羊》不譏，違《考異郵》矣。是德均力同，當權以取勝也。其在軍之士，則聽將之命，不得縱舍前敵，曲爲小仁。

二十三年傳："十一月，杞成公卒，書曰子杞，夷也。"

杞子卒，豈當用夷禮死乎？

三十一年傳："《禮》，不卜常祀。"

《膏肓》本文無考。

【箴曰】當卜祀日月爾，不當卜可祀與否。

文公元年傳："凡君即位，卿出並聘。"

三年之喪，使卿出聘。於義《左氏》爲短。

【箴曰】《周禮》："諸侯邦交，歲相問，殷相聘，世相朝。"《左氏》合古禮，何以難之？

二年傳："冬，襄仲如齊，納幣，禮也。"

《膏肓》以《左氏》爲短。

【箴曰】僖公母成風主婚，得權時之禮。若《公羊》猶譏其喪娶。

五年傳："春，王使榮叔來，含且賵。召昭公來會葬，禮也。"

《禮》尊不含卑，又不兼二禮。《左氏》以爲禮，於義爲短。

【箴曰】《禮》，天子于二王后之喪，含爲先，襚次之，賵次之，賻次之。於諸侯，含之，賵之。小君亦如之。於諸侯之臣，襚之、賵之。其諸侯相與，如天子於二王之后；於卿大夫，如天子於諸侯；於士，如天子於諸侯之臣。《穀梁》疏引此條作《釋廢疾》，末有"京師去魯千里，王室無事，三月乃含，故不言來，以譏之"數句。

九年傳："秦人來歸僖公成風之襚，禮也。"

禮主于敬，一使兼二喪，又于禮既緩，而《左氏》以之爲禮，非也。

【箴曰】若以爲緩，案《禮》，衛將軍文子之喪，既除喪，而越人來弔，子游何得善之？

十八年傳："堯崩，而天下如一，同心戴舜，以爲天子，以其舉十六相，去四凶也。"

孔子云："蕩蕩乎堯之爲君，唯天爲大，唯堯則之。"今如《左氏》，堯在位數十年，久抑元愷而不能舉，養育凶人，以爲民害而不能去，則孔子稱堯虛言也。桀紂爲惡一世則誅，四凶歷數十歲而無誅放。《易》云："積不善之家，必有餘殃。"虛言也。《左氏》爲短。

宣公二年傳："狂狡輅鄭人，鄭人入於井，倒戟而出之，獲狂狡。"

狂狡近于古道。

【箴曰】狂狡臨敵，拘於小仁，忘在軍之禮。譏之義，合于讖。

五年傳："冬，來反馬也。"

禮無反馬之法。

【箋曰】《冠義》云："無大夫而有其昏禮。"則昏禮者，天子、諸侯、大夫皆異也。《士昏禮》云："主人爵弁纁裳緇袘，乘墨車，從車二乘。婦車亦如之。"此婦車出於夫家。《詩疏》引此下有"有供"二字。則士妻始嫁，乘夫家之車也。《詩·鵲巢》云："之子于歸，百兩御之。"又曰："之子于歸，百兩將之。"將，送也。國君之禮，夫人始嫁自乘其家之車也。《儀禮疏》此下又引《何彼襛矣》篇曰："曷不肅雍，王姬之車。"言齊侯嫁女，以其母王姬始嫁之車遠送之，下乃云云。則天子、諸侯嫁女留其乘車可知也。高固，大夫也，來反馬，則大夫亦留其車。禮雖散亡，以《詩》之義論之，大夫以上，《詩疏》引作"天子以至大夫"。其嫁皆有留車反馬之禮。留車，妻之道也；反馬，壻之義也。高固以秋九月來逆叔姬，冬來反馬，則婦入三月，祭行乃反馬，禮也。

九年傳："二子請殺之，公弗禁，遂殺洩冶。"

【膏肓】以爲洩冶無罪。

十年傳："書曰崔氏非其罪也，且告以族，不以名。"

《公羊》譏世卿而難《左氏》。

蘇氏云"崔杼祖父名不見經，則知非世卿，且春秋之時，諸侯擅相征伐，猶尚不譏世卿，雖曰非禮，夫子何由獨責?"

成公八年傳："衛人來媵共姬，禮也。凡諸侯嫁女，同姓媵之，異姓則否。"

媵不必同姓，所以博異氣。今《左傳》"異姓則否"，十年，齊人來媵，何以無貶刺之文?《左氏》爲短。

【箋曰】《禮》稱納女，於天子云備百姓，於國君云備酒漿。不得云百姓，是不博異氣也。齊是大國，今來媵我，得之爲榮，不得貶也。

十四年傳："秋，宣伯如齊逆女，稱族，尊君命也。"

叔孫僑如舍族，爲尊夫人。案，襄二十七年，豹及諸侯之大夫盟，復何所尊而亦舍族?《春秋》之例，一事再見者，亦以省文耳。《左氏》爲短。

【箋曰】《左氏》以豹遺命，故貶之而去族。今僑如無罪，而亦去族，故以爲尊夫人也。《春秋》有事異文同，則此類也。

十七年傳："晉士燮祈死。"

人生有三命：有壽命以保度，有隨命以督行，有遭命以摘暴。未聞死可祈也。昔周公之隆，天不出妖，地不出孽，陰陽和調，災害不生。武王有疾，周公植璧秉珪，願以身代。武王疾愈，周公不夭。由此言之，死不可請，偶自天禄欲盡矣，非果死。今《左氏》以爲果死，因著其事以爲信然，於義《左氏》爲短。

襄公七年傳："夫郊祀后稷，以祈農事也。"

《膏肓》本無考。按《正義》云："何休《膏肓》執彼難此，追而想之，亦可以歎息也。"

是故啓蟄而郊，郊而後耕。今既郊而卜耕，宜其不從也。

《膏肓》本無考。

【箴曰】以魯之郊天，惟用周正建子之月，牲數有災，不吉，改卜後月，故或用周之二月、三月，故有啓蟄而郊，四月則不可。《周禮正義》引箴曰："天子郊以夏正，上旬之日，魯之卜三正，下旬之日，是雖有常時、常日，猶卜日也。"

十一年傳："春，季武子將作三軍。"

《左氏》説云"尊公室"，休以爲與"舍中軍"義同。於義《左氏》爲短。

【箴曰】《左氏傳》云："作三軍，三分公室，各有其一。"謂三家始專兵甲，卑公室。云《左氏》説者"尊公室"，失《左氏》意遠矣。

十九年傳："六月，晉侯請於王，王追賜之大路，使以行禮也。"

天子車稱大路，諸侯車稱路車，大夫稱車。今鄭子蟜，諸侯之大夫耳，當與天子士同，賜其車而名之曰大路，非正也。孔子曰："唯器與名，不可以假人。名不正則言不順。"於義《左氏》爲短。

【箴曰】卿以上所乘車皆曰大路。《詩》云："彼路斯何，君子之車。"此大夫之車稱路也。《王制》卿爲大夫。

二十二年傳："臧武仲如晉，雨，過御叔，御叔在邑，將飲酒，曰'焉用聖人'？"

説《左氏傳》者曰："《春秋》之志，非聖人孰能修之？"言夫子聖人，乃能修之。御叔謂臧武仲爲聖人，是非獨孔子。

【箴曰】武仲者，述聖人之道，魯人稱之曰聖。今使如晉，過御叔，御叔不説學，見武仲而雨行，傲之，云"焉用聖人爲"？《左氏傳》載之者，非御叔不説學，不謂武仲聖與孔子同。此條係從《周禮·大司徒》疏采録。

二十四年傳：且夫既登而求降階者，知人也。不在程鄭其有亡釁乎？不然其有或疾，將死而憂也。

　　善言者君子所尚，有小人道之輒爲死徵，是善言不可出口。案，鄭箴無考。《正義》云："此未得傳之義也。然明者鄭之知人，知程鄭以佞媚嬖幸，得升卿位，非有謙退止足之心。今忽問降階，是改其常度。以其改常，知其將死，故疑其知將有亡釁、惑疾而憂，故能出此語耳。善言非其常，所以知其死，非謂口出善言即當死也。趙文子，賢人也。將死，其語偷。程鄭，小人也。將死，其言善。俱是失常，無所怪惑也。"

　　昭公四年傳："雹之爲菑，誰能禦之？《七月》之卒章，藏冰之道也。"

　　《春秋》書雹，以爲政之所致，非由冰也。若今朝廷藏冰，亦不於深山窮谷，何故或無雹？天下郡縣皆不藏冰，何故或不雹？若言有之，於古者，必有驗；於今，此其不合；於義，失天人相與之意。

　　【箴曰】雨雹，政失之所致，是固然也。國之失政，君子知其大者，其次知其小者。藏冰之禮，凌人掌之，《月令》載之，《豳》詩歌之，此獨非政與？故其小者耳。夫深山窮谷固陰沍寒，極陰之處，冰凍所聚，不取其冰，則氣蓄不泄，結滯而爲伏陰。凡雨水，陽也；雪雹，陰也。雨水而伏陰，薄之則凝而爲雹；雨雪而愆陽，薄之則合而爲霰。申豐見時失藏冰之禮而有雹，推之陰陽，如此伏陰所致，亦聖人之寓言也。詳載其言者，以著藏冰之禮，不可廢耳。

　　七年傳："從政有所反之，以取媚也。"

　　孔子不語怪力亂神，以鬼神爲政必惑衆，故不言也。今《左氏》以此令後世信其然，廢仁義而祈福於鬼神，此大亂之道也。子產雖立良止以托繼絕，此以鬼賞罰，要不免於惑衆，豈當述之以示季末？

　　【箴曰】伯有，惡人也。其死爲厲鬼。厲者，陰陽之氣相乘不和之名，《尚書·五行傳》"六厲"是也。人死，體魄則降，知氣在上，有尚德者，附和氣而興利。孟夏之月，令雩祀百辟、卿士有益於民者，爲此也。爲厲者，因害氣而施災，故謂之厲鬼。《月令》民多厲疾，《五行傳》有禦六厲之禮。《禮》天子立七祀，有大厲；諸侯立五祀，有國厲。欲以安鬼神，弭其害也。子產立良止，使祀伯有以弭害，乃《禮》與《洪範》之事也。子所不語怪力亂神，謂虛陳靈象，於今無驗也。伯有爲厲鬼，著明若此，而何不語乎？子產固爲衆愚將惑，故并立公孫洩，云從政有所反之，以取媚也。孔子曰："民可使由之，不可使知之。"子產達於此也。

十八年傳："宋衛陳鄭皆火，梓慎登大庭氏之庫以望之。"

宋衛陳鄭去魯皆數千里，爲登高以見其火，豈實事哉？

【箴曰】孔子登泰山見吳門之白馬，離婁覩千里之毫末，梓慎既非常人，何知不見數百里之煙火？孔子在陳知桓僖災者，豈復望見之乎？若見火知災，則人皆知之矣！何所貴乎梓慎？《左氏傳》而編記之哉！且四國去魯纔數百里，而何休云數千里，雖意欲其遠，亦虛妄之極。梓慎所望，自當有以知之，不知見何氣，知其災也。

二十六年傳："王后無適，則擇立長。年鈞以德，德鈞以卜。王不立愛，公卿無私，古之制也。"

《春秋》之義，三代異，建適勝，別貴賤，有姪娣以辨親疏。立適以長不以賢，立子以貴不以長。王后無適，明尊之敬之。義無所卜筮，不以賢者，人狀難別，嫌有所私，故絕其怨望，防其覬覦。今如《左氏》言云"年鈞以德，德鈞以卜"，君之所賢，人必從之，豈復有卜？《禮記正義》引此下有"若其以卜"句。隱桓之禍，皆由是興，乃曰古制，不亦謬哉？大夫不世功，如幷爲公卿，通繼嗣之禮。《左氏》爲短。

【箴曰】立適固以長矣，無適而立子，固以貴矣。今言無適則擇立長，謂貴均，如立長，王不得立愛之法。年均，則會群臣、群吏、萬民而詢之。有司以序進而問。大衆之口，非君所能掩，是王不得立愛之法也。《禮》有"詢立君"，示義在此。此距之言謬，失《春秋》與禮之義矣。公卿之世立者，有功德，先王之命有所不犯。如是宅中卜立，君亦是，年均德均也。先條係從《周禮·大卜》疏采錄。按，本傳正義於"王后無適，則擇立長，年均以德"下，引《膏肓》曰："人君所賢，下必從之，焉能使王不立愛？"鄭箴曰："《周禮·小司寇》掌外朝之政，以致萬民而詢焉。其三曰詢立君，其位王南，卿、三公及州長、百姓北面，群臣西面，群吏東面。小司寇叙進而問焉。如此則大衆之口，非君所能掩，是王不得立愛之法。"又於"王不立愛，公卿無私，古之制也"下引《膏肓》曰："大夫不世功，而幷爲公卿，通繼嗣。《左氏》爲短。"鄭玄箴曰："公卿之世，有大功德，先王命所不絕者，分爲二條。"文義亦有不同，故當以《周禮疏》文爲正。

《穀梁廢疾》

漢 任城何休撰　　萬載周淑德校

隱公元年傳："仲子者何？惠公之母，孝公之妾也。禮，贈人之母則可，贈人之妾則不可。"

《廢疾》本文無考。

【釋曰】若仲子是桓之母，桓未爲君，則是惠公之妾，天王何以贈之？則惠公之母亦爲仲子也。

大夫日卒，正也；不日卒，惡也。

《公羊》以爲日與不日爲遠近異辭。若《穀梁》云"益師惡而不日"，則公子牙及季孫意如，何以書日乎？

【釋曰】公子牙，莊公弟。不書弟，則惡明也，故不假去日。季孫意如，則定公所不惡，故亦書日。

五年傳："苞人民，毆牛馬，曰侵；斬樹木、壞宮室曰伐。"

廄焚，孔子曰："傷人乎？"不問馬。今《穀梁》以苞人民爲輕，斬樹木、壞宮室爲重，是理道之不通也。

【釋曰】苞人民、毆牛馬，兵去則可以歸還。其爲壞宮室、斬樹木，則樹木斷不復生，宮室壞不自成，爲毒害更重也。

桓公四年傳："春曰田，夏曰苗，秋曰蒐，冬曰狩。"

《運斗樞》曰："夏不田。"《穀梁》有夏田，於義爲短。

【釋曰】四時皆田，夏殷之禮。《詩》云："之子于苗，選徒囂囂。"夏田明矣。孔子雖有聖德，不敢顯然改先王之法以教授於世。若其所欲改，其陰書于緯，藏之以傳後王。《穀梁》四時田者，近孔子故也。《公羊》正當六國之亡，讖緯見讀，而傳爲三時田。作傳有先後，雖異，不足以斷《穀梁》也。按《玉海》引釋曰："歲三田，謂以三事爲田，即一曰乾豆之等。大綏、小綏是夏、殷之法，秋冬皆用綏，異於周也。夏不田，蓋夏時也，夏生長之時，禹以仁得天下，故不田。"

五年秋，大雩。

《廢疾》本文無考。

【釋曰】《春秋》凡書二十旱，《考異郵》説云："分爲四部，各有義焉。"是其事也。按本疏引《穀梁》説云："得雨曰雩，不得雨曰旱。"《公羊》説："言雩則旱見，言旱則雩不見。"此二家之説不同，鄭《釋廢疾》從《穀梁》之義。

十三年傳："春二月，公會紀侯、鄭伯，及齊侯、宋公、衞侯、燕人戰。"

在紀，無爲不地。

【釋曰】"紀"當爲"己"，在龍門城下，故不地。

莊公四年傳："大去其國者，不使小人加乎君子。"

《春秋》楚世子商臣弑其君，其後滅江、六。不言大去，又大去者，於齊滅之不明。但知不使小人加乎君子，而不言亡滅，縱失襄公之惡，反爲大去也。本注。

【釋曰】商臣弑其父，大惡也，不得但爲小人。江、六之君又無紀侯得民之賢，不言變滅，言大去也。元年冬，齊師遷紀；三年，紀季以酅入于齊。今紀侯大去其國，是足起齊滅之矣。舍此以滅人，爲罪者自多矣。

六年傳："王人，卑者也。稱名，貴之也。"

稱子，則非名也。

【釋曰】王人，賤者，録則名可。今以其銜命救衞，故貴之。貴之則子突爲字，可知明矣。此名當爲字誤爾。

九年傳："當可納而不納，齊變而後伐，故乾時之戰不諱敗，惡内也。"

三年，溺會齊師伐衞，故貶而名之。四年，公及齊人狩于郜，故卑之曰人。今親納讎子，反惡其晚，恩義相違，莫此之甚。

【釋曰】於讎不復，則怨不釋，而魯釋怨，屢會仇讎，一貶其臣，一卑其君，亦足以責魯臣子。其餘則同，不復議也。至于伐齊納糾，譏當可納而不納爾。此自正義不相反也。

十三年春，齊人、宋人、陳人、蔡人、邾人會于北杏。

《廢疾》本文無考。

【釋曰】數九會，則以柯之明年爲始，以前去貫與陽穀，固已九合矣。

十八年傳："不言日，不言朔，夜食也。"

《春秋》不言月食日者，以其無形，故闕疑。其夜食何緣書乎？

【釋曰】一日一夜合爲一日。今朔日，日始出，其食，有虧傷之處未復，故知此自以夜食，夜食則亦屬前月之晦。故穀梁子不以爲疑。按疏引張靖策廢疾云："立八尺之木，不見其影。"

二十三年傳："其不言使何也？天子之内臣也。不正其外交，故不與使也。"

南季、宰渠伯糾、家父、宰周公來聘，皆稱使，獨於此奪之，何也？

【釋曰】諸稱使者，是奉王命，其人無自來之意。今祭叔不一心於王，而欲外交，不得王命來，故去使以見之。

三十二年秋七月，癸巳，公子牙卒。

《傳》例，大夫不日卒，惡也。牙與慶父共淫哀姜，謀殺子般，而日卒，何也？

【釋曰】牙，莊公母弟。不言弟，其惡已見，不待去日矣。

僖公九年傳："桓盟，不日，此何以日？美之也。爲見天子之禁，故備之也。"

即日爲美，其不日皆爲惡也。桓公之盟不日，皆爲惡邪。莊十三年，柯之盟不日，爲信。至此日以爲美，義相反也。

【釋曰】柯之盟不日，固始信之。自其後盟，以不日爲平文。陽穀以來，至此葵丘之盟，皆令諸侯以天子之禁。桓德極而將衰，故備日以美之。自此不復盟矣。

十一年傳："雩得雨曰雩，不得雨曰旱。"

《公羊》書雩者，善人君應變求索。不雩，則言旱，旱而不害物，言不雨也。就如《穀梁》説本不雩，何以言之？如以不雨明之，設旱而不害物，何以別乎？

【釋曰】雩者，夏祈穀實之禮也，旱亦用焉。得雨書雩，明雩有益；不得雨書旱，明旱災成，後得雨無及也。國君而遭旱，雖有不憂民事者，何乃廢禮本不雩禱哉？顧不能致精誠也。旱而不害物，故以久不雨別之。文二年、十三年"自十有二月""自正月""不雨，至于秋七月"是也。《穀梁傳》曰："歷時而言不雨，文不閔雨也。"以文不憂雨，故不如僖時書不雨。文所以不閔雨者，素無志于民。性退弱而不明，又見時久不雨而無災耳。

十四年傳："其曰諸侯，散辭也。"

案，先是盟亦言諸侯，非散也。又《穀梁》美九年諸侯盟于葵丘。即散，何以美之邪？

【釋曰】九年，公會宰周公、齊侯、宋子、衛侯、鄭伯、許男、曹伯于葵丘。九月戊辰，盟于葵。時諸侯初在會，未有歸者，故可以不序。今此十三年夏，公會齊侯、宋公、陳侯、衛侯、鄭伯、許男、曹伯于鹹。而冬，公子友如齊，此聘也。書聘，則會固前已歸矣。今云諸侯城緣陵，而不序其人，明其散。桓德衰矣，葵丘之事安得以難此？

十八年傳："言及，惡宋也。"

戰言及者，所以別客主直不直也。故文十三年晉人、秦人戰于河曲，兩不直，故不云及。今宋言及，明直在宋，非所以惡宋也。即言及爲惡，是河曲之戰爲兩善乎？又《穀梁》以河曲不言及略之也，則自相反矣。

【釋曰】及者，別異客主耳，不施于直與不直也。直不直，自在事而已，義兵則客直，宣十二年夏，"晉荀林父帥師及楚子戰于邲，晉師敗績"是也。兵不義則主人直，莊二十八年春，"衛人及齊人戰，衛人敗績"是也。今齊桓卒，未葬，宋襄欲興霸事而伐喪，於禮尤反。故反其文以宋及齊，即實以宋及齊，明直在宋。邲之戰，直在楚，不以楚及晉，何邪？秦晉戰於河曲，不言及，疾其亟戰爭舉兵，故略其先後。

伐衛所以救齊也。

即伐衛救齊，當兩舉，如伐楚救江矣。又《傳》以爲江遠楚近，故伐楚救江。今狄亦近衛而遠齊，其事一也，義異何也？

【釋曰】文三年冬，晉陽處父帥師伐楚救江。兩舉之者，以晉未有救江文，故明言之。今此春，宋公、曹伯、衛人、邾人伐齊；夏，狄救齊；冬，邢人、狄人伐衛。爲救齊可知，故省文耳。事同，義又何異？

二十一年傳：不言楚，不與楚專釋也。

《春秋》以執之爲罪，不以釋之爲罪。責楚子專釋，非其理也。《公羊》以爲，公會諸侯釋之，故不復出楚耳。

【釋曰】不與楚專釋者，非以責之也。《傳》云"外釋不志，此其志何也？以公之與之盟日之也。"言公與諸侯盟而釋宋公，公有功焉。與《公羊》義無違錯。

二十二年傳："列須其成列，而後擊之，則衆敗而身傷焉，七月而死。"

即宋公身傷，當言公，不當言師，成十六年，"楚子敗績"是也。又《成十六年傳》曰"不言師，君重于師也"。即成十六年是，二十二年虛言也；即二十二年是，十六年非也。

【釋曰】《傳》説"楚子敗績"，曰"四體偏斷"，此則目也。此言君之目與手足有破斷者，乃爲敗矣。今宋襄公身傷耳，尚持鼓，軍事無所害，而師猶敗，故不言宋公敗績也。《傳》所以言敗，衆敗身傷焉者，疾其信而不道，以取大辱。

二十三年傳："以其不教民戰，則是棄其師也。"

所謂教民戰者，習之也。《春秋》貴偏戰而惡詐戰。宋襄公所以敗于泓者，守禮偏戰也，非不教其民也。孔子曰："君子去仁，惡乎成名？造次必于是，顛沛必于是。"未有守正以敗而惡之也。《公羊》以爲不書葬，爲襄公諱。背殯出會，所以美其有承齊桓尊周室之美志。

【釋曰】教民習戰而不用，是亦不教也。詐戰謂不期也。既期矣，當觀敵爲策。倍則攻，敵則戰，少則守。今宋襄公于泓之戰違之，又不用其臣之謀而敗。故徒善不用賢良，不足以興霸王之功；徒信不知權譎之謀，不足以交隣國，會遠疆。故《易》譏鼎折足，《詩》刺不用良。此説善也。

二十五年傳："其不稱名姓，以其在祖之位，尊之也。"

曹殺其大夫，亦不稱名姓，豈可復以爲祖乎？

【釋曰】宋之大夫盡名姓。禮，公族有罪，刑于甸師氏，不與國人，慮兄弟也，所以尊異之。孔子之祖孔父累於宋殤公而死，今骨肉在其位而見殺，故尊之，隱而不忍稱名氏。若罪大者名之而已，使若異姓然，此乃祖之疏也。曹殺其大夫，自以無大夫，不稱名氏耳。《春秋》辭同事異者甚多。隱去即位以見讓，莊去即位爲繼弑，是復可以此例非之乎？

蓋納頓子者，陳也。

即陳納之，當舉陳，何以不言陳？

【釋曰】納頓子固宜爲楚也，穀梁子見經云"楚人圍陳，納頓子於頓"，有似晉陽處父伐楚救江之文，故云蓋陳也。

二十七年傳："人楚子，所以人，諸侯也。"

哀元年，楚子、陳侯、隨侯、許男圍蔡。不稱人，明不以此故也。

【釋曰】時晉文爲賢伯，故譏諸侯不從而信夷狄也。哀元年時無賢伯，又何據而當貶之耶？

三十年傳："以尊遂乎卑，此言不敢叛京師。"

大夫無遂事。案，襄十二年，季孫宿救台，遂入鄆，惡季孫不受命而入也。如公子遂受命如晉，不當言遂。

【釋曰】遂固受命如京師如晉，不專受命如周。《經》近上言，天王使宰周公來聘，故公子遂報焉。因聘於晉，尊周，不敢使並命。使若公子遂自往，然即云"公子遂如京師如晉"，是同周於諸侯，叛而不尊天子也。《公羊傳》有"美惡不嫌同辭"，何獨不廣之于此乎？同上。

文公五年傳："含一事也，賵一事也。兼歸之，非正也。"

《廢疾》本文無考。

【釋曰】禮，天子於二王後之喪，含爲先，襚次之，賵次之，賻次之；於諸侯，含之，賵之。小君亦如之。於諸侯之臣，襚之，賵之。其諸侯相施，如天子於二王之後；於卿大夫，如天子於諸侯；於士，如天子於諸侯之臣。京師去魯千里，王室無事，三月乃含，故不言來以譏之。

其不言來，不周事之用也。

四年，夫人風氏薨。九年，秦人來歸僖公成風之襚，最晚矣，何以言來？

【釋曰】秦自敗於殽之後，與晉爲仇，兵無休時，乃加免繆公之喪而來。君子原情，不責晚，用或作辭。

八年傳："其以官稱，無君之辭也。"

近上七年，宋公壬臣卒，宋人殺其大夫，不言官。今此在三年申言官，義相違。

【釋曰】七年殺其大夫，此實無君也。今殺其司馬，無人君之德耳。司馬司城君之爪牙、守國之臣，乃殺其司馬，奔其司城，無道之甚。故稱官以見輕慢也。《傳》例，稱人以殺，殺有罪也。此上下俱失之。

宣公二年傳："獲者，不與之辭也。"

華元繫宋者，明恥辱及國。

華元雖獲，不病矣。

書獲，皆生獲也。如欲不病華元，當有變文。

【釋曰】將帥見獲，師敗可知，不當復書師敗績。此兩書之者，明宋師懼華元見獲，皆竭力以救之，無奈不勝敵耳。華元有賢行，得衆如是。雖師敗身獲，適明其美，不傷賢行。今而書敗獲，非變文如何？

八年夏，六月辛巳，有事于太廟。

《廢疾》本文無考。

【釋曰】宣八年六月，有事于大廟。禘而云有事者，雖爲卿佐，卒張本。而書有事，其實當時有用七月而禘，因宣公六月而禘，得禮，故變文言有事。《春秋》因事變文，見其得正也。

葬既有日，不爲雨止，禮也。

《廢疾》本文無考。

【釋曰】雖庶人葬，爲雨止。《公羊》說：卿大夫臣賤，不能以雨止。

十年傳："氏者，舉族而出之之辭也。"

氏者，譏世卿也。即稱氏爲舉族而出，尹氏卒，寧可復以爲舉族死乎？"

【釋曰】云"舉族死"，是何妖問甚乎！"舉族而出之之辭"者，固譏世卿也。崔杼以世卿專權，齊人惡其族，令出奔。既不欲其身反，又不欲國立其宗后。故孔子順而書之曰"崔氏出奔衛"，若其舉族盡去之爾。

襄公十九年傳："還者，事未畢之辭也。"

君子不求備於一人，士匄不伐喪，純善矣。何以復責其專大功也？

【釋曰】士匄不伐喪，則善矣。然於善則稱君，禮仍未備。故言乃還，不言乃復，作未畢之辭。還者致辭，復者反命。

二十七年傳："專之去，合乎《春秋》。"

甯喜本弑君之家，獻公過而殺之，小負也。專以君之小負自絶，非大義也，何以合乎《春秋》？

【釋曰】甯喜雖弑君之家，本專與約納獻公爾。公由喜得入，已與喜以君臣從事矣。《春秋》撥亂，重盟約。今獻公背之，而殺忠于己者，是獻公惡而難親也。獻公既惡而難親，專又與喜爲短，懼禍將及，"君子見幾而作，不俟終日"，微子去紂，孔子以爲三仁。專之去衛，其心若此，合于《春秋》不亦宜乎？

三十年傳："其不日，子奪父政，是謂夷之。"

蔡世子班弑其君固，不日，謂之夷。楚世子商臣弑其君，何以反書日耶？

【釋曰】商臣弑父，日之，嫌夷狄無禮，罪輕也。今蔡，中國而又弑父，故不日之。若夷狄，不足責。然《公羊》有若不疾乃疾之，推以況此，則無怪然。

昭公十一年傳："其曰世子，何也？不與楚殺也。"

即不與楚殺，當貶楚爾，何故反貶蔡，稱世子邪？

【釋曰】滅蔡者，楚子也，而稱師，固已貶矣。楚子思啓封疆而貪蔡，誘殺蔡侯般，冬而滅蔡，殺友。惡其淫放，其志殺蔡國二君以取其國，故變子言世子，使若不得其君終。

十二年傳："不正。其與夷狄交，伐中國，故狄稱之也。"

《春秋》多與夷狄并伐，何以不狄也？

【釋曰】晉不見因會以綏諸夏，而伐同姓，貶之可也。狄之大重，晉爲厥慭之會，實謀救蔡。以八國之師而不救，楚終滅蔡。今又伐徐，晉不糾合諸侯以遂前志，舍而伐鮮虞，是楚而不如也，故狄稱之焉。

哀公六年傳："陽生其以國氏，何也？取國於荼也。"

即不使陽生以荼爲君，不當去"公子"，見當國也。又，《穀梁》以爲國氏者，取國於荼，齊小白又不取國於子糾，無乃近自相反乎？

【釋曰】陽生篡國，故不言公子。不使君荼，謂書陳乞弒君爾。荼與小白其事相似，荼弒乃後立，小白立乃後弒。雖然俱篡國，而受國焉爾。《傳》曰"齊小白入于齊"，惡之也。陽生其以國氏，何取國于荼也？義適互相足，又何自反乎？子糾宜立而小白篡之，非受國於子糾，則將誰乎？

《公羊墨守》

漢　任城何休撰　　豐城呂統律校

隱公元年傳："公何以不書即位？成公意也。"

《墨守》本文無考。

【發曰】"隱爲攝位，周公爲攝政，雖俱相幼君，攝政與攝位異也。"

桓公十一年傳："古者鄭國處于留。"

《墨守》本文無考。

【發曰】鄭始封君曰桓公者，周宣王之母弟。國在宗周畿內，今京兆鄭縣是也。桓公生武公，武公生莊公，遷居東周畿內，國在虢鄶之間，今河南新鄭是也。武公生莊公，因其國焉。留乃在陳宋之東，鄭受封至此，適三世，安得"古者鄭國處於留""祭仲將往省留"之事乎？《周禮·大司徒》疏。

又曰"桓公國在宗周畿內，武公遷居東周畿內"者，以鄭於西周本在畿內，西都之地盡以賜秦，明武公初遷亦在東周畿內，故歷言之也。及并十邑，鬱成大國，盟會列於諸侯，灼然在畿外。故《緇衣》傳曰"諸侯入爲天子卿士",是畿外之君稱入也。鄭雖非畿内,不過侯服。昭十三年《左傳》曰"鄭,伯男也",賈逵以爲鄭伯爵在男畿。《詩·緇衣》疏按此文義,《選》當與上《周禮疏》共爲一條。

僖公二十四年傳:"王者無外,此其言出何?不能乎母也。"

《墨守》本文無考。

【發曰】聖人制法,必因其事,非虚之。《孟子》曰:"夫人必自侮,而後人侮之;家必自毀,而後人毀之;國必自伐,而後人伐之。"今襄王實不能孝道,稱惠后之心,令其寵專於子,失教而亂作,出居於鄭,自絕于周,故孔子因其自絕而書。《公羊》以"母得廢之",則《左氏》已死矣是也。襄王正是惠后所生,非繼母。

二十五年傳:"衛侯燬何以名絕?曷爲絕之,滅同姓也。"

齊人滅萊、楚滅隗、晉滅下陽之屬,皆非滅同姓,是以不名耳。

哀公十二年傳:"譏始用田賦也。"

公侯方百里。案諸典籍,每有千乘之義,若不十井爲一乘,則不合。

【發曰】公侯方百里,井十,則賦出革車一乘者,義亦通于此云。

【發墨守曰】六年制禮作樂,封殷之後,稱公於宋。《樂記》疏。

【墨守曰】君者,臣之天也。《文選注》。

黃奭輯佚書點校[①]

《箴左氏膏肓》

隱公

元年傳："不書即位，攝也。"【膏肓云】古制諸侯幼弱，天子命賢大夫輔相爲政，無攝代之義。昔周公居攝，死不記崩。今隱公生稱侯，死稱薨，何因得爲攝者？

【箴云】周公攝政，仍以成王爲主，直攝其政事而已，所有大事稟王命以行之。致政之後乃死，故卒稱薨，不記崩。隱公所攝，則位亦攝之，以桓爲太子，所有大事皆專命以行。攝位被殺，在君位而死，故生稱公，死稱薨，是與周公異也。且《公羊》以爲諸侯無攝。周公歸政就臣位乃死，何得記崩？隱公見死於君位，不稱薨云何？《公羊》云："宋穆公云：'吾立乎此，攝也。'"以此言之，何得非《左氏》？《左傳正義》及《禮記·明堂位》正義。

士踰月。【膏肓云】《禮》"士三月而葬"，今《左氏》云"踰月"，於義《左氏》爲短。

【云】禮，人君之喪，殯葬皆數來月、來日，士殯葬皆數死月、死日，尊卑相下之差數。故大夫、士俱三月，其實不同。士之三月及此字疑誤。大夫之踰月也。《禮記·王制》正義。人君殯數來日，葬數往月；大夫殯葬皆數來日、來月；士殯葬皆數往日、往月。士之三月，大夫之踰月

[①] 《黃奭逸書考》民國修補本、民國補刊本。

也。《左傳正義》及《禮記·王制》正義、《檀弓》正義。孔仲達以爲前以正禮而言後，據《春秋》爲説。

桓公

二年傳："命大子曰仇，弟曰成師，始兆亂矣。"《膏肓》謂："《左氏》後有興亡由立名善惡。"引后稷名弃以難。正義。

鄭《箴》無考。案：正義云：大子與桓叔雖竝因戰爲名，而所附意異。仇取於戰相仇怨，成師取能成師衆。緣名求義，則大子多仇怨，而成師有徒衆。穆侯本立此名，未必先生此意。但寵愛少子，於時已著。師服知桓叔將盛，故推出此理，因解其名以爲諷諫，欲使之强幹弱枝耳。人臣若無端緒，馮何致言以申己，謂人之立名必將有驗，此足以補之《箴》。

四年《傳》："周宰渠伯糾來聘，父在，故名。"【膏肓云】《左氏》："宰渠伯糾父在，故名。"仍叔之子，何以不名？又仍叔之子以爲父在，稱子；伯糾，父在，何以不稱子？

【箴云】仍叔之子者譏其幼弱，故略言子，不名之。至於伯糾，能堪聘事，私覿又不失子道，故名且字也。正義。

九年傳："曹大子來朝，賓之以上卿，禮也。"【膏肓云】《左氏》以人子安處父位，尤非衰世救失之宜。於義《左氏》为短。

【箴云】必如所言，父有老耄罷病，孰當理其政，預王事也？正義。

莊公元年傳："築王姬之館于外，爲外，禮也。"《膏肓》闕。

【箴云】宫廟、朝廷各有定處，無所館天子之女，故宜築于宫外。正義。

六年傳："騅甥、聃甥、養甥請殺楚子。"【膏肓云】楚鄧疆弱相縣，若從三甥之言，楚子雖死，鄧滅曾不旋踵，若刳腹去疾、炊炭止沸。《左氏》爲短。

【箴云】楚之疆盛從滅鄧以後，於時楚未爲疆，何得云"疆弱相縣"？正義。

十九年傳："鬻拳可謂愛君矣。"【膏肓云】人臣諫君，非有死亡之急，而以兵臨君，開篡弑之路。《左氏》以爲愛君，於義《左氏》爲短。正義。

【箴云】鬻拳同姓，有不去之恩。《詩·柏舟》正義。

二十五年傳："日有食之，鼓，用牲于社，非常也。"【膏肓云】《感精符》云："立推度以正陽，日食則鼓，用牲于社，朱絲縈社，鳴鼓脅之。"《左氏》云用牲非常，明《左氏》説非夫子《春秋》，於義《左氏》爲短。

【箋云】用牲者不宜用，《春秋》之通例，此讖説正陽、朱絲、鳴鼓，豈説用牲之義也？讖用牲于社者，取經完句耳。《禮記·祭法》正義。

僖公

二十二年傳："君未知戰。"【膏肓云】《左氏》以其不用子魚之計，至于軍敗身傷，所以責襄公也。而《公羊》善之，云："雖文王之戰，亦不是過。"

【箋云】刺襄公不度德，不量力。《考異郵》云："襄公大辱，師敗于泓。徒信不知權譎之謀，不足以交鄰國，定遠疆也。"此是譏師敗也。《公羊》不譏，違《考異郵》矣。《詩·大明》正義。

二十三年傳："杞成公卒，書曰子，杞，夷也。"【膏肓云】杞子卒，豈當用夷禮死乎？正義。

三十一年傳："夏四月，四卜郊，不從乃免牲，非禮也。"《膏肓》闕。

【箋云】以魯之郊天，惟用周正建子之月。牲數，有災，不吉，改卜後月，故或用周之二月、三月，故有啓蟄而郊，四月則不可。《禮記·曲禮上》正義。

三十一年傳："禮不卜常祀，而卜其牲、日。"《膏肓》闕。

【箋曰】当卜祀日月爾，不當卜可祀與否。《禮記·曲禮上》正義。

天子郊以夏正上旬之日，魯之卜三正下旬之日。是雖有常時常日，猶卜日也。案：《周禮·天官大宰》疏。

文公

元年傳："穆伯如齊，始聘焉，禮也。"【膏肓云】三年之喪，使卿出聘。於義《左氏》爲短。

【箋云】《周禮》："諸侯邦交，歲相問，殷相聘，世相朝。"《左氏》合古禮，何以難之？正義。

二年傳："襄仲如齊，納幣，禮也。"【膏肓云】喪服未畢而行昏禮，

《左氏》爲短。正義。

【箋云】僖公母成風主昏，得權時之禮。《禮記·檀弓上》正義。

五年傳："王使榮叔來含且賵，禮也。"【膏肓云】禮，尊不含卑，又不兼二禮。《左氏》以爲禮，於義爲短。

【箋云】禮，天子於二王后之喪，含爲先，襚次之，賵次之，賻次之。於諸侯，含之，賵之。小君亦如之。於諸侯臣，襚之。諸侯相於，如天子於二王之后；於卿大夫，如天子於諸侯；於士，如天子於諸侯之臣。何休云"尊不含卑"，是違禮，非經意。"意"似當作"義"。其一人兼歸二禮，亦是爲譏。正義。《穀梁》疏亦引此條，作"釋廢疾"，末有"京師去魯千里，王室無事，三月乃含，故不言來以譏之"數句。

九年傳："秦人來歸僖公成風之襚，禮也。"【膏肓云】禮主於敬，一使兼二喪，又於禮既緩，而《左氏》以之爲禮，非也。

【箋云】若以爲緩，案禮，衛將軍文子之喪，既除喪，而越人來弔，子游何得善之？正義。

十八年傳："此三族也，世濟其凶，增其惡名，以至于堯，堯不能去。"【膏肓云】孔子云："蕩蕩乎堯之爲君，惟天爲大，惟堯則之。"今如《左氏》，堯在位數十年，久抑元愷而不能舉，養育凶人以爲民害而不能去，則孔子稱堯虛言也。桀紂爲惡一世則誅，四凶歷數十歲而無誅放。《易》云："積不善之家，必有餘殃。"虛言也。《左氏》爲短。正義。

堯不去四凶，君人之度也。堯有欽明之德，非不知人，故驩兜舉共工則折之，曰："静言庸違，象恭滔天。"四岳舉鯀則折之，曰："方命圮族。"厥時四凶罪惡未大著，自可包荒。舜臣堯而鯀湮洪水之罪已成，三凶皆其黨與，因揭其罪而流之，放之，殛之，是又舜以善事君之大義。二聖各有其道，何以致難爲哉？至傳云"世濟其惡，增其惡名"，亦史克之對，欲明臣子去凶之義，其言容不免失實，非《左氏傳》義也，何必致詰？

宣公

二年傳："失禮違命，宜其爲禽也。"【膏肓云】休以爲狂狡近於古道。

【箋云】狂狡臨敵，拘於小仁，忘在軍之禮。譏之義合于識。《詩·大明》正義。

五年傳："冬來反馬也。"【膏肓云】禮無反馬之法。《儀禮疏》無"之法"二字。而《左氏》以爲得禮。禮，婦人謂嫁曰歸，則無大故不反于家。經書高固及子叔姬來，故譏乘行匹至。

【箴云】《冠義》云："無大夫冠禮，而有其昏禮。"則昏禮者，天子、諸侯、大夫皆異也。《士昏禮》曰："主人爵弁纁裳緇袘，從者畢玄端。乘墨車，《左傳正義》無"緇袘從者畢玄端"七字，《詩正義》無"緇袘"至"墨車"十字。從車二乘，執燭前馬。《左傳正義》《詩正義》均無"執燭前馬"四字。婦車亦如之，有裧。"《左傳正義》無"有裧"二字。此婦車出於夫家，則士妻始嫁，乘夫家之車也。《儀禮疏》作"此婦乘夫家之車"，《詩正義》無"此婦車出於夫家"七字。《詩·鵲巢》云：《儀禮疏》作"《鵲巢》詩曰"。"之子于歸，百兩御之。"又曰："之子于歸，百兩將之。"將，送也。《儀禮疏》無"將送也"三字。此國君之禮，《左傳正義》《儀禮疏》均無"此"字。夫人始嫁自乘其家之車也。《儀禮疏》作"自乘其車也"。《何彼穠矣》篇云："曷不肅雝，王姬之車。"言齊侯嫁女，以其母王姬之車遠送之。《左傳正義》無"何必穠矣"至"遠送之"二十九字。則天子、諸侯女嫁，《左傳正義》作"嫁女"，誤。留其乘車可知也。《儀禮疏》無"乘""也"二字。今高固，大夫也，來《左傳正義》無"今"字，《儀禮疏》無"也來"二字。反馬則大夫亦留其車也。《儀禮疏》無"則""也"二字。禮雖散亡，《儀禮疏》誤作"言"。以《詩》之義論之，《儀禮疏》無"之義"二字。大夫以上至天子，其嫁皆有留車反馬之禮。《儀禮疏》無"其嫁皆留車"五字，《左傳正義》無"至天子"三字。《詩正義》引作"天子以至大夫"，而無"其嫁"二字。留車，妻之道也；反馬，壻之義也。高固以秋九月來《儀禮疏》無"以""九""來"三字，文脫也。逆叔姬，冬來反馬，則婦入三月，祭行乃行《左傳正義》脫"行"字，而《儀禮疏》則譌"乃"字爲"故"。反馬，禮也。正義。《儀禮·士昏》疏、《詩·鵲巢》正義。

九年："陳殺其大夫洩冶。"傳："孔子曰：'《詩》云："民之多辟，無自立辟。"其洩冶之謂乎？'"【膏肓云】休以爲洩冶無罪。《公羊·宣十二年》疏。

臣之事君也，有五諫：一曰諷諫，二曰順諫，三曰直諫，四曰爭諫，五曰戇諫。之五者，各視其事之大小、輕重，各視其時之緩急而用之。用得其道，乃爲善諫。陳靈公通夏姬，衷衵戲朝，幾亡國。不諫則已，諫則當陳利害，指禍福，犯顏切諍，俾其君必改過自新，誅二臣乃止，治不知此，徒云民無傲焉。且聞不令冶以爲是可动灵公之悔乎？冶久與靈公處，寧不識其淫昏？將以爲是數語者可使之必有悛心，除佞定國乎？進不能感君以必改，退不能制二臣而襪之魄。機不密則失身，卒致君弑國破，冶惡得以有此一諫塞責哉？休曰"無罪"，蓋昧斯旨。且休注《公羊》亦云"洩冶有罪"，而乃作《膏盲》以短《左氏》異矣。

十年："齊崔氏出奔衛。"傳："非其罪也。"【膏盲以爲】《公羊》譏世卿，而難《左氏》。正義。

齊惠公時，高固、國佐諸人用事，崔氏無聞焉。杼父夭，唯城濮之戰一見，他亦不著。杼爲大夫在魯成公十七年，此時未參國政，何譏世卿之有？五年，公如齊，高固使齊侯，止公，請子叔姬焉。固之作福作威甚矣，崔氏無大惡。高、國徒以杼有寵惠公，畏其偪，因惠公即世，以私怨舉族逐之，是其罪在高、國，故傳特釋之曰"非其罪也"。《公羊》自失經義，何氏乃據以難《左》，過矣。

成公

八年傳："凡諸侯嫁女，同姓媵之，異姓則否。"【膏盲云】媵不必同姓，所以博異氣。今《左傳》"異姓則否"，十年，齊人來媵，何以無貶刺之文？《左氏》爲短。正義。

【箋云】禮稱納女，于天子云備百姓，於國君云備酒漿；正義。天子云備百姓，博異氣；諸侯直云備酒漿，《穀梁·成十年》疏。不得云百姓，是不博異氣也。正義。何得有異姓在其中？《穀梁·成十年》傳。齊是大國，今來媵我，得之爲榮，不得貶也。正義。

十四年傳："舍族，尊夫人也。"【膏盲云】《左氏》叔孫僑如舍族，爲尊夫人。案《襄二十七年》豹及諸侯之大夫盟，復何所尊而亦舍族？《春秋》之例一事再見者，亦以有文耳。《左氏》爲短。

【箋云】《左氏》以豹違命，故貶之而去族。今僑如無罪，而亦去族，故以爲尊夫人也。《春秋》有事異文同，則此類也。正義。

十七年傳："范文子反自鄢陵，使其祝宗祈死。六月戊辰，士燮卒。"【膏盲云】休以爲人生有三命：有壽命以保度，有隨命以督行，有遭命以摘暴。未聞死可祈也。昔周公之隆，天不出妖，地不出孽，陰陽和順，災害不生。武王有疾，周公植璧秉圭，願以身伐。武王疾愈，周公不夭。由此言之，死不可祈，偶自天禄欲盡矣，非果死。今《左氏》以爲果死，因著其事以爲信然，於義《左氏》爲短。《公羊·襄二十九年》疏。《左傳正義》無"昔周公"至"《左氏》爲短"八十二字。

十八年傳："所以復霸也。"【膏肓云】霸不過五。案：鄭云"何休以'霸不過五'"，當是《膏肓》之語。

【箴云】天子衰，諸侯興，故曰霸。夏有昆吾，商有豕韋、大彭，周有齊桓、晉文，此最彊者也，故書傳通謂彼五人爲五霸耳。但霸是彊國爲之，天子既衰，諸侯無主，若有彊者，即營霸業，其數無定限也。而何休以"霸不過五"，不許悼公爲霸。以鄉曲之學，足以忿人。傳稱文襄之霸，襄承文後，紹繼其業，以後漸弱，至悼乃彊，故云復霸。正義。

襄公七年傳："夫郊祀后稷，以祈農事也。是故啓蟄而郊，郊而後耕。"【膏肓云】《孝經》云："郊祀后稷以配天，宗祀文王於明堂以配上帝。"止言配天，不言祈穀。

【箴云】《孝經》主説周公孝以必配天之義，本不爲郊祈之禮，出是以其言不備。《月令》"孟春元日祈穀于上帝"，先即郊天也。後"乃擇元辰，天子親載耒耜，躬耕帝籍"，是郊而後耕。二者之禮、獻子之言合，是郊天之與祈穀爲一祭也。《詩·噫嘻》正義。

十一年傳："季武子將，作三軍。"【膏肓云】《左氏》説云"尊公室"，休以爲與舍中軍義同。於義《左氏》爲短。

【箴云】《左氏傳》云："作三軍，三分公室，各有其一。"謂三家始專兵甲，卑公室。云《左氏》説云"尊公室"，失《左氏》意遠矣。正義。

十一年傳："晉侯以樂之半賜魏絳。"《膏肓》闕。

【箴云】大夫、士無樂，小胥、大夫判縣，士特縣者，小胥所云樂身之樂及治人之樂則有之也，故鄉飲酒有工歌之樂是也。《説題辭》云"無樂"者，謂無祭祀之樂也，故特牲、少牢、無樂。《禮記·曲禮下》正義。

十九年傳："於四月丁未，鄭公孫蠆卒。赴於晉大夫范宣子，言於晉侯，以其善於伐秦也。六月，晉侯請於王，王追賜之大路，使以行禮也。"【膏肓云】天子車稱大路，諸侯車稱路車，大夫稱車。今鄭子蟜，諸侯之大夫耳，當與天子士同，賜其車而名之曰大路，非正也。孔子曰：

"惟名與器不可以假人，名不正則言不順。"於義《左氏》爲短。

【箋云】卿以上所乘車皆曰大路，《詩》云："彼路斯何，君子之車。"此大夫之車乘路也。王制卿爲大夫。《詩·采薇》正義。案《周禮》，天子衮冕，上公亦稱衮冕；天子析羽爲旌，諸侯及大夫亦稱旌。又，天子樂官大師，《鄉飲酒》禮君賜樂亦稱大師。此皆名同乎上，則卿大夫之路何獨不可同之於天子大路之名乎？《詩·韓奕正義》引作"大夫亦得稱路者，以路名本施人君，則其散文卿大夫亦得稱路耳"。何休之難非也。正義。

二十二年傳："臧武仲如晉，雨，過御叔。御叔在其邑，將飲酒，曰：'焉用聖人！我將飲酒而已，雨行，何以聖爲？'"【膏肓云】説《左氏傳》者曰："《春秋》之志，非聖人孰能修之？"言夫子聖人，乃能修之。御叔謂臧武仲爲聖人，是非獨孔子。

【箋云】武仲者，述聖人之道，魯人稱之曰聖人。使如晉過御叔，御叔不説學，見武仲而雨行，傲之，云："焉用聖人爲。"《左氏傳》載之者，非御叔不説學，不謂武仲聖與孔子同。《周禮·大司徒》疏。

二十四年傳："鄭行人公孫揮如晉聘，程鄭問曰：'敢問降階何由？'子羽不能對，歸以語然明。然明曰：'是將死矣。不然，將亡。貴而知懼，懼而思降，乃得其階。下人而已，又何問焉？且夫既登而求降者，知人也。不在程鄭，其有亡釁乎？不然，其有惑疾，將死而憂也。'"【膏肓云】善言者君子所尚，有小人道之輒爲死徵，是善言不可出口。

案：正義云："此未得傳之意也。然明者，鄭之知人，知程鄭以佞媚嬖倖得升卿位，非有謙退止足之心。今忽問降階，是改其常度。以其改常，知其將死，故疑其知將有亡釁惑疾而憂，故能出此語耳。善言非其常，所以知其將死，非謂口出善言即當死也。趙文子，賢人也；將死，其言偷。程鄭，小人也；將死，其言善。俱是失常，無所怪惑也。"此足補鄭《箋》之闕。

昭公

四年傳："雹之爲災，誰能禦之？《七月》之卒章，藏冰之道也。"【膏肓云】《春秋》書雹，以爲政之所致，非由冰也。若今朝廷藏冰亦不於深山窮谷，何得或無雹？天下郡縣皆不藏冰，何故或不雹？若言有之，於古者，必有駼；於今，此其不合；於義，失天人相與之意。

【箋云】雨雹，政失之所致，是固然也。國之失政，君子知其大者，其次知其小者。藏冰之禮，凌人掌之，《月令》載之，《豳風》歌之，此獨非政與？故其小者耳。夫深山窮谷，固陰冱寒，極陰之處冰凍所聚，不取其冰則氣蓄不洩，結滯而爲伏陰。凡雨水，陽也；雪雹，陰也。雨水而伏陰薄之，則而爲雹；雨雪而愆陽薄之，則合而爲霰。申豐見時失藏冰之禮而有雹，推之陰陽，知此伏陰所致，亦聖人之寓言也。詳載其言者，以著藏冰之禮不可廢耳。正義。

七年傳：「子產立公孫洩及良止，子大叔問其故。子產曰：'鬼有所歸乃不爲厲，吾爲之歸也。'大叔曰：'公孫洩何爲？'子產曰：'說也。爲身無義而圖說，從政有所反之以取媚也。'」【膏肓云】孔子不語怪力亂神，以鬼神爲政必惑衆，故不言也。今《左氏》以此令後世信其然，廢仁義而祈福於鬼神，此大亂之道也。子產雖立良止，以托繼絶，此以鬼賞罰，要不免於惑衆，豈當述之以示季末？

【箋云】伯有，惡人也。其死爲厲鬼。厲者，陰陽之氣相乘不和之名，《尚書五行傳》「六厲」是也。人死，體魄則降，知氣在上，有尚德者附和氣而興利。孟夏之月，令雩祀百辟、卿士有益於民者，由此也。爲厲者，因害氣而施灾，故謂之厲鬼。《月令》民多厲疾，《五行傳》有禦六厲之禮。禮，天子立七祀，有大厲；諸侯立五祀，有國厲。欲以安鬼神、弭其害也。子產立良止，使祀伯有以弭害，乃《禮》與《洪範》之事也。子所不語怪力亂神，謂虛陳靈象，於今無驗也。伯有爲厲鬼，著明若此，而何不語乎？子產固爲衆愚將惑，故并立公孫洩，云「從政有所反之以取媚也」。孔子曰：「民可使由之，不可使知之。」子產達于此也。正義。

十八年傳：「夏五月，火始昏見。丙子，風。梓慎曰：'是謂融風，火之始也。七日，其火作乎？'戊寅，風甚。壬午，大甚。宋、衞、陳、鄭皆火。梓慎登大庭氏之庫以望之，曰：'宋、衞、陳、鄭也。'數日皆來告火。」【膏肓云】宋、衞、陳、鄭去魯皆數千里，謂登高以見其火，豈實事哉？正義。

【箋云】孔子登泰山見吳門之白馬，離婁覩千里之豪末。梓慎既非常人，何知不見數百里之煙火？孔子在陳，知桓僖災者，豈復望見之乎？若見火知災，則人皆知之矣，何貴乎梓慎？《左氏傳》而編記之哉？且四國云魯纔數百里，而何休云數千里，雖意欲其遠，亦虛妄之極。梓慎所望自當有以知之,不知見何氣知其災也。正義引劉炫云"玄卿以爲孔子登泰山"云云,"玄卿"當指康成。

二十六年傳:"昔先王之命曰:'王后無適,則擇立長。年鈞以德,德鈞以卜。'王不立愛,公卿無私,古之制也。"【膏肓云】休以爲《春秋》之義三代異,建適勝,別貴賤,有姪娣以廣親疏。立適以長不以賢,立子以貴不以長。王后無適,明尊之敬之。義無所卜筮,不以賢者,人狀難別,嫌有所私,故絕其怨望,防其覬覦。今如《左氏》言:"年鈞以德,德鈞以卜。"《左傳正義》脫"休以爲"至"以卜"八十五字。君之所賢,人必從之,《左傳正義》"君之"作"人君","人必"作"下必"。焉能使王不立愛也。豈復有卜?若其以卜,《周禮疏》脫"若其以卜"四字。隱桓之禍,皆由是興,《禮記正義》"之禍"作"以禍","是興"作"此作"。乃曰古制,不亦謬哉?《禮記正義》作"固亦謬矣"。《左傳正義》脫"豈復"至"謬矣"二十四字。又,大夫不世,如并爲公卿,通繼世之禮。《左傳正義》"大夫"上無"又"字,"世"下有"功"字,"如"作"而",無"之禮"二字。《左氏》爲短。

【箴云】立適以長不以賢,固立長矣。《周禮疏》無"以長不以賢"五字,"立"作"以"。無適而立子以貴不以長,固立貴矣。《禮記正義》脫"無適而"三字,"立"作"以"。《周禮疏》無"以貴不以長"五字。若長鈞貴鈞,何以別之,故須卜。禮有詢立君、卜立君,是有卜也。《周禮疏》脫"若長鈞貴鈞"至"是有卜也"二十四字。今言無適則擇立長,謂貴鈞始立長,王不得立愛之法。年均,則會群臣、群吏、萬民而詢之。有司以序進而問。"立適以長"至"序進而問",《左傳正義》脫載。《周禮》:"小司寇掌外朝之政,以致萬民而詢焉。"其三曰"詢立君"。其位,王南鄉,三公及州長、百姓北面,群臣西面,群吏東面。小司寇以序進而問焉。如此,則大衆之口《周禮疏》"口"作"中"。非君所能掩,是王不得立愛之法也。《禮》有"詢立君",示義在此。短之言謬,失《春秋》興禮之義矣。《左傳正義》脫"禮有詢立君"至"之義矣"二十一字。公卿之世有大功德,先王命所不絕者,《周禮疏》"世"下有"立者"二字,無"大"字,"先王"下有"之"字,"命"下有"有"字,"絕"誤"犯",無"者"字。《詩正義》"有"作"立","先王"下亦有"之"字,"命"下亦有"有"字。是大功特命則得世位也。《左傳正義》《周禮疏》均無此句。正義、《周禮·春官·大卜》疏、《禮記·檀弓》正義、《詩·文王》正義。

《釋穀梁廢疾》

隱公

元年："天王使宰咺來歸惠公仲子之賵。"《廢疾》闕。

【釋云】平王新有幽王之亂，遷于成周，欲崇禮于諸侯。原情免之，若無事而晚者，去"來"以譏之，榮叔是也。《禮記·雜記》正義。

傳："仲子者何？惠公之母，孝公之妾也。"《廢疾》闕。

【釋云】若仲子是桓之母，桓未爲君，則是惠公之妾，天王何以賵之？則惠公之母亦爲仲子也。疏。

公子益師卒。傳："大夫日卒，正也；不日卒，惡也。"【廢疾云】《公羊》以爲日與不日爲遠近異辭。若《穀梁》云"益師惡而不日"，則公子牙及季孫意如何以書日乎？

【釋曰】公子牙，莊公弟。不書弟，則惡明也，故不假去日。季孫意如，則定公所不惡，故亦書日。疏。

五年傳："苞人民，毆牛馬，曰侵。斬樹木，壞官室，曰伐。"【廢疾云】廄焚，孔子曰："傷人乎？"不問馬。今《穀梁》以苞人民爲輕，斬樹木、壞官室爲重，是理道之不通也。

【釋曰】苞人民、毆牛馬，兵去則可以歸還。其爲壞官室、斬樹木，則樹木斷不復生，官室壞不自成。爲毒害更重也。疏。

桓公四年傳："四時之田皆爲宗廟之事也，春曰田，夏曰苗，秋曰蒐，冬曰狩。"【廢疾云】《運斗樞》曰："夏不田。"《穀梁》有夏田，於義爲短。

【釋云】四時皆田，夏殷之禮。《詩》云："之子于苗，選徒囂囂。"夏田明矣。孔子雖有聖德，不敢顯然改先王之法以教授于世。若其所欲改，具陰書於緯，藏之以傳後王。《穀梁》四時田者，近孔子故也。《公羊》正當六國之亡，讖緯見讀，而傳爲三時田。作傳有先後，雖異不足以斷《穀梁》也。

八年傳："遂，繼事之辭也。其曰遂，逆王后，故略之也。或曰天子無外，王命之則成矣。"《廢疾》闕。

【釋云】大姒之家，在郃之陽，在渭之涘。文王親迎于渭，即天子親迎之明文矣。天子雖尊，其于后，猶夫婦。夫婦配合，禮同一體，所謂無敵，豈施此哉？《禮記》哀公問曰："冕而親迎，不已重乎？"孔子愀然作色而對曰："合二姓之好，以繼先聖之後，以爲天地、宗廟、社稷之主，君何謂已重焉？"此言親迎，繼先聖之後，爲天地、宗廟、社稷之主，非天子則誰？集解。

十三年傳："其不地，于紀也。"【廢疾云】春秋戰，無不地，即于紀戰，無爲不地也。

【釋云】紀當爲已，謂在魯也，字之誤耳。時在龍門，城下之戰，迫近，故不地。集解。

莊公

四年傳："不言滅而曰大去其國者，不使小人加乎君子。"【廢疾云】《春秋》："楚世子商臣弒其君，其後滅江、六。"不言大去，又大去者，於齊滅之不明。但知不使小人加乎君子，而不言滅，縱失襄公之惡，反爲大去也。

【釋云】商臣弒其父，大惡也，不得但爲小人。江、六之君又無紀侯得民之賢，不得變滅言大去也。元年冬，齊師遷紀；三年，紀季以酅入於齊。今紀侯大去其國，是足起齊滅之矣。即以變滅言大去，爲縱釋襄公之惡。是乃經也，非傳也。且《春秋》因事見義，舍此以滅人，爲罪者自多矣。集解。

六年傳："王人，卑者也。稱名，貴之也。"【廢疾云】稱子，則非名也。

【釋云】王人，賤者，錄則名可。今以其銜命救衛，故貴之。貴之則子突爲字，可知明矣。此名當爲字誤耳。集解。

九年傳："公伐齊納糾，當可納而不納。齊變而後伐，故乾時之戰不諱敗，惡内也。"【廢疾云】三年，溺會齊師伐衛，故貶而名之。四年，公及齊人狩于郜，故卑之曰人。今親納讎子，反惡其晚，恩義相違，莫此之甚。

【釋云】於讎不復，則怨不釋，而魯釋怨。屢會仇讎，一貶其臣，一卑其君，亦足以責魯臣子。其餘則同，不復譏也。至於伐齊納糾，譏當可納而不納爾。此自正義不相反也。集解。

十八年傳:"不言日,不言朔,夜食也。何以知其夜食也?曰王者朝日。"【廢疾云】《春秋》不言月食日者,以其無形,故闕疑。其夜食,何緣書乎?

【釋云】一日一夜合爲一日。今朔日,日始出,其食有虧傷之處未復。故知此自以夜食,夜食則亦屬前月之晦。故穀梁子不以爲疑。集解。

二十三年傳:"祭叔來聘,不正其外交,故不與使也。"【廢疾云】南季、宰渠伯糾、家父、宰周公來聘,皆稱使,獨於此奪之,何也?

【釋云】諸稱使者是奉王命,其人無自來之意。今祭叔有二心於王,而欲外交,不得王命來,故去使以見之。集解。

三十二年:"秋七月癸巳,公子牙卒。"【廢疾云】傳例,大夫不日卒,惡也。牙與慶父共淫哀姜,謀殺子般,而日卒,何也?

【釋云】牙,莊公母弟。不言弟,其惡已見,不待去日矣。集解。

僖公

九年傳:"九月戊辰,諸侯盟於葵邱,桓盟不日,此何以日?美之也。"【廢疾云】即日爲美,其不日皆爲惡也。桓公之盟不日,皆爲惡邪?莊十三年,柯之盟不日,爲信。至此日以爲美,義相反也。

【釋云】柯之盟不日,固始信之。自其後盟,以不日爲平文。從陽穀以來,至此葵邱之盟,皆令諸侯以天子之禁。桓德極而將衰,故備日以美之。自此不復盟矣。集解。

十一年傳:"雩得雨曰雩,不得雨曰旱。"【廢疾云】《公羊》書雩者,善人君應變求索。不雩,則言旱。旱而不害物,言不雨也。就如《穀梁》設本不雩,何以明之?如以不雨明之,設旱而不害物,何以別乎?

【釋云】雩者,夏祈穀實之禮也,旱亦用焉。得雨書雩,明雩有益;不得雨書旱,明旱災成,後得雨無及也。國君而遭旱,雖有不憂民事者,何乃廢禮本不雩禱哉?顧不能致精誠也。旱而不害物,故以久不雨別之。文二年、十三年"自十有二月""自正月""不雨至於秋七月"是也。《穀梁傳》曰:"歷時而言,不雨,文不閔雨也。"以文不憂雨,故不如僖時。書不雨,文所以不閔雨者,素無志於民。性退弱而不明,又見時久不雨而無災耳。集解。

十三年傳："兵車之會也。"《廢疾》闕。

【釋云】自柯之明年，葵邱以前，去貫與陽穀固已九合矣。莊二十七年疏。

十四年傳："諸侯城緣陵，諸侯城，有散辭也，桓德衰矣。"【廢疾云】案先是盟亦言諸侯，非散也。又《穀梁》美九年，諸侯盟于葵邱。即散，何以美之耶？

【釋云】九年，公會宰周公、齊侯、宋子、衛侯、鄭伯、許男、曹伯于葵邱。九月戊辰，盟于葵邱。時諸侯初在會，未有歸者，故可以不序。今此十三年夏，公會齊侯、宋公、陳侯、衛侯、鄭伯、許男、曹伯于鹹。而冬公子友如齊，此聘也。書聘，則會固前已歸矣。今云諸侯城緣陵而不序其人，明其散。桓德衰矣，葵邱之事安得以難此？集解。

十八年："宋師及齊師戰于甗。"傳："戰不言伐，客不言及。言及，惡宋也。"【廢疾云】戰言及者，所以別客主直不直也。故文十三年晉人、秦人戰于河曲，兩不直，故不云及。今宋言及，明直在宋，非所以惡宋也。即言及爲惡，是河曲之戰爲兩善乎？又《穀梁》以河曲不言及略之也，則自相反矣。

【釋云】及者，別異客主耳，不施於直與不直也。直不直自在事而已，義兵則客直，宣十二年夏，"晉荀林父帥師及楚子戰于邲，晉師敗績"是也。兵不義則主人直，莊二十八年春，"衛人及齊人戰，衛人敗績"是也。今齊桓卒，未葬，宋襄欲興霸事而伐喪，於禮尤反。故反其文以宋及齊，即實以宋及齊，明直在宋。邲之戰直在楚，不以楚及晉，何邪？秦晉戰于河曲，不言及，疾其亟戰爭舉兵，故略其先後。集解。

邢人、狄人伐衛，伐衛所以救齊也。【廢疾云】即伐衛救齊，當兩舉，如伐楚救江矣。又傳以爲江遠楚近，故伐楚救江。今狄亦近衛而遠齊，其事一也，義異何也？

【釋云】文三年冬，晉陽處父帥師伐楚救江。兩舉之者，以晉未有救江文，故明言之。今此春，宋公、曹伯、衛人、邾人伐齊；夏，狄救齊；冬，邢人、狄人伐衛。爲其救齊可知，故省文耳。事同義又何異？集解。

二十一年傳："公會諸侯盟于薄，釋宋公。不言楚，不與楚專釋也。"【廢疾云】《春秋》以執之爲罪，不以釋之爲罪。責楚子專釋，非其理也。《公羊》以爲公會諸侯釋之，故不復出楚耳。

【釋云】不與楚專釋者，非以責之也。傳云外釋不志，此其志何也？

以公之與之盟目之也。言公與諸侯盟而釋宋公，公有功焉。與《公羊》義無違錯。集解。

二十二年傳："宋公及楚人戰于泓，宋師敗績，衆敗而身傷焉。"【廢疾云】即宋公身傷，當言公不當言師，成十六年，"楚子敗績"是也。又成十六年傳曰："不言師，君重于師也。"即成十六年是，二十二年虛言也；即二十二年是，十六年非也。

【釋云】傳説"楚子敗績"，曰"四體偏斷"，此則目也。此言君之目與手足有破斷者，乃爲敗矣。今宋襄公身傷耳，尚持鼓，軍事無所害，而師猶敗，故不言宋公敗績也。傳所以言敗，此字訓當爲見，蓋傳文也。衆敗身傷焉者，疾其信而不道，以取大辱。集解。

二十三年傳："宋公茲父卒，不能葬，何也？失民也。其失民何也？以其不教民戰，則是棄其師也。"【廢疾云】所謂教民戰者，習之也。《春秋》貴偏戰而惡詐戰。宋襄公所以敗于泓者，守禮偏戰也，非不教其民也。孔子曰："君子去仁，惡乎成名？造次必於是，顛沛必於是。"未有守正以敗而惡之也。《公羊》似爲不書葬，爲襄公諱。背殯出會，所以美其有承齊桓尊周室之美志。

【釋云】教民習戰而不用，是亦不教也。詐戰謂不期也。既期矣，當觀敵爲策。① 倍則攻，敵則戰，少則守。今宋襄公于泓之戰違之，又不用其臣之謀而敗。故徒善不用賢良，不足以興霸主之功；徒信此字本誤作"言"，茲據《箋膏肓》改。不知權譎之謀，不足以交鄰國，會遠疆。故《易》譏鼎折足，《詩》刺不用良。集解。

二十五年傳："宋殺其大夫。其不稱名姓，以其在祖之位，尊之也。"【廢疾云】曹殺其大夫亦不稱名姓，豈可復以爲祖乎？

【釋云】宋之大夫盡名姓。禮，公族有罪，刑于甸師氏，不與國人，慮兄弟也，所以尊異之。孔子之祖孔父累於宋殤公而死，今骨肉在其位而見殺，故尊之，隱而不忍稱名氏。若罪大者名之而已，使若異姓然，此乃祖之疏也。疏云："古本或作'禮之疏'。"曹殺其大夫，自以無大夫，不稱名氏耳。《春秋》辭同事異者甚多。隱去即位以見讓，莊去即位爲繼弑，是復可以此例非之乎？集解。

楚人圍陳，納頓子于頓，蓋納頓子者，陳也。【廢疾云】休以爲即陳

---

① "策"，《龍龕手鑒》"笧"爲"策"的俗字。

納之當舉陳，何以不言陳？

【釋云】納頓子固宜爲楚也，穀梁子見經云"楚人圍陳，納頓子于頓"，有似晉陽處父伐楚救江之文，故云蓋陳也。疏。

二十七年傳："其人諸侯，何也？不正其信，夷狄而伐中國也。"【廢疾云】哀元年，楚子、陳侯、隨侯、許男圍蔡。不稱人，明不以此故也。

【釋云】時晉文爲賢伯，故譏諸侯不從而信夷狄也。哀元年，時無賢伯，又何據而當貶之耶？集解。

三十年傳："以尊遂乎卑，此言不敢叛京師也。"【廢疾云】大夫無遂事。案，襄十二年，季孫宿救台，遂入鄆，惡季孫不受命而入也。如公子遂受命，如晉不當言遂。

【釋云】遂固受命如京師如晉，不專受命于周。《經》近上言，天王使宰周公來聘，故公子遂報焉。因聘于晉，尊周，不敢使並命。使若公子遂自往，然即云"公子遂如京師如晉"，是同周于諸侯，叛而不尊天子也。《公羊傳》有"美惡不嫌同辭"，何獨不廣之于此乎？集解。

文公

三年傳："茅茨盡矣，著于上，見于下，謂之雨。"【廢疾云】蟁猶衆也。死而隊者，衆宋群臣相殘害也。休《公羊傳注》作"衆死而隊者，群臣將爭疆相殘害之象"。是後大臣比爭鬬相殺，司城驚逃，子哀奔亡，國家廓然無人，朝廷久空，蓋由三世內娶貴近妃族，禍自疏於"是後"至此作"云云"，依《公羊注》補。上下，《公羊注》有"故"字。異之云爾。今《穀梁》直云"茅茨盡矣，著于上，見于下，謂之雨"，與讖違，是爲短。

【釋云】《穀梁》意亦以宋德薄，後將有禍，故蟁飛在上，隊地而死。言"茅茨盡"者，著甚之，驗于讖，何錯之有乎？疏。

五年傳："其不言來，不周事之用也。賵以早而含以晚。"【廢疾云】四年，夫人風氏薨；九年，秦人來歸僖公成風之襚，最晚矣。何以言來？

【釋云】天子于二王后之喪，含爲先，襚次之，賵次之。於諸侯，含之，賵之。小君亦如之。于諸侯之臣，襚之，賵之。其諸侯相於，如天子于二王之后；于卿大夫，如天子于諸侯；于士，如天子于諸侯之臣。京師去魯千里，王室無事，三月乃含，故不言來以譏之。秦自敗于殽之後，與晉爲讎，兵無休時，乃始免穆公之喪而來。君子原情不責晚。疏。

八年傳："司馬，官也。其以官稱，無君之辭也。"【廢疾云】近上七年，宋公王臣卒，宋人殺其大夫，不言官。今此在三年中言官，義相違。

【釋云】七年，殺其大夫，此實無君也。今殺其司馬，無人君之德耳。司馬、司城，君之爪牙，守國之臣，乃殺其司馬，奔其司城，無道之甚。故稱官以見輕慢也。傳例，稱人以殺，殺有罪也。此上下俱失之。集解引至此，止疏作"亦爲上下俱失"。罪臣以權寵逼君，故稱人以殺君。君以非理殺臣，故著言司馬。不稱名者，以其世在祖之世尊，亦與僖二十五年宋殺其大夫同。疏。

宣公

二年傳："以三軍敵華元。華元雖獲，不病矣。"【廢疾云】書獲，生獲也。如欲不病華元，當有變文。

【釋云】將帥見獲，師敗可知，不當復書師敗績。此兩言之者，明宋師懼華元見獲，皆竭力以救之，無奈不勝敵耳。華元有賢行，得衆如是。雖師敗身獲，適明其美，不傷賢行。今兩書敗獲，非變文如何？集解。

八年經："有事于太廟。"《廢疾》闕。

【釋云】宣八年六月，有事于太廟。禘而云有事者，雖爲卿佐，卒張本而書有事。其實當時有用七月而禘，因宣公六月而禘，得禮，故變文言有事。《春秋》因事變文，見其得正也。《禮記·雜記》正義。

傳："葬既有日，不爲雨止，禮也。"《廢疾》闕。

【釋云】雖庶人葬，爲雨止。《公羊》說卿大夫臣賤，不能以雨止。此等之說，則在廟未發之時，庶人及卿大夫亦得爲雨止。若其已發，在路及葬則不爲雨止。其人君在廟及在路及葬，皆爲雨止。《禮記·雜記》正義。

十年傳："崔氏出奔衛氏者，舉族而出之辭也。"【廢疾云】氏者，譏世卿也。即稱氏爲舉族而出，尹氏卒，寧可復以爲舉族死乎？"

【釋云】云舉族死，是何妖問甚乎！"舉族而出之之辭"者，固譏世卿也。崔杼以世卿專權，齊人惡其族，令出奔。既不欲其身反，又不欲國立其宗後。故孔子順而書之曰"崔氏出奔衛"，若其舉族盡去之爾。集解。

成公

七年傳："冬大雩，冬無爲雩也。"《廢疾》闕。

【釋云】冬及春夏。案，《春秋說·考異郵》，三時唯有禱禮，無雩祭之事。唯四月龍星見，始有常雩耳。故因載其禱請山川辭云："古今天旱，野無生嫁，寡人當死，百姓何依？不敢煩民請命，願撫萬民，以身塞無狀。"疏。

襄公

十九年傳："晉士匄帥師侵齊，至穀聞齊侯卒，乃還。還者，事未畢之辭也。受命而誅，生死無所加其怒。不伐喪，善之也。善之則何爲未畢也。君不尸小事，臣不專大名。"【廢疾云】君子不求備於一人，士匄不伐喪，純善矣。何以復責其專大功也？

【釋云】士匄不伐喪，則善矣。然于善則稱君，禮仍未備。故言乃還，不言乃復，作未畢之辭。還者致辭，復者反命。疏。

二十年："陳侯之弟光出奔楚。"《廢疾》闕。

【釋云】惡陳侯也。疏。

二十七年："衛侯之弟專出奔晉。"傳："專之去，合乎《春秋》。"【廢疾云】甯喜本弒君之家，獻公過而殺之，小負也。專以君之小負自絕，非大義也，何以合乎《春秋》？

【釋云】甯喜雖弒君之家，本專與約納獻公爾。公由喜得入，已與喜以君臣從事矣。《春秋》撥亂，重盟約。今獻公背之而殺忠于己者，是獻公惡而難親也。獻公既惡而難親，專又與喜爲黨，懼禍將及，"君子見幾而作，不俟終日"，微子去紂，孔子以爲三仁。專之去衛，其心若此，合于《春秋》不亦宜乎？集解。

三十年傳："夏四月，蔡世子般弒其君固。其不日，子奪父政，是謂夷之。"【廢疾云】蔡世子般弒其君，固不日，謂之夷。楚世子商臣弒其君，何以反書日邪？

【釋云】商臣弒父日之，嫌夷狄無禮，罪輕也。今蔡，中國而又弒父，故不日之。若夷狄，不足責。然《公羊》有若不疾乃疾之，推以況此，則無怪然。疏。

昭公

十一年傳："執蔡世子友。其曰世子，何也？不與楚殺也。"【廢疾云】即不與楚殺，當貶楚爾，何故反貶蔡稱世子邪？

【釋云】滅蔡者，楚子也，而稱師固已貶矣。楚子思啓封疆而貪蔡，誘殺蔡侯般，冬而滅蔡，殺友。惡其淫，放其志，殺蔡國二君以取其國，故變子言世子，使若不得其君然。集解。

十二年傳："晉伐鮮虞。其曰晉，狄之也。其狄之何也？不正。其與夷狄交，伐中國。"【廢疾云】《春秋》多與夷狄竝伐，何以不狄也？

【釋云】晉不見因會以綏諸夏，而伐同姓，貶之可也。狄之大重，晉爲厥愁之會，實謀救蔡。以八國之師而不救，楚終滅蔡。今又伐徐，晉不糾合諸侯以遂前志，舍而伐鮮虞，是楚而不如也，故狄稱之焉。集解。

定公

十二年傳："叔孫州仇帥帥墜郈。墜猶取也。"【廢疾云】當言取，不言墮。

【釋云】實壞耳，無取於訓詁。疏。

哀公

六年傳："齊陽生入于齊，齊陳乞弒其君荼。以陳乞主之，何也？不以陽生君荼也。陽生其以國氏，何也？取國於荼也。"【廢疾云】即不使陽生以荼爲君，不當去"公子"，見當國也。又，《穀梁》以爲國氏者取國於荼，齊小白又不取國于子糾，無乃近自相反乎？

【釋云】陽生篡國，故不言公子。不使君荼，謂書陳乞弒君爾。荼與小白其事相似，荼弒乃後立，小白立乃後弒。雖然俱篡國，而受國焉爾。傳曰"齊小白入于齊"，惡之也。陽生其以國氏，何取國于荼也？義適互相足，又何自反乎？子糾宜立而小白篡之，非受國于子糾，則將誰乎？集解。

附：凡四條，見范氏集解。但云"鄭君曰"，而不云何休之難，且不言釋，未即爲《釋廢疾》與，抑《駁異義》與？姑附以俟更考。

衆星列宿，諸侯之象不見者，是諸侯棄天子禮義法度也。《莊七年》恆星不見。集解。

會爲大事，伐爲小事。今齊桓伐楚而後盟于召陵，公當致會而致伐者，楚强，莫能伐者，故以伐楚爲大事。僖四年"公至自伐楚"。集解。

伐而致會，於伐事不成。口十六年，公至自會。集解。

蒯聵欲殺母，靈公廢之，是也。若君薨有反國之道，當稱子某，如齊子糾也。今稱世子，如君存，是《春秋》不與蒯聵得反立明矣。哀二年"晉納衛世子蒯聵"。集解。

《發公羊墨守》

隱公

元年傳："君之始年也。"【墨守云】君者，臣之天也。《文選·陸機〈謝平原內史表〉》注。

《發》闕。

故凡隱之立，爲桓立也。《墨守》闕。

【發云】隱爲攝位，周公爲攝政，俱相幼君，攝位與攝政異也。《禮記·明堂位》正義。

三年："八月庚辰，宋公和卒。"《墨守》闕。

【發云】六年制禮作樂，封殷之後，稱公於宋。《禮記·樂記》正義。

桓公

十一年傳："古者鄭國處于留。先鄭伯有善于鄶公者，通乎夫人以取其國，而遷鄭焉，而野留。莊公死，已葬，蔡仲將往省于留。塗出于宋，宋人執之。"《墨守》闕。

【發云】鄭始封君曰桓公者，周宣王之母弟。國在宗周畿內，今京兆鄭縣是也。桓公生武公，武公生莊公。此句衍。遷易東周畿內，案：《詩鄭譜》正義引《發墨守》云："桓公國在宗周畿內，武公遷居東周畿內。'遷易'之'易'當作'居'。"國在虢鄶之間，今河南新鄭是也。武公生莊公，因其國焉。留乃在陳宋之東，鄭受封至此適三世，安得古者鄭國處於留、祭仲將往省留之事乎？《周禮·大司徒》疏。

僖公

二十四年傳："王者無外，此其言出何？不能乎母也。"《墨守》闕。案：休注云："不能事母，罪莫大於不孝，故絕之言出也。下無廢上之義，得絕之者，明母得廢之，臣下得從母令。"此可補《墨守》之闕。

【發云】聖人制法必因其事，非虛加之。《孟子》曰："夫人必自侮，而後人侮之；家必自毀，而後人毀之；國必自伐，而後人伐之。"今襄王實不能孝道，稱惠后之心，令其寵專於子，失教而亂作，出居於鄭，自絕於周，故孔子因其自絕而書之。《公羊》以"母得廢之"，則《左氏》已死矣。疏。案：《左傳》云："王曰：'先后其謂我何？'"已死，當指惠后。失教而亂作，自絕於周。從《左氏》。疏又引此，"失教"二句重出。

成公

六年二月辛巳，立武宮。武宮者何？武公之宮也。立者何？不宜立也。《墨守》闕。案：休注云："立武宮者，蓋時衰多廢人事，而好求福於鬼神，故重而書之。"此亦即《墨守》之義。

【發云】孝子祭祀，惟致其誠信與其忠敬而已，不求其爲而祀尸嘏。主人曰："皇，司命工祝，承致多福無疆，于女孝孫；來女孝孫，使女受福于天，宜稼于田。眉壽萬年，勿替引之。若此祭祀，內盡己心，外亦有祈福之義也。"《禮記·禮器》正義。

皮錫瑞疏證鄭著《春秋》類成果點校[①]

《發墨守疏證》

隱公

元年傳：君之始年也。
【墨守】君者，臣之天也。《文選·陸機〈謝平原内史表〉》注。
【發】闕。
【疏證曰】鄭義無考。《文選注》引《墨守》不全，並無以知何君之義。案：《公羊解詁》曰："不言公，言君之始年者，王者諸侯皆稱君，所以通其義於王者，惟王者然後改元立號。《春秋》托新王受命於魯，故因以錄即位，明王者當繼天奉元，養成萬物。"據何君以《公羊》稱君爲"通其義於王者"，以著托王於魯之旨，《墨守》之義當亦如是。鄭君或用《左氏》《穀梁》，而不從《公羊》托王於魯之説，故以此發《墨守》與。

爲桓立也。
《墨守》闕。
【發】隱爲攝位，周公爲攝政，雖俱相幼君，攝位與攝政異也。《禮記·明堂位》疏。袁氏考證曰："《左傳·隱元年》疏云：'周公攝政，仍以成王爲主，直攝其政事而已，所有大事稟王命以行之，致政之後乃死，故卒稱薨，不稱崩。隱公所攝，則位亦攝之，以桓爲太子，所有大事皆專命以行，攝位被殺，在君位而死，故生稱公，死稱薨，是與周公異也。'

[①] 湖南思賢書局光緒二十五年（1899）己亥初刻本。

足以發明鄭攝位、攝政之義，附録於此。"

【疏證曰】此條《墨守》不傳，《禮疏》引鄭義亦不備。《禮記》鄭注曰："周公攝王位，以明堂之禮儀朝諸侯也，不於宗廟，辟王也。天子，周公也。負之言背也。斧依，爲斧文屏風於户牖之間，周公於前立焉""朝之禮不於此，周公權用之也。"正義曰："周公攝王位者，攝，代也。以成王年幼，周公代之居位，故云'攝王位'。然周公攝位而死稱薨，不云崩；魯隱公攝諸侯之位而稱薨，同正諸侯者。"引鄭《箴膏肓》云云、《發墨守》云云。又曰："以周公朝諸侯，居天子位，故云'天子，周公也'。故《大誥》云'王若曰'，鄭云：'王謂周公，居攝，命大事，則權稱王也。'王肅以爲稱成王命，故稱王，與鄭異也。王肅以《家語》之文'武王崩，成王年三十'，鄭康成用衛宏之説'武王崩時，成王年十歲'，與王肅異也。"林兆豐引正義而申鄭曰："《明堂位》'周公朝諸侯於明堂之位'，鄭注'周公攝王位'，及至《周禮·天官序》注乃以'惟王建國'指成王居雒邑言者，《大誥》《明堂位》記周公事，非周公所手定，獨《周禮》爲周公所手定。《禮記·文王世子》：'仲尼曰：周公攝政，踐阼而治。'孔子知周公微意，作《周禮》，致政成王，退就臣位，僅自居於攝政，較之魯隱公攝位，自是不同。鄭君《箴膏肓》《發墨守》已申其説。再證以《漢·霍光傳》'上使畫周公負成王朝諸侯以賜光'，王肅僞《家語·觀周》明堂'有周公相成王，抱之負斧扆，南面以朝諸侯之圖'。《明堂位》鄭注：'以明堂之禮儀朝諸侯，不於宗廟，辟王也。'周公依明堂禮朝諸侯以辟王，其不自以爲攝位可知。《晉·輿服志》：'荷紫，以生紫爲袷囊，綴之服外，加於左肩。周遷云：昔周公負成王，制此衣。'《論衡·書虛》：'説《尚書》者曰：周公居攝，帶天子之綬，戴天子之冠，負扆南面而朝諸侯。'周公雖用天子冕服朝諸侯，猶別制肩囊以負成王，其自以爲終將致政、退居臣位又可知。此周公作《周禮》首言惟王建國，鄭注所以指成王居雒邑言也。若《尚書·大誥》是《周禮》之文，《明堂位》元亦作記者，依據周史所記《尚書》之文，率皆據事直書，未達周公微意。《周易·大有》集解引鄭注'周公攝政，朝諸侯於明堂'，止言攝政，不言攝位。至《箴膏肓》《發墨守》又據孔子之言爲折衷，周公攝政，非攝位，實由鄭君論定而微意始顯。其注《明堂位》則云'攝王位'者，因《明堂位》篇中具有'周公踐天子之位'明文，彼篇首

'周公朝諸侯於明堂之位',非攝王位而何?注《大誥》則云'權稱王'者,因《大誥》有云'洪惟我幼沖人',周公稱成王爲沖人,又繼之云'予惟小子',與《金縢》云'予小子',皆周公自稱爲小子。《大誥》爲周公自命,不得爲稱成王命,且《康誥》又有'王若曰朕其弟',設改爲稱成王命,則語氣尤屬窒礙。此《明堂位》鄭注'攝王位',《大誥》鄭注'權稱王',乃順《明堂位》《大誥》之文以釋義,不得與《周禮》'惟王建國'爲例也。"錫瑞案:鄭注《明堂位》以周公爲攝王位,與此云"周公爲攝政"小有不合。林氏疏通兩説以申鄭義,晰矣,而引《漢書》《家語》、晉隋《志》以申鄭,則與鄭義不符。孔疏明引鄭説"武王崩時,成王年十歲",《文王世子》疏又詳引鄭《尚書注》曰:"武王崩時,成王年十歲,服喪三年畢,成王年十二。明年將踐阼,周公欲代之攝政,群叔流言,周公辟之,居東都,時成王年十三也。居東二年,成王收捕周公之屬黨,時成王年十四也。明年秋大熟,遭雷風之變。時周公居東三年,成王年十五,迎周公反,而居攝之元年也。居攝四年,封康叔,作《康誥》,是成王年十八也。故《書傳》云:'天子太子十八稱孟侯。'"據鄭説,以爲周公居攝,成王年已十五,蓋即《異義》所引古《尚書》説而小變之。鄭引《書傳》"天子太子十八稱孟侯"以解《康誥》,則伏生今文説亦與古文説無大異,而伏《傳》《史記》《大戴禮》又有"成王幼在襁褓"之文。盧辨注《大戴禮》曰:"武王崩,成王十有三年,而云'在襁褓之中',言其小。"案:盧云成王十三,用古《尚書》説;云"言其小",立説最通。古人多形容已甚之辭,未可據爲實事。晉隋《志》云周公負成王制荷紫,蓋因"襁褓"之文傅會其説。《霍光傳》云"上使畫周公負成王",似亦因"負斧扆"之文而傅會之。武帝欲霍光輔少子,故亦甚言成王之小。《武梁祠畫象》:成王中立,右俛立者二人,云周公、魯公;左俛立者二人,無名。成王形略短小,如今十三四歲之人。是周公輔成王之時,王非在襁褓之明證。僞《家語》尤不可據。王肅注云:"世之博學者,謂周公便履天子之位,失之遠矣。"肅所云"博學",暗詆鄭君,豈知周公履天子位,周秦西漢皆有是説,並非鄭君創解。《家語》云云,安知非肅僞造?林氏引以申鄭,如鄭説"周公居攝,成王年已十五",豈有年十五者可加於左肩之上、負之以朝諸侯?其説不太近情,雖愚者亦知其叵通矣。然則欲申鄭攝政、攝位之義,當還以鄭注證之。鄭注《明堂位》云"不於宗廟,辟王",則周公雖攝王位，而成王故在也。注《大誥》云"命大事，權稱王"，云"權稱"，則非常稱可知。《大誥》篇首云"洪惟我幼沖人，嗣無疆大歷服"，則周公雖權稱王，未嘗不首舉成王也。若隱公奉桓公爲太子，未聞辟桓公，亦未聞舉桓公爲辭，此其不及周公之處。故鄭君分別隱爲攝位，周公爲攝政，雖俱相幼君而有異。又周公七年致政，隱公十一年未嘗致政，此又隱與周公之不同者。此條當與《箴膏肓》云"周公歸政，就臣位乃死，隱公見死於君位"云云，互相發明，互見《箴膏肓疏證》。

三年經：宋公和卒。

《墨守》闕。袁氏考證曰："休注云'宋稱公者，殷后也。王者封二王后，地方百里，爵稱公，客待之而不臣也'，當即《墨守》之義。"

【發】六年制禮作樂，封殷之后，稱公於宋。《禮記·樂記》疏。

【疏證曰】此條《墨守》不傳，《禮疏》引鄭義亦不備。《樂記》"投殷之后於宋"，鄭注曰："投，舉徙之辭也。時武王封紂子武庚於殷墟，所徙者，微子也，后周公更封而大之。"正義曰："云'投，舉徙之詞也'者，以武王之時，封紂子武庚於殷墟。初克紂，微子復其故位，《左傳》云'武王親釋其縛，使復其所'是也。而暨時復所，武王即徙而居宋也，故云'所徙者，微子也'。云'後周公更封而大之'者，以武庚於周公居攝之時作亂被滅，周公因封微子，先在於宋，更封而大之者，按《書序》云：'成王既黜殷命，命微子啓作《微子之命》。'其實封爲五百里，在制禮之後，故《發墨守》云云。"錫瑞案：鄭義與《解詁》亦無大異，而鄭發《墨守》者，鄭蓋以微子先徙於宋是一事，周公封微子是一事，制禮後封而大之又是一事。何君未詳其本末，故鄭難之耳。何云"地方百里"，是今文説。鄭以爲"方五百里"，是古文説。此今、古文之不能强合者，《發墨守》或亦以古文駁今文也。

桓公

十一年傳：古者鄭國處于留，先鄭伯有善於于鄶公者，通乎夫人以取其國，而遷鄭焉，而野留。莊公死已葬，祭仲將往省于留，塗出於宋，宋人執之。

《墨守》闕。

【發】鄭始封君曰桓公者，周宣王之母弟，國在宗周幾內，今京兆鄭縣是也。桓公生武公，遷居東周幾內，國在虢鄶之間，今河南新鄭是也。

武公生莊公，因其國焉。留乃在陳宋之東。鄭受封至此適三世，安得"古者鄭國處於留祭仲將往省留"之事乎？《周禮·大司徒》疏。袁氏考證曰："《詩·鄭譜》疏引'桓公國在宗周畿内，武公遷居東周畿内'二句，是遷東周者武公也。《周禮疏》所引於'桓公生武公'下衍'武公生莊公'一句，又譌'遷居'爲'遷易'，今並删正之。"

【疏證曰】《周禮》鄭注："《春秋傳》曰'遷鄭焉而鄶留'。"是鄭君所見《公羊傳》作"鄶"。疏引《發墨守》云云，曰"是鄭君不從《公羊》。引之者直取鄶所居爲義也，其鄭居留之事猶自不取也。"劉逢禄評曰："偃師武億云：鄭之説果信，以留在陳、宋之東，而使如所引'侵宋吕、留'屬彭城者，謂此足以實之，則其地之與虢、鄶相去幾千里，固宜其有足疑者。然以余考之，殆非也。《漢書·地理志》孟康注：'留，鄭邑也，後爲陳所并，故曰陳留。'《左氏》襄三十年：'伯有死於羊肆''既而葬諸斗城。'桓十四年：'宋人以諸侯伐鄭''伐東郊，取牛首。'今牛首及斗城其地並在陳留，而是地又居鄭東鄙，故意當時之留即在此，後遷鄭而留乃遂僻於遠爾。《鄭語》史伯對桓公：'若克二邑，鄢、蔽、補、冉、依、䣙、歷、莘，君之土也。'後'乃東寄帑與賄，虢、鄶受之，十邑皆有寄地'。蓋虢、鄶二君惛於欲而窮於利，貪鄭伯區區之餌，以奉其帑而居之，必先在十邑之内。而《晉太康地志》云：'陳留東北三十五里有莘城，爲古莘國。'以是推之，莘爲十邑之一，其十邑又皆有寄地，則鄭國之舊處于留，亦其帑先寄居於此耶？其後通乎夫人，以取其國而遷鄭，而鄭之東偏實與宋壤接而錯制焉，故祭仲將往省留，涂出於宋，爲宋所執，亦勢所必至也，尚何疑乎！莊述祖云：劉向《列女傳》以《大車》之詩爲息君夫人所作，本魯、韓《詩》説。鄭與息接竟，息無風，此詩及《丘中有麻》，三家蓋在《鄭風》。按：留子嗟父子即周王官大夫治留邑者，亦'古者鄭國處留'之證。而《毛詩序》以爲周莊王時，或亦劉歆等點竄古文家言以惑學士。留在莊王時已爲宋、鄭間地矣。"《公羊古義》云："桓公寄帑與賄有虢、鄶及十邑，幽王之亂，西京不守，當有處留之事。其後滅虢、鄶十邑而居新鄭，則以留爲邊鄙當在武公之時，故云'古者鄭國'，又云'先鄭伯'。《公羊》之言，正與《外傳》合，鄭氏不考而驟非之，過矣。"《讀書叢録》云："惠棟《古義》云《左傳》'侵宋吕、留'，後漢彭城有留縣，張良所封。按《漢書·地理志》'陳留郡陳留'，孟康曰：'留，鄭邑也，後爲陳所并，故曰陳留。'

鄭康成《發墨守》謂在陳、宋之東，非是。"阮氏元《鐘鼎欵識》有《留君簠二器説》云："古者鄭國處于留，周人有留子嗟、留子國，後爲劉康公、劉文公食采。此留君是坼内諸侯，招其名也。"《公羊義疏》曰："按：鄭伯所處之留，當是陳留，近宋之地，其劉康公、文公所食之采，應在東周坼内，其《詩》之留爲一。留君或是指東周坼内之留，蓋大夫於其私邑亦稱君也。《通義》云：留，東周都坼内地名，《詩》云'彼留之子'是也。按：孔氏亦誤以留爲《詩》之留，彼留宜在坼内，此留近宋之地，當以《漢書注》孟康説爲是。"錫瑞案：以上諸説皆足以證《公羊》之義，釋鄭君之疑。陳卓人謂留非《詩》之留，分別尤晰。然則考三家《詩》説者，欲以《丘中有麻》移入《鄭風》，引此"鄭伯處留"爲留子即是鄭伯之證，其説殆未可信據與？

僖公

二十四年傳：不能乎母也。

《墨守》：不能事母，罪莫大於不孝，故絶之言出也。下無廢上之義，得絶之者，明母得廢之，臣下得從母令。袁氏考證曰："此用休注補。"

【發】聖人制法必因其事，非虚加之。《孟子》曰："夫人必自侮，而後人侮之；家必自毁，而後人毁之；國必自伐，而後人伐之。"今襄王實不能孝道，稱惠后之心。今其寵專於子，失教而亂作，出居于鄭，自絶于周，故孔子因其自絶而書之。《公羊》以母得廢之，則《左氏》已死矣。從《左氏》。本疏。袁氏考證曰："'則《左氏》已死'句有脱譌。《左傳》云'先后其謂我何'，是其時惠后已死，此'《左氏》'下當有'説惠后'三字。疏又引'失教而亂作，自絶于周。從《左氏》'，'失教'二句重出，'從《左氏》'三字亦是鄭《發》。"錫瑞案：鄭君文極簡古，"則《左氏》已死矣"，"《左氏》"下省一"云"字，義亦可通，非必有譌脱。

【疏證曰】《公羊疏》曰："正以襄王之母於今仍在，亦非繼母，與《左氏》異也。"引鄭氏《發墨守》云云，曰："襄王正是惠后所生，非繼母。又云'失教而亂作，自絶于周'、'從《左氏》'，鄭氏雜用三家，不苟從一。"劉逢禄《公羊解詁箋》曰："按：據《左氏》事説經，此鄭君之學，不得以難何氏。但《公羊》引魯子之説，本存疑辭，意亦以爲

《春秋》得絕之，非云母得廢子，臣下得以母命廢天子也。歸人有三從之義，王子有行遯之權。貴戚且不得專廢置，而謂臣下得易位乎？稱母命廢立者，趙盾之私心，而霍光、王莽祖之以亂漢者也。《春秋》爲撥亂而作，豈反開亂賊之門乎？書'出居'者，猶'公孫於齊''居於鄆'之義，非謂意如得逐君也。穀梁子謂'失天下'，鄭君謂'因其自絕書之'，得矣。"《公羊義疏》曰："按：孟子言貴戚之卿得易位，果已犯絕，臣下何不可奉君母命廢之？若謂開後世亂賊之門，則丕、懿服堯、舜，卓、溫服伊尹，能歸咎於先聖乎！"錫瑞案：陳氏申《公羊》何氏説，守一家之學，存其説可以教孝；劉氏兼取《穀梁》與鄭説，張三從之義，存其説可爲後世臣子立防，似當以劉氏之説爲尤正矣。

成公

六年傳：武宫者何？武公之宫也。立者何？立者，不宜立也。立武宫，非禮也。

《墨守》闕。袁氏考證曰："休注云：'立武宫者，蓋時衰，多廢人事，而好求福於鬼神，故重而書之。'當即《墨守》之義。"

【發】孝子祭祀，雖致其誠信與其忠敬而已，不求其爲，而祝尸嘏主人曰："皇尸命工祝，承致多福無疆，于女孝孫，來女孝孫，使女受禄于天，宜稼于田，眉壽萬年，勿替引之。"若此祭祀，内盡己心，外亦有祈福之義也。《禮記·禮器》疏。袁本從許宗彥改"雖"作"惟"。錫瑞案："雖""唯"古通用，仍從注疏作"雖"。

【疏證曰】《禮器》："君子曰'祭祀不祈'。"鄭注曰："祈，求也。祭祀不爲求福也。《詩》云'自求多福'，福由己耳。"正義曰："凡祭祀之禮本爲感踐霜露思親，而宜設祭以存親耳，非爲就親祈福報也。"引《鄭志》答趙商問："祭祀不祈。商按，《周禮》設六祈之科禱攘而祭，無不祈，故敢問《禮記》者何義也？"鄭答云："祭祀常禮，以序孝敬之心，當專一其志而已。禱祈有爲言之，主於求福，豈禮之常也？'又鄭《發墨守》云云。"錫瑞案：《周禮》六祈固屬有爲言之，與尋常祭祀不同。若《儀禮》皇尸命祝，致福主人，明是尋常祭祀，故鄭《發墨守》以爲"内盡己心，外亦有祈福之義也"，而鄭注《禮記》與答趙商又以爲不求福，似與《發墨守》之義兩相妨矣，其實不相妨也。蓋《禮記》所云"祭祀不祈"者，所以見子孫專誠祭祀，並無邀福於祖考之意。《儀禮》所云

"命祝致福"者，所以見祖考歆享祭祀，實有欲福其子孫之心。夫言豈一端而已，夫各有所當也，豈必是此而非彼乎？云"雖致其誠信"，"雖"即"唯"字，古通用。《禮記·少儀》"唯有君賜"注，《雜記》"以喪冠者，雖三年之喪可也"注，皆云"雖，或爲唯"，是其證。許宗彥改"雖"爲"唯"，其義雖不失而未明於古書通叚之例也。

《箴膏肓疏證》

隱公

元年傳：不書即位，攝也。

【膏肓】古制，諸侯幼弱，天子命賢大夫輔相爲政，無攝代之義。昔周公居攝，死不記崩。今隱公生稱侯，死稱薨，何因得爲攝？且《公羊》以爲諸侯無攝。本疏。

【箴】周公歸政，就臣位乃死，何得記崩？隱公見死於君位，不稱薨云何？《禮記·明堂位》疏。《公羊》云："宋穆公云：'吾立乎此，攝也。'"以此言之，何得非《左氏》？本疏。袁氏考證曰："本疏謂'鄭康成引《公羊》難云'，則'宋穆公'上當有'《公羊》云'三字，今以義并取此三字入《箴》。"

【疏證曰】劉逢祿評曰："周公誕保文武受命，非居攝也。何、鄭俱生漢季，沿劉歆、王莽之邪說耳。隱公之讓，《春秋》探其意而成之，著立子法，名之曰攝，而不行即位之禮，非典要也。宋穆公之事，《春秋》大居正，已歸禍於宋宣，亦未以穆公之攝爲典要也。"錫瑞案：《左氏·隱元年傳》曰："不書即位，攝也。"集解曰："假攝君政，不修即位之禮。"正義曰："攝，訓持也。隱以桓公幼少，且攝持國政，待其年長，所以不行即位之禮。"引《膏肓》云云，曰："是鄭意亦不從何說也。下傳曰'公攝位而欲求好於邾'，是位亦攝也。"

《公羊·隱元年傳》曰："公何以不言即位？成公意也。"解詁曰："以不有正月而去即位，知其成公意。"疏云："下十一年傳云：'隱何以無正月？隱將讓乎桓，故不有其正月也。'然則正月者，是公縣象魏出教令之月，今公既有讓意，故從二年已後終隱之篇，常去正月以見之，故云

'不有正月'也。然則今此注云'不有正月'者,謂從二年後恒去正月也。今元年去即位,故知成公意矣。今元年言正月者,公時實行即位之禮,故見之。然則公意讓而行即位者,厭民臣之心故也。舊云'以有正月而去即位',云無'不'字,言凡書正月爲公即位出也,以元年有正月,即公實行即位禮,而孔子去即位,知其成公讓意者,非。"《隱三年傳》曰:"吾立乎此,攝也。"解詁曰:"暫攝行君事,不得傳與子也。謙辭。"孔廣森《公羊通義》曰:"按:《史記》繆公在位九年,與夷立十年乃殺試,猶號殤公。禮,殤自年十九以下,然則宣卒、繆嗣時,與夷甫生耳。緣繆公本意,俟與夷長乃復辟,若成王幼,周公攝昨然也。故注云'暫攝行君事'也。'謙辭'者,繆公實已爲君,行即位禮,猶自謂攝,故云'謙辭'。"錫瑞案:據此,則隱元年不書即位,故《春秋左氏》説以爲本不行即位之禮;今《春秋公羊》説以爲公時實行即位之禮,孔子成公讓意,去之。兩説不同,故《左氏》以爲攝,《公羊》以爲諸侯無攝。宋繆公實已爲君,行即位禮,猶自謂攝,故何劭公以爲謙辭。謙辭者,自謙而非實事。然則宋繆公本非攝,如何君説,與《公羊》"諸侯無攝"之義初不相背,劉氏以爲繆公之攝不爲典要是也。鄭君分別周公就臣位乃死,不得記崩,隱公死於君位,當稱薨,以箴《膏肓》,自是墙論。引宋穆公云"攝也",以傅合《左氏》,則於《公羊》義尚未審。劉氏並駁何、鄭,謂沿莽、歆邪説,其説殊非。《周書·明堂解》曰:"武王崩,成王嗣,幼弱,未能踐天子之位,周公攝政,君天下。"逸《書·嘉禾》篇曰:"周公奉鬯立于阼階,延登贊曰'假王涖政'。"《荀子·儒效》篇曰:"武王崩,成王幼,周公屏成王而及武王,履天子之籍,負扆而坐。"《韓非子·雜二》及《文選·任彥升〈勸進牋〉》注引《尸子》并曰:"周公旦假爲天子七年。"《列子·楊朱》篇曰:"周公攝天子之政。"《御覽·四夷部》引《書大傳》曰:"周公居攝六年,制禮作樂。"《韓詩外傳》曰:"周公踐天子之位。"又曰:"周公履天子之位。"《淮南子·齊俗訓》曰:"周公攝天子。"《氾訓論》曰:"周公履天子之籍。"《説苑·君道》篇曰:"周公踐天子之位。"《尊賢》篇曰:"周公攝天子位七年。"此皆周、秦、西漢之書,並云周公居攝,然則王莽居攝,正以周公有此故事,依仿爲之。若古時全無其事,莽、歆安能僞作以欺天下?何、鄭言周公居攝,是沿周、秦、西漢之説,非沿莽、歆之説。《尚書·大誥》"王若曰",正義引鄭注云:"王,周公也。周公居攝,命大事,則權代王也。"《禮記·明堂位》："昔者，周公朝諸侯於明堂之位。"鄭注云："周公攝王位，不於宗廟，辟王也。"云"權代王"、云"辟王"，鄭君能知周公不得已之心，尤見立言之善。如此説經，豈有流弊？若因王莽之居攝，遂謂周公無居攝事，然則因燕噲、曹丕之禪讓，遂謂堯、舜無禪讓事，可乎？西漢今文説之昌明，始於陽湖莊氏及劉申受、魏默深諸公，而疑古惑經，隱蹈宋、明憑臆之失，學者亦不可不辨也。

士踰月。

【膏肓】士禮三月而葬，今《左氏》云"踰月"，於義《左氏》爲短。《禮記·王制》疏。袁氏考證曰："本疏引此'士禮'二字倒換，無'而'字，'今'下無'《左氏》'字，'踰月'下無'於義'字。"

【箋】禮，人君之喪，殯葬皆數來月來日，士殯葬皆數死月死日，尊卑相下之差數，故大夫、士俱三月，其實不同，士之三月，乃大夫之踰月也。《王制》疏。袁氏考證曰："'乃'本作'及'，形設而誤，今改。"又：人君殯數來日，葬數往月。大夫殯、葬皆數來日來月。士殯、葬數往日往月。士之三月，大夫之踰月也。本疏。袁氏考證曰："《王制》疏引前條後加'又云'二字，引此條之首二句，謂前説'以正禮言'，後説'據《春秋》爲説'，是鄭《箋》本有二説，非引者二條互異也。《檀弓》疏引鄭《箋》云：'人君殯數來日，葬數往月。大夫以上，殯、葬皆以來日數。'是約鄭後説之義，亦非別出，後説上當有'又'字，今據疏義增補。"

【疏證曰】劉逢禄評曰："'踰月'之文，蓋非《左氏》之舊。此短喪之萌芽，其禍發於王莽不爲功顯君服矣。且士之姻皆在國中，安得有外姻乎？"錫瑞案：劉氏此評，立論太果。《公羊·隱三年傳》解詁曰："禮，天子七月而葬，同軌畢至；諸侯五月而葬，同盟至；大夫三月而葬，同位至；士踰月，外姻至。"疏云："此隱元年《左傳》文。"案：邵公今文顓家，《解詁》一書未嘗引用《周官》《左傳》，所引禮亦不見於《儀禮》十七篇，蓋逸《禮》文。此引禮亦逸《禮》，與《左傳》同者，非引《左傳》也。《白虎通·崩薨》篇曰："天子七月而葬、諸侯五月而葬何？尊卑有差也。天子七月而葬，同軌必至；諸侯五月而葬，同會必至，所以慎終重喪也。"《説苑·修文》篇曰："故天子七月而葬，同軌畢至；諸侯五月而葬，同會畢至；大夫三月而葬，同朝畢至；士庶人二月而葬，外姻畢至。"劉子政、班孟堅皆非習《左氏》者，其所引蓋古禮，與

《左氏傳》同，故劉、班、何皆引之。若如劉氏說爲歆、莽增竄，孟堅、卲公豈引據？且子政在歆、莽之前，何以所引亦同乎？《儀禮·士昏禮》："若異邦，則贈丈夫送者以束錦。"疏曰："案：莊二十七年冬，'莒慶來迎叔姬'，《公羊傳》曰：'大夫越竟逆女，非禮也。'鄭注《喪服》亦云：'古者大夫不外娶。'今言異邦得外娶者，以大夫尊，外娶則外交，故不得許。士卑不嫌，有外娶法，故有異邦送客也。"據此，則士得外娶，《禮》有明文。劉氏謂士"安得有外姻"，與《士昏禮》不合矣。《左氏正義》引何氏《膏肓》云云，又引蘇寬說，"以古禮，大夫以上殯、葬皆數來日來月，士殯、葬數往日往月"。何君《解詁》既引禮分三月、踰月，當如鄭君與蘇寬之說，而作《膏肓》乃據《王制》駁《左氏》，與《解詁》之文相背。或作《膏肓》在前，作《解詁》在後，如鄭答炅模、劉琰之意，不復追改歟？《王制》曰："大夫、士、庶人三日而殯，三月而葬。"鄭注引《春秋傳》云云，正義曰："按：《左傳》大夫言三月，士言踰月，此總云大夫、士三月而葬者，此記者皆以降二爲差，故總云三月。《左傳》細言其別，故云大夫三月、士踰月。其實大夫三月者，除死月爲三月。士三月者，數死月爲三月，正是踰越一月，故言'踰月'也。"孔疏申鄭甚明。

桓公

二年傳：今君命太子曰仇，弟曰成師，始兆亂矣。

【膏肓】闕。袁氏考證曰："本疏云：'何休謂《左氏》後有興亡，由立名善惡。引后稷名棄，爲《膏肓》以難《左氏》。'此約《膏肓》之義。"

【箴】闕。袁氏考證曰："本疏云：'太子與桓叔雖並因戰爲名，而所附意異。仇取於戰相仇怨，成師取能成師衆。緣名求義，則太子多仇怨，而成師有徒衆。穆侯本立此名，未必先王此意，但寵愛少子，於時已著。師服知桓叔將盛，故推出此理，因解其名，以爲諷諫，欲使之强幹弱枝耳。人臣規諫，若無端緒，憑何致言以申己志？非謂人之立名必將有驗。'是申鄭《箴》之義，今錄以補闕。"

【疏證曰】《左傳集解》曰："穆侯愛少子桓叔，俱取於戰以爲名，所附意異，故師服知桓叔之黨必盛於晉以傾宗國，故因名以諷諫。"正義見袁氏考證。錫瑞案：孔疏申杜，非申鄭也，而推鄭君之意，當亦不甚相遠。何據《公羊》以雜《左氏》，鄭申《左氏》以箴《膏肓》。杜作《集解》，多沿漢儒舊説。袁引孔疏以補鄭義，義亦近是。左氏本史官，《傳》中多言機祥徵驗。《公羊》雖善於讖，不取淩雜米鹽之説，故兩家所説不合。案：興亡由立名善惡，後世亦多有之。此由天道使然，事機先兆非盡傅會。《三國·蜀志·杜瓊傳》：譙周問曰："昔周徵君以爲'當塗高者，魏也'，其義何也？"瓊答曰："魏闕名也。當塗而高，聖人取類而言耳。"又問周曰："寧復有所怪邪？"周曰："未達也。"瓊又曰："古者名官職不言曹，始自漢以來，名官盡言曹：吏言屬曹，卒言侍曹。此殆天意也。"周緣瓊言，乃觸類而長之，曰"《春秋傳》著晉穆侯"云云，"其後果如服言。及漢靈帝名二子曰史侯、董侯，既立爲帝，後皆免爲諸侯，與師服言相似也。先主諱'備'，其訓'具'也；後主諱'禪'，其訓'授'也。如言劉已具矣，當授與人也。意者甚於穆侯、靈帝之名子"。"蜀既亡，咸以周言爲驗"。譙説可以證《左氏》之義。

四年傳：周宰渠伯糾來聘。父在，故名。

【膏肓】《左氏》宰渠伯糾，父在，故名；仍叔之子何以不名？又仍叔之子，以爲父在稱子；伯糾父在，何以不稱子？四年經疏。

【箴】仍叔之子者，識其幼弱，故略言子，不名之。至於伯糾能堪聘事，私覿又不失子道，故名且字也。同上。

【疏證曰】劉逢祿評曰："此條亦僞。劉歆不解天子下大夫名且字之例，妄生異説。"陳立《公羊義疏》曰："按：伯糾之能堪聘事與否，三《傳》無文，不足以難何氏。《左傳》明云'故名'，而鄭氏以爲'名且字'，亦非《左氏》義。"錫瑞案：《左傳集解》曰："宰，官；渠，氏；伯糾，名也。王官之宰當以才授位，而伯糾攝父之職，出聘列國，故書名以譏之。"正義曰："鄭氏所箴與杜同，云伯糾'名且字'，非杜義。"《公羊傳》曰："宰渠伯糾者何？天子之大夫也。其稱宰渠伯糾何？"解詁曰："據'劉卷卒'，氏采不名且字。"傳又曰："下大夫也。"解詁曰："天子下大夫，繫官氏名且字。繫官者，卑不得專官事也。稱伯者，上敬老也。"疏云："渠是其名，而言不名者，謂計其官爵之時，實合氏官名而且字，但以其年老，故兼稱伯，示有不名之義也。"《校勘記》曰："段玉裁云：'且字'者，謂經之'糾'也。經稱其字，又稱伯者，以見其爲老臣也。'且'字見《儀禮注》《禮記注》，又見《公羊》宣十五年注、定四年注，疏家多不解其義。如言'仲山甫'，則'山甫'爲且字，合

'仲'乃爲字，周制如此，故《公羊》糾、札、卷不連伯、仲，皆且字也。此雖言'伯糾'，而注云'且字'，則專釋'糾'也，下方釋'伯'耳。"段玉裁《經韻樓集》曰："各本於'且'上衍一'名'字。疏云渠是名，然則下文云'老臣不名，宰渠伯糾是也'，作何解乎？此由淺人不解'且'字之恉，因添'名'字於此，謂渠是名，糾是字，名而又字，故曰'名且字'，而不省注明言'不名'也。且二百四十四年，有一人名、字兼書者乎？上文注：'據劉卷，氏采不名且字。'氏采者，劉也；卷者，不名，目其且字也。此則'且'字上稱'伯'爲異。"據段氏説，則宰，官；渠，氏，《左氏》《公羊》二傳同，惟《左氏》以"伯糾"爲名，《公羊》以"伯"爲敬老，"糾"爲且字而不名。劉氏云"名且字"，猶沿舊之誤，疏解"不名"之義，殊涉牽強。按："仍叔之子來聘"，解言左云："據宰渠氏官。"何君以渠爲氏，不以渠爲名，則渠爲氏，不爲名可知，當從段氏訂正，以"名"字爲衍文。鄭君云："故名且字也。""且字"兼用《公羊》之義。鄭君與何君同時，不應亦誤作"名且字"，當是孔疏引《箴膏肓》，其所見本因淺人誤衍《解詁》"名"字，並增竄鄭《箴膏肓》"名"字以合之。鄭君作《箴膏肓》當云"故且字也"，不加"名"字。

九年傳：曹大子來朝。賓之以上卿，禮也。

【膏肓】《左氏》以人子安處父位，尤非衰世救失之宜，於義《左氏》爲短。本疏。

【箴】必如所言，父有老耄罷病，孰當理其政、預王事也？同上。袁氏輯本並引"蘇云"以下二十七字，考證曰："鄭引'蘇云'者，蘇寬之説云云。"錫瑞案：孔穎達《春秋正義序》曰："杜元凱爲《左氏集解》，晉宋傳受，以至於今。其爲義疏者，則有沈文何、蘇寬、劉炫。"沈文何，陳人也。劉炫，隋人也。孔疏以蘇列沈、劉之間，則蘇亦陳、隋間人，曾爲杜解作義疏者，遠在鄭君之後，鄭君安得引其説？必是孔疏引蘇説耳。袁氏大誤。孔本無之是也，今刪去不錄。浦鏜正誤"蘇"改作"所"，亦無據，未敢從。

【疏證曰】劉逢禄評曰："世子行聘，可也；攝上卿行聘，亦可也；罷老避位，致國天子，天子以命世子行朝，亦可也，安得曰廢王事？曹伯在位，世子行朝禮，非一國二君、無王無父而不知乎？《左氏》此類，亦非舊文。"錫瑞案：《左傳集解》曰："諸侯之適子，未誓於天子而攝其君，則以皮帛繼子、男。"正義曰："'繼子、男'以上，皆《周禮·典命職》文也。鄭玄云：'誓，猶命也。言誓者，明天子既命以爲之嗣，樹子不易也。'"《公羊傳》曰："諸侯來曰朝，此世子也，其言朝何？《春秋》有譏父老子代從政者，則未知其在齊與？曹與？"解詁曰："在齊者，世子光也。時曹伯年老有疾，使世子行聘禮，恐卑，故使自代朝，雖非禮，有尊厚魯之心。傳見下卒葬詳録，故序經意依違之也。小國無大夫，所以書者，重惡世子之不孝甚。"據此，則《左氏傳》以爲禮，《公羊傳》以爲譏。何君以《周禮》爲六國陰謀之書，《典命》云云，蓋所不信。鄭注《典命》，明引"《春秋》桓九年，'曹伯使其世子射姑來朝'，行國君之禮"以證，故申《左氏》而難《公羊》，此今古文之不合者。《左氏傳》云"禮也"，但言魯賓曹太子以上卿爲合禮，未言曹太子不當譏，亦不必如劉氏所云非《左氏》舊文也。《穀梁傳》曰："非正也。"疏曰："禮，諸侯世子誓於天子，攝其君則下其君一等；未誓，則以皮帛繼子男。此謂會同急趨王命者也。今曹伯或有疾，朝雖闕，朝魯未是急事，而使世子攝位來朝，故云非正也。"《御覽》引糜信注略同，則楊疏本糜注。據其説，即引《周禮》爲證，而世子亦當譏，可以正杜解而申何義矣。

莊公

元年傳：築王姬之館于外，爲外，禮也。

【膏肓】當築夫人宮下、群公子宮上。《公羊》以爲築宮於外，非禮也。《左氏》以爲築宮于外，禮也。《禮記·曲禮》疏。袁氏考證曰："《曲禮》疏引何休云云，下引鄭説云云者，當即《膏肓》之文，其末當有'於義《左氏》爲短'六字，引文不具爾。"

【箴】宮廟、朝廷各有定處，無所館天子之女，故宜築于宮外。本疏。

【疏證曰】劉逢禄評曰："群公子之舍亦無定制，築於前何不可之有？魯既不能以父讎辭天子之命，又以衰麻之服爲王姬主婚，此譏之大者。天王既不爲隱討桓，又不爲桓討齊，而一則使榮叔追錫弑兄而遭弑之桓公，一則以王姬之貴而下嫁禽獸行之齊襄，又使無行之魯莊忘讎奪親而爲之主婚，故王不稱'天'，以示同於吳楚。此又天討黜周之大者。若僅論同姓主婚之禮，既有父道，則築於子舍之前，以俟親迎之禮，豈得謂之卑王姬乎？"錫瑞案：《左傳集解》曰："齊彊魯弱，又委罪於彭生，魯不能讎齊，然喪制未闋，故異其禮，得禮之變。"正義曰："傳不直言禮，而云'爲外，禮'者，築之是常，未足褒美，正爲築之於外，是應變之禮，故解其意。"引鄭《箴膏肓》云云，曰："是言須築之意也。但杜意若其内不恨齊，非有喪制，不須築於城之外耳。此言外者，謂城之外。説《公羊》《穀梁》者，亦以爲城外。"《公羊解詁》曰："以言外，知有築内之道也。于外非禮也。禮，同姓本有主嫁女之道，必闕地於夫人之下、群公子之上也。時魯以將嫁女於讎國，故築于外。""于，遠辭也，爲營衛不固。不以將嫁於讎國除譏者，魯本自得以讎爲解，無爲受命而外之，故曰非禮。"《公羊通義》曰："申言築于外非禮者，設令國外舊自館于外，可也，夫有所受之。今特築之而外，是疏王姬，且營衛不謹。故曰'館王姬于外'則可，曰'築王姬之館于外'則不可。"陳立《公羊義疏》曰："按：孔説非是。傳意凡同姓主嫁，必酌築於路寢、小寢、群公子之舍之間，本無在外之道，則不得舊自有館也。楊疏云'主王姬者，必自公門出，今築之於外，則是營衛不固，是輕王女'是也。申言之者，一則責魯可以仇辭，一則輕王姬故也。"又疏注"不以"至"非禮"曰："此駁《左》《穀》二家義也。《穀梁》以爲'築之外，變之正也'。《左傳》以爲禮，亦即《穀梁》義，故杜云：'齊彊魯弱，又委罪於彭生，魯不能讎齊，然喪制未闋，故異其禮，得禮之變。'《公羊》義，魯得以仇爲辭，無爲受命，而又築於外，故不以將嫁於讎國除譏也。"案：陳疏極明晰。

六年傳：騅甥、聃甥、養甥請殺楚子。

【膏肓】楚、鄧彊弱相縣，若從三甥之言，楚子雖死，鄧滅曾不旋踵，若刳腹去疾，炊炭止沸，《左氏》爲短。本疏。

【箴】楚之彊盛從鄧滅以後，於時楚未爲彊，何得云"彊弱相縣"？同上。袁氏輯本於此下引蘇氏云云。錫瑞案：蘇氏即蘇寬，乃孔疏引蘇氏之言，鄭君不得引蘇氏之言也。説見前"曹太子來朝"，今刪去不録。

【疏證曰】劉逢禄評曰："據《左氏》，楚武王時已合諸侯於沈鹿，讓黃、伐隨、圍鄀、敗鄧、敗鄖、覆絞、盟貳、軫矣，安得云未强乎？據經，則穀、鄧已滅於楚而爲寓公於魯，固知《左氏》所據史文，非夫子所據也。"錫瑞案：劉説是也。鄭義與事實不合，固屬强辭。其實《左氏》此等文亦無庸深辨。孔疏引蘇氏云："三甥既有此語，《左氏》因史記之文，錄其實事，非君子之論，何以非之？"蘇氏之言甚通，可不必過於吹求矣。

十九年傳：鬻拳可謂愛君矣。

【膏肓】人臣諫君，非有死亡之急，而以兵臨君，開篡弒之路。《左氏》以爲愛君，於義《左氏》爲短。本疏。

【箴】楚鬻拳同姓，有不去之恩。《詩·柏舟》疏。

【疏證曰】劉逢祿評曰："以兵脅君，較之同姓臣以道去君，孰爲知權？必有能辨之者。"錫瑞案：《左傳集解》曰："言'愛君'，明非臣法也。楚能盡其忠愛，所以興。"正義引何休《膏肓》云云，曰："故注言此以釋何休之難。"錫瑞案：據此，則杜氏見《膏肓》之說，而特圓傳義也。范武子《穀梁傳序》曰："《左氏》以鬻拳兵諫爲愛君，以兵諫爲愛君，是人主可得而脅也？"即本劭公之意。杜云"明非臣法"，則亦明知《左氏》引"君子曰"之不可據矣。五代時，張顥、徐溫帥牙兵三百，誅楊渥左右親信十餘人，謂之兵諫，遂謀弒渥。劭公以爲"開篡弒之路"，洵不誣矣。鄭以鬻拳爲同姓者，楚，鬻熊之後，鬻拳當亦出於鬻熊。杜預《氏族譜》不載鬻拳。鄭君時《世本》尚存，當自有據。

二十五年傳：日有食之。鼓，用牲于社，非常也。

【膏肓】《感精符》云："立推度以正陽，日食，則鼓，用牲於社，朱絲縈社，鳴鼓脅之。"《左氏》云"用牲非常"，明《左氏》說非夫子《春秋》，於義《左氏》爲短。《禮記·祭法》疏。

【箴】"用牲"者，不宜用，《春秋》之通例。此讖說正陽、朱絲、鳴鼓，豈說"用牲"之義也？讖"用牲于社"，取經完句耳。同上。袁氏考證曰："完，或誤作'宛'。"

【疏證曰】劉逢祿評曰："經不曰'鼓于社，用牲'，鄭引通例，未足爲《公羊》難也。且《左氏》此條亦出坿會。"錫瑞案：《公羊解詁》曰："先言鼓，後言用牲者，明先以尊者命責之，後以臣子禮接之，所以爲順也。不言鼓于社用牲者，與祫于太廟用致夫人同，嫌起用牲爲非禮。"《公羊義疏》曰："按如《公羊》義，用牲謂用於社，非請於天。先言鼓，蓋《周禮》之攻說也；後言用牲，《周禮》之禜也。先責，後以臣子禮接之也。《白虎通·災異》云：'所以必用牲者，社、地別神也，尊之，故不敢虛責也。'是以用牲爲得禮，正用今文家說。《穀梁》與《左氏》同，亦云'鼓，禮也。用牲，非禮也'，《公羊》

所不取。僖八年'禘于太廟，用致夫人'，注：'以致文在廟下，知非禮也。'然則此若言'鼓于社，用牲'，嫌與彼文同，譏其不宜用牲，如上二十四年'用幣'之書'用'，爲譏其不宜用矣。此進'用牲'于'社'上，明與鼓皆得禮。若無'用'字，則'鼓''牲'不辭，故此'用'爲時事，與莊二十四年、僖八年之'用'文同而義異也。"陳氏疏《解詁》極明晰。鄭《箋》以爲"用"皆"不宜用"爲通例，陳氏已釋其疑。劉評云"經不曰'鼓于社，用牲'"，本《解詁》"先言鼓，後言用牲"之義。

僖公

二十二年傳：君未知戰。

【膏肓】《左氏》以其不用子魚之計，至於軍敗身傷，所以責襄公也。而《公羊》善之，云："雖文王之戰，亦不是過。"《詩・大明》疏。袁氏考證曰："《詩疏》云'宋公及楚人戰于泓'，《左氏》云云，當是孔述《膏肓》之文。"

【箋】刺襄公不度德，不量力。《考異郵》云："襄公大辱，師敗於泓。徒信，不知權譎之謀，不足以交鄰國、定遠疆也。"此是譏師敗也。《公羊》不譏，違《考異郵》矣。《詩・大明》疏。袁氏考證曰："'《考異郵》云'本作'引《考異郵》至'。'引'字，疏語。'至'字，則'云'字形似而譌也。今刪改。"

【疏證曰】劉逢祿評曰："緯亦出於劉歆，固宜其坿《左氏》而違經意也。何君之於緯，擇善而從之，鄭則固矣。"錫瑞案：《公羊解詁》曰："有似文王伐崇。陸戰當舉地，舉水者，大其不以水厄人也。"《公羊通義》曰："《司馬法》曰：'逐奔不過百步，縱綏不過三舍，明其禮也。不窮不能而哀憐傷病，明其仁也。成列而鼓，明其信也。爭義不爭利，明其義也。'此所謂文王之戰也。《繁露》曰：'《春秋》之義，貴信而賤詐。詐人而勝之，雖有功，君子弗爲也。''故善宋襄公不厄人，不由其道而勝，不如由其道而敗。《春秋》貴之，將以變習俗而成王化。'嗚呼！以此教後世，而左氏、穀梁氏親傳《春秋》，猶徒以成敗論事，則甚矣，習俗不易變而成化之難成矣。"包慎言曰："《易・比》之九五云：'顯比，王用三驅，失前禽，邑人不誡。'此王者征伐之禮也。周衰，司馬九伐之法不行於諸侯。然齊景之時，穰苴論《司馬兵法》不阻隘、不傷二毛、不逆奔、鼓而成列然後戰，猶能言之，則宋襄所云'君子不迫人於險，不鼓不成列'者，周之兵典也。周之正朔改自文王，周之兵典亦創自文王，故《詩·頌·維清》奏《象》，曰'維清緝熙，文王之典'。春秋無義戰，守文王之典者，一人而已，故經書其戰之朔。傳曰：'雖文王之師，不是過也。'"錫瑞謂：孔、包二說是也。《孟子》曰："春秋無義戰。彼善於此，則有之矣。"《公羊》之例，戰例時，偏戰日，詐戰月。"彼善於此"者，謂偏戰猶愈於詐戰也。宋、楚戰泓，傳曰："偏戰者日爾，此其言朔何？《春秋》辭繁而不殺者，正也。"是宋襄之戰，爲善之善者。《春秋》重義不重事，孔子之意，以當時競尚詐力，生靈之禍亟矣，欲借事以明義，示後世而紓戰禍，而二百四十年中，惟戰泓一事尚合文王之法，因亟褒之以明義，其事之成敗，蓋所不計，董子所謂"將變習俗而成王化"也。自《春秋》之義不明，言兵者謂兵不厭詐，率以子魚之言藉口，故漢儒以《左氏》爲相斫書。然《左氏》本序事之書，直述其事，不加論斷，於宋襄無褒辭，亦無貶辭。何君以此等爲膏肓，亦可不必。鄭君引《考異郵》譏師敗，更非《春秋》之義。劉申受謂緯出劉歆，即孔疏"緯起哀、平"之說。然緯書之出甚早，據《史記》"秦讖於是出"與"亡秦者胡"，則周、秦之間已有之，鄭君云"《公羊》當六國之亡，讖緯見"是也。漢崇讖緯，真偽雜出。據尹敏說，蓋有後人所增竄者。鄭君云"悉信亦非，不信亦非"，可以爲讀讖緯之法。如《考異郵》云云，當分別觀之，不得以八十一篇皆托於孔子，遂謂緯書皆孔子之言，悉合《春秋》之旨也。

二十三年傳：杞成公卒。書曰"子"，杞，夷也。

【膏肓】杞子卒，豈當用夷禮死乎？本疏。

【箴】闕。

【疏證曰】《左傳集解》曰："成公始行夷禮以終其身，故於卒貶之。"正義曰："何休《膏肓》難《左氏》云：'杞子卒，豈當用夷禮死之乎？'故解之。此杞成公始行夷禮以終其身，故於卒貶之。卒者，人之終。於終貶之，見其終身行夷禮也。"《公羊解詁》曰："卒者，桓公存王者後，功尤美，故爲表異卒錄之。始見稱伯，卒獨稱子者，微弱爲徐、莒所脅，不能死位。《春秋》伯、子、男一也，辭無所貶。貶稱子者，《春秋》黜杞不明，故以其一等貶之，明本非伯，仍公也。"又莊二十七年"杞伯來朝"，解詁曰："杞，夏後，不稱公者，《春秋》黜杞新周而故宋，以《春秋》當新王。黜而不稱侯者，方以子貶，起伯爲黜。説在僖二十三年。"錫瑞案：孔疏引《膏肓》不全。蓋何君從《公羊》通三統、黜杞、新周、故宋之義，以杞子卒爲貶其爲徐、莒所脅，不能死位。《左氏》無通三統、黜杞之義，但以杞子卒爲貶其用夷禮。故何據《公羊》難《左氏》，而杜因何君之難，曲爲《左氏》解耳。孔廣林謂："杞以不遵王制，爲時王所黜，故侯降而伯，伯降而子。莊二十七年書伯後，無事見經，至此書'杞子卒'，傳即於此發義，見其用夷禮久矣。何氏之云，何妖問甚乎！"案：孔氏以何爲"妖問"，用鄭《釋廢疾》語；謂杞"爲時王所黜"云云，據《左氏》之説，不通《春秋》之義，未足以説《春秋》也。

三十一年傳："夏，四月，四卜郊，不從，乃免牲"，非禮也。

【膏肓】闕。袁氏考證曰："《禮記·曲禮》疏引'魯四卜郊'，述休之意云：'魯郊轉卜三正，假令春正月卜不吉，又卜殷正，殷正不吉，則用夏正郊天。若此三正之内，有凶不從，則得卜夏三月，但滿三吉日，則得爲郊。'"

【箴】以魯之郊天，惟用周正建子之月，牲數有災不吉，改卜後月。故或用周之二月、三月，故有啓蟄而郊四月則不可。《禮記·曲禮》疏。

【疏證曰】《曲禮》曰："卜筮不過三。"鄭注："求吉不過三。魯四卜郊，《春秋》譏之。"正義曰："'卜筮不過三'者，王肅云：'禮以三爲成也。上旬、中旬、下旬，三卜筮不吉，則不舉也。'鄭意'不過三'者，謂一卜不吉而凶，又卜，以至於三，三若不吉，則止。若筮，亦然也。故魯有四卜之譏。崔靈恩云：'謂不過三用。若大事龜筮並用者，先用三王筮，次用三王龜，始是一也。三如是乃爲三也。若初始之時，三筮、三龜皆凶，則止。或逆多從少，或從多逆少，如此者皆至於三也。單卜單筮，其法惟一用而已，不吉則擇遠日，不至於三也。前以用三王之龜筮者，有逆有從，故至三也。此惟用一，故不至三也。'"又曰："卜郊之用，或三或四或五。襄七年夏四月，'三卜郊，不從，乃免牲。'僖三十一年及襄十一年夏四月，'四卜郊，不從。'成十年夏四月，'五卜郊，不從。'三《傳》之説，參差不同。若《左氏》之説，魯郊常祀，不須卜可郊與否，俱卜牲與日，惟周之三月爲之，不可在四月，雖三卜亦爲非禮，故僖三十一年《左傳》云：'禮不卜常祀。'是常祀不卜也。襄七年《左傳》云：'啓蟄而郊，郊而後耕。今既耕而卜郊，宜其不從也。'是用周之三月，不可至四月也。若《公羊》之義，所云卜者，皆爲卜日，故僖三十一年《公羊傳》云：'三卜，禮也。四卜，非禮也。'又成十七年《公羊傳》云：'郊用正月上辛。'何休云'魯郊轉卜三正。三王之郊，一用夏正。'又定十五年'禮，三卜之運也'，何休云'運，轉也。已卜春三月，不吉，復轉卜夏三月、周五月，得二吉，故五月郊。'如休之意，魯郊轉卜三正，假令春正月卜不吉，又卜殷正，殷正不吉，則用夏正郊天。若此三正之内有凶不從，則得卜夏三月，但滿三吉日，則得爲郊。此《公羊》及何休之意也。《穀梁》之説，《春秋》卜者，皆卜日也。哀元年《穀梁傳》云：'郊自正月及三月，郊之時也。我以十二月下辛卜正月上辛；如不從，則以正月下辛卜二月上辛；如不從，則以二月下辛卜三月上辛；如不從，則不郊。'如是，《穀梁》三正正月卜吉，則爲四月，五月則不可，與《公羊》之説同，與何休意異，休以四月、五月卜滿三吉則可郊也。若鄭玄意，禮不當卜常祀，與《左氏》同。"故鄭《箴膏肓》云云。"故《駮異義》引：'《明堂》云孟春正月，乘大路，祀帝於郊，又云魯用孟春建子之月，則與天子不同明矣。魯數失禮，牲數有灾，不吉，則改卜後月。'如鄭之言，則與《公羊》《穀梁傳》卜三正不同也。此云'魯四卜郊，《春秋》譏之'，用《公羊》《穀梁傳》三卜正、四卜非正也。是四卜爲譏，三卜得正，與《左氏》意違。《左氏》三卜，亦非故也。"《公羊傳》曰："三卜禮也，四卜非禮也。三卜何以禮，四卜何以非禮？求吉之道三。"解詁曰："三卜，吉凶必有相奇者，可以決疑。故求吉必三卜。"疏云："'三卜禮'，謂是魯禮。若天子之郊則不卜，以其常事，但以魯郊非常，是以卜之，吉則爲之，凶則已之。""三卜是禮，理不應書，襄七年'三卜郊'何以書？正以魯人之郊，轉卜三正，襄七年乃在周之四月，以其不時，是以書也。"《公羊義疏》曰："按：鄭氏《曲禮》注云'魯四卜郊，《春秋》譏之'，正用《公羊》義。何氏定十五年注謂'已卜春三正不吉，復轉卜夏三月、周五月，得二吉，故五月郊'，但論魯郊一時故事耳，非謂五卜郊合禮也，與此傳'三卜禮也，四卜非禮也'亦合。《春秋》凡四月郊皆非禮，蓋魯之正郊在建子月，《明堂位》所戴是也，所以避天子也。周圜丘之祭在子月，故郊用寅月，三王同也，所謂'啓蟄而郊'也。周郊不卜，魯郊卜，故子月不吉，卜丑月，丑月不吉，卜寅月，寅月不吉，則止。至卯月，皆四卜也，故《春秋》譏之。不從則不郊而書之者，爲'猶三望'故也。諸家惟與《左氏》'禮不卜常祀'之説殊耳。崔氏《三禮義宗》自論天子三筮、三卜之常，與此經三卜、四卜之義異也。然如何氏此注，每卜皆三，三卜之中觀其從逆之多少以爲吉凶，蓋即《洪範》所謂'三人占，則從二人言'與？然則傳文'求吉之道三'，與上傳'三卜禮也'之三卜，各自爲義，不相涉也。"錫瑞案：陳疏《公羊》明晰，惟云何氏"非謂五卜郊合禮"，與此傳"四卜非禮也"亦合，其説與孔疏云《穀梁》"與《公羊》説同，與何休意異，休以四月、五月卜滿三吉則可郊"者，義不盡同。如其説，則何、鄭當無異義，何不必以《左氏》爲膏肓，鄭亦不必箴何矣，似仍當從孔疏。《膏肓》此條亡佚，可以孔疏所推補之。

禮，不卜常祀，而卜其牲、日。

【膏肓】闕。

【箴】當卜祀日月爾，不當卜可祀與否。《禮記·曲禮》疏。天子郊，以夏正上旬之日。魯之卜三正下旬之日。是雖有常時常日，猶卜日也。《周禮·太宰》疏。

【疏證曰】《左傳正義》曰："《公羊傳》曰：'曷爲或言三卜，或言四卜？三卜禮也，四卜非禮也。三卜何以禮？求吉之道三。'今《左氏》以爲'禮不卜常祀'，則一卜亦非。不云四非而三是，異於《公羊》説。"錫瑞案：《公羊疏》云："'三卜禮'，是魯禮。若天子之郊則不卜，以其常事。魯郊非常，是以卜之，吉則爲之，凶則已之。"據此，則《公羊》以爲周郊常禮，不卜；魯郊非常禮，故卜當祀與否。《左氏》則以魯郊亦常祀，不當卜可祀與否，但卜祀日月爾。此二《傳》之異也。餘見前。

文公

元年傳：穆伯如齊，始聘焉，禮也。

【膏肓】三年之喪，使卿出聘，於義《左氏》爲短。本疏。

【箴】《周禮》："諸侯邦交，歲相問，殷相聘，世相朝。"《左氏》合古禮，何以難之？同上。

【疏證曰】劉逢禄評曰："《周官》《左氏》同出劉歆，然所謂'世相朝'者，亦俟三年喪畢，朝於天子之後，豈宗廟之事尚未行，而行朝聘者乎？然《左氏》此條亦出附益，而杜氏短喪之說，遂以誣經蔑禮矣。"錫瑞案：《左氏傳》曰："凡君即位，卿出並聘，踐脩舊好，要結外援，好事鄰國，以衛社稷，忠信卑讓之道也。忠，德之正也；信，德之固也；卑讓，德之基也。"正義曰："即位者，既葬除喪即成君之吉位也。唯以既葬爲限，不以踰年爲斷。八年八月'天王崩'，九年春'毛伯來求金'，傳曰'不書王命，未葬也'。是未葬，雖踰年，不得命臣出使也。宣十年夏四月，'齊侯元卒'，六月'葬齊惠公'，冬'齊侯使國佐來聘'。是既葬，未踰年，得命臣出使也。""傳因此發凡，以明諸侯諒闇，則國事皆用吉禮。"《公羊解詁》曰："書者，譏喪娶，吉凶不相干。"據此，則《公羊》譏喪聘，並譏喪娶；《左氏》不譏，反以爲禮。杜注、孔疏遂爲既葬除喪之說，以傅會之。朱大韶《左氏短喪說》曰："《晉書·杜預傳》議曰：'周景王有后、世子之喪，既葬，除喪而宴。叔向不譏其除喪，而譏其宴樂，則是既葬應除，而違諒闇之節。'按：杜預短喪之說，固爲名教罪人，實則《左氏》有以啓之。諸傳所載：文元年，'晉襄公既祥，朝王於溫'；襄十五年十二月，晉悼公卒，十六年春，平公即位，'改服，修官，烝於曲沃，會於溴梁'，'晉侯與諸侯宴，使諸大夫舞，歌詩必類'。傳載其事而無貶刺之文。昭十二年，'晉侯享諸侯，子產相鄭伯，請免喪而後聽命，晉人許之，禮也。六月，葬鄭簡公'，未葬而請免喪，則既葬即除喪矣。以此爲禮，此杜預所藉口以誣世者也。襄九年，'五月，穆姜薨。冬，十二月，同盟於戚。晉侯以公宴，問公年，曰："可以冠矣。"季武子對曰："君冠，必以祼享之禮行之，以金石之樂節之，以先君之祧處之。今寡君在行，請及兄弟之國而假備焉。"公還，及衛，冠於成公之廟，假鐘磬焉，禮也'。按《雜記》曰：'以喪冠者，雖三年之喪可也。既冠於次，哭踊者三，乃出。'此謂孤子當冠之年，因喪而冠，故《曾子問》曰：'除喪不改冠乎？'明不備禮。穆姜，襄公適祖母，承重三年。公年十二，未及冠，又因喪冠而用吉冠，此何禮也？文元年，'穆伯如齊，始聘焉，禮也。凡君即位，卿出並聘，踐修舊好，要結外援，好事鄰國，以衛社稷，忠信卑讓之道也'。襄元年，'邾子來朝。冬，衛侯使公孫剽來聘'。《左氏》並曰：'禮也。凡君即位，小國朝之，大國聘焉，以繼好結信謀事補闕，禮之大者也。'二年，'春，王正月，葬簡王'。昭十一年，'五月，齊歸薨，大蒐于比蒲，非禮也。孟僖子會邾莊公，盟于祲祥，禮也'。按《聘禮》於聘君曰：'宰入，告具于君，朝服出門左，南鄉。'於所聘之君曰：'公皮弁迎賓于大門內。'始即位必相聘，則兩國之孤並須釋服，即吉。《禮經》又曰：'聘遭喪，入境則遂。不郊勞，不筵几，不禮賓。遭夫人、世子之喪，君不受，使大夫受于廟，其他如遭君喪。'此已入竟而遭所聘君之喪，非因即位而聘。又曰：'聘句，君若薨于後，入竟則遂。赴者未至，則哭于巷，衰于館。赴者至，則衰而出。'云'入竟則遂'，若未入竟，則反奔喪矣，豈有君喪未期，而使大夫朝服出聘乎？喪三年不祭，不以純凶接純吉也。烝嘗之禮尚不行，而要結外援，舍其本而末是圖，此何禮也？昭十年，晉平公既葬，諸侯之大夫送葬者欲因見新君，叔向辭曰：'大夫之事畢矣。而又命孤，孤斬焉在衰絰之中，其以嘉服見，則喪禮未畢；其以喪服見，是重受弔也。大夫將若之何？'皆無辭以對。引彼證此，自相乖剌。而鄭《箴膏肓》曰：'《周禮》：邦交，世相朝。《左氏》合古禮。'按：父子相繼曰世，非謂三年之中必相朝。依禮，三年喪畢，當先朝天子，不得誣《周官》。《喪服·斬衰章》一曰君。天王崩未葬，而諸侯自相朝，此何禮也？君母之喪服斬。盟禮非皮弁即朝服，以大蒐爲非禮，而以盟爲禮，此何禮也？文二年，'襄仲如齊納幣，禮也。凡君即位，好甥舅，修婚姻，取元妃以奉粢盛，孝也。孝，禮之始也。'按《公羊》曰：'三年之内不圖昏。'董子曰：'納幣之月在喪分，故謂之喪取。'而《箴膏肓》曰：'僖公母成風主昏，得權宜之禮。'按《禮》，爲長子三年，無論成風不當主昏，即主昏，亦須禫後。凡事可以權，三年之重無所謂權。鄭此說，所謂'又從而爲之辭'。《左氏》習於衰世之故，以非禮爲禮。不知《春秋》所書，皆直書其事，不待貶絶而其惡自見者也。隱元年三月，'公及邾儀父盟于蔑'。惠公之薨，日月無考，但在元年，不過小祥前後。隱於十一年十一月薨，而桓公元年三月'公會鄭伯于垂'，四月又'盟于越'，未五月也。莊於三十二年八月薨，而閔元年八月，'公及齊侯盟於落姑'。文於十八年春二月薨，而宣元年八月，'公會齊侯于平州'。此既祥也。八年六月，'夫人姜氏薨'，二月，'公如齊'。襄四年秋七月，'夫人姒氏薨'，冬，'公如晉'。九年五月，'夫人姜氏薨'，冬十二月，'同盟于戲'。此未祥也。書列國，若桓四十年十二月，齊僖公卒，十五年六月，襄公會于艾；僖九年三月，宋桓公卒，夏，襄公會于葵丘；十二年十二月，陳宣公卒，十三年四月，穆公會于鹹；二十五年四月，衛文公卒，十月，成公會于洮；二十七年六月，齊孝公卒，二十八年五月，昭公盟于踐土；成十四年十月，衛定公卒，十五年三月，獻公盟于戚；襄四年三月，陳成公卒，五年秋，哀公會于戚；十五年十一月，晉悼公卒，十六年三月，會于溴梁；定三年二月，邾莊公卒，冬，仲孫何忌及邾子盟于拔；四年二月，陳惠公卒，三月，懷公會于召陵，五月盟于皋鼬，與宣十年夏四月己巳，齊侯元卒，冬，齊侯使國佐來聘，未踰年而稱侯以使，《春秋》因其背禮之實，直書以示譏，例同，則凡未終喪而出盟會，與背殯而出如宋襄、陳宣者，遲速不同，其悖禮等。《穀梁》於僖九年發傳，曰'以宋子爲無哀'。此譏不勝譏之意，深得《春秋》微旨。杜預不察，乃創爲既葬除喪之說耳。"案：朱氏論甚正。《左傳》序事之書，據事直書，不加褒貶，是史家通例，猶可說也。其所云禮多當時通行之禮。春秋衰世，不遵古制，亦不必爲《左氏》深咎。惟此條及文二年"襄仲如齊納幣"、襄元年"邾子來朝"之類，乃《左氏》自發之凡。說《左氏》者以凡例出於周公，是周公已定短喪之法矣，此則萬無可解。即申《左氏》者亦莫能申其說，必如劉申受說，以凡例爲劉歆竄入，乃可爲《左氏》解也。

　　二年傳：襄仲如齊納幣，禮也。

　　【膏肓】喪服未畢而行昏禮，《左氏》爲短。本疏。袁氏考證曰："《禮記·檀弓》疏謂'《公羊》譏其喪娶'，即《膏肓》之義也。"

　　【箴】僖公母成風主昏，得權時之禮。《禮記·檀弓》疏。

　　【疏證曰】劉逢祿評曰："此鄭違心之論。莊公母主取仇女，亦權宜之禮乎？"錫瑞案：《左傳集解》曰："傳曰：'禮也。'僖公喪終此年十一月，則納幣在十二月也。《士昏》六禮，其一納采，納徵始有玄纁束帛，諸侯則謂之納幣。其禮與士禮不同，蓋公爲太子時已行昏禮也。"正義曰："《公羊傳》曰：'此何以書？譏。何譏爾？譏喪娶也。娶在三年之外，則何譏乎喪娶？三年之内不圖昏。'其意謂此喪服未畢而行昏禮也。何休據此作《膏肓》，以《左氏》爲短。今《左氏傳》謂之'禮也'，必是喪服已終。杜以《長曆》推之，知僖公以其三十三年十二月薨，至此年十一月喪已畢矣。納幣雖則無月，以傳言'禮'，則知納在十二月也。"《公羊解詁》曰："僖公以十二月薨，至此未滿二十五月。又禮先納采、問名、納吉，乃納幣，此四者皆在三年之内，故云爾。"《繁露·玉杯》曰："《春秋》譏文公以喪娶，難者曰：'喪之法，不過三年，三年之喪，二十五月。今按經文乃四十一月方取，取時無喪，出其法也久矣，何以謂之喪取？'曰：'《春秋》之論事，莫重乎志。今取，必納幣。納幣之月在喪分，故謂之喪取也。'"據此，則《公羊》譏喪娶，辭嚴義正，以納幣猶在三年內，納采、問名、納吉更在前也。《左氏》以爲禮，非但何君譏之，范甯亦譏之，曰："《左氏》以文公納幣爲用禮，以納幣爲用禮，是居喪可得而婚也。"杜預無以解之，乃臆斷納幣在十二月，又妄意納采在爲太子時，可謂鄉壁虛造，強辭飾説矣。鄭云權禮，亦屬強辭。詳見前"穆伯如齊"一條，可以互證。

五年傳：王使榮叔來含且賵，禮也。

【膏肓】禮，尊不含卑，又不兼二禮。《左氏》以爲禮，於義爲短。本疏。

【箴】禮，天子於二王后之喪，含爲先，襚次之，賵次之，賻次之；於諸侯，含之，賵之；小君，亦如之；於諸侯臣，襚之。諸侯相於，如天子於二王后；於卿、大夫，如天子於諸侯；於士，如天子於諸侯臣。何休曰"尊不含卑"是違禮，非經意。其一人兼歸二禮，亦是爲譏。同上。

【疏證曰】劉逢祿評曰："諸侯含士則可，天子含諸侯妾母則不可。士聘，妾不聘，貴賤各殊也。"錫瑞案：《左傳正義》曰："賈、服云：'含、賵當異人，今一人兼二使，故書'且'以譏之。'按：《禮·雜記》諸侯相弔之禮，含、襚、賵、臨同日而畢，與介代有事焉，不言遣異使也。諸侯相於，則惟遣一使，而責天子於諸侯必當異人，禮何所出而非責王也？春秋之世，風教陵遲，吉凶賀弔罕能如禮。王之崩葬，魯多不行。魯之有喪，寧能盡至？王歸含、賵二事而已。宰咺又賵而不含，不至全無所譏；不含，又無貶責。既含且賵，便責兼之，不可。是禮備不如不備，行禮不如不行，豈有如此之禮哉！《左傳》舉'來含且賵''會葬'二事，乃云'禮也'，則二事俱是得禮，無譏'兼之'之意也。"引何休《膏肓》云云，曰："如康成言，尊不含卑，禮無其事。康成以爲譏一人兼二事者，非《左氏》意也。"《公羊傳》："其言'歸含且賵'何？兼之。兼之非禮也。"解詁曰："且，兼辭。以言且，知譏兼之也。含言歸者，時主持含來也。去天者，含者臣子職，以至尊行至卑事，失尊之義也。不從含晚言來者，本不當含也。主書者，從含也。"《公羊義疏》曰："按：《雜記》歷記弔者、含者、襚者，又云'上介賵'，明非一人。春秋時，不能備禮者甚多。孔子作《春秋》係垂法之書，故據禮以譏非禮，非專爲榮叔責也。又按：含者，孝子爲不忍其親之虛其口，緣生以事死。《檀弓》云：'不以食道，用美焉爾。'《雜記》所陳，乃諸侯相於。諸侯所以得含者，諸侯敵體，有兄弟之義，故於其親喪，宜如子職，成二年《左傳》云'寡君之母也，若以匹敵，則亦晉君之母'是也。天子則諸侯之君父，故不得行含禮。舊疏云含者'太宰掌之'，故亦非。《周禮·太宰職》無共諸侯含玉之文，即有其事，亦是奉天子之命，不得以爲臣子職也。何注所謂'臣子職'者，自謂本國臣子職當含耳。天子失尊，故去天以張義。《通義》用胡康侯之説，以天子含、賵妾媵爲王法廢、人倫亂。又謂：'仲子之賵，其使不過宰士，況桓母本貴。至是僖公之母直以妾媵儼然匹敵，而天子再遣其上大夫來，又賵者卑事，亦使貴、使親之失正甚矣。故賵仲子言天王，賵成風則不言天王。'然《公羊》之義，母以子貴。婦人以生子爲榮，正即由此。若謂天子不宜加禮妾母，則仲子亦不宜賵，豈得以貴賤分之，即有稱王與稱天王之殊與？"錫瑞謂：陳卓人解《公羊》甚確，斯爲顓門之學。劉申受《公羊解詁箋》不從《公羊》"母以子貴"之義，故此評不云"天子含諸侯之母不可"，而云"天子含諸侯妾母不可"，然妾母不得稱夫人，是《穀梁》義，非《公羊》義。孔巽軒用胡康侯説，亦《穀梁》義，非《公羊》義也。若譏兼之非禮，《公》《穀》義同。《穀梁傳》曰："含一事也，賵一事也，兼歸之，非正也。"賈、服解《左傳》，采《公》《穀》説。杜氏作《集解》，乃專主《左傳》，其於《左氏》自是顓門，而與《春秋》之旨不合也。鄭君據《雜記》不以"尊不含卑"爲非禮，而以"兼歸二禮"爲非禮，兼《公羊》《左傳》之義。鄭於三《傳》，本不主一説也。

九年傳：秦人來歸僖公、成風之襚，禮也。

【膏肓】禮主於敬，一使兼二喪，又於禮既緩，而《左氏》以之爲禮，非也。本疏。

【箴】若以爲緩，按《禮》，衛將軍文子之喪，既除喪，而越人來弔，子游何得善之？同上。袁氏輯本此下有"若譏一使"以下二十四字。錫瑞案："此二十四字乃孔疏之文，袁氏並引以爲鄭《箴膏肓》之文，非是。孔本無之，是也。今删去不録。"

【疏證曰】劉逢禄評曰："襚施於死者，弔施於生者，鄭不足爲難也。"錫瑞案：《左氏傳》："諸侯相弔賀也，雖不當事，苟有禮焉，書也。"集解曰："送死不及尸，故曰'不當事'。"正義曰："此雖廣言諸侯，主爲秦人發傳。隱元年王使來賵，尚譏其緩，若是同盟之國，必譏其緩可知。《釋例》曰：'秦之與魯本非方嶽同盟，魯薨不赴秦，秦不賵魯，自是其常也。僖、穆二公雖有同盟之義，二君已卒，則二子不得用同盟之禮也。今秦康公遠慕諸華，欲通敬於魯，無以爲辭，因翟泉有盟，追贈僖公，並及成風，假弔禮而行，故曰禮也。送死不及尸，謂不當其事。書者，書之於策，垂之子孫，以示過厚之好也。'是言此傳主爲秦也。僖公、成風服除久，今始來弔贈，當以變禮待之。《檀弓》曰：'衛將軍文子之喪，既除喪而後越人來弔，主人深衣練冠，待於廟，垂涕洟。子游曰：將軍文氏之子，其庶幾乎！亡於禮者之禮也。其動也中。'是古有以服終來弔者也。"引何休《膏肓》云云，曰："是鄭不非其緩也。若譏一使兼二禮，《雜記》諸侯弔禮有含、襚、賵、臨，可以一使兼行，知休言非也。"《公羊傳》曰："其言僖公、成風何？兼之。兼之，非禮也。"解詁曰："禮主於敬，當各使一使，所以別尊卑。"《公羊義疏》曰："上五年'王使榮叔歸含且賵'，傳：'其言歸含且賵何？兼之。兼之，非禮也。'彼譏其一人兼二事，此譏其一人襚二人也，與隱元年譏宰咺兼之同義。"錫瑞案：譏兼非禮，乃《公羊》通例。傳但云譏兼之，何作《解詁》亦但解傳，不云譏緩，譏緩特發之於《膏肓》。杜注、孔疏力申《左傳》不譏其緩，以釋《膏肓》之疑。疏引《檀弓》，即本鄭箋。劉申受分別襚施死者、弔施生者，足以解鄭《箋》之難矣。疏引《雜記》謂爲"一使兼行"，以此非何君，並非《公羊》。按：《雜記》明云弔者、含者、襚者，又云"上介賵"，非一使兼行可知，不當如孔疏之說也。

十八年傳：此三族也，世濟其凶，增其惡名，以至於堯，堯不能去。

【膏肓】孔子云："蕩蕩乎，堯之爲君！唯天爲大，唯堯則之。"今如《左氏》，堯在位數十年，久抑元、愷而不能舉，養育凶人以爲民害而不能去，則孔子稱堯，虛言也。桀、紂爲惡，一世則誅。四凶歷數十歲而無誅放。《易》云"積不善之家，必有餘殃"，虛言也。《左氏》爲短。本疏。

【箋】闕。

【疏證曰】劉逢禄評曰："鄭《箋》無考。據《尚書注》，鄭以'放四凶'之文在'封山濬川'下，以爲在禹平水土後，則非也。《左氏》引《夏書》曰'地平天成'，自是禹作司空之事，今以屬八愷，則未知孰爲禹也；'布五教'，自是契作司徒之事，今以屬八元，則未知孰爲契也。顓頊即高陽，今於高陽之子曰'世濟其美'，於顓頊曰'世濟其凶'，誣矣。"錫瑞案：《左傳集解》曰："方以宣公比堯，行父比舜，故言堯亦不能去，須賢臣而除之。"正義曰："宣公不能去莒僕，而行父能去之，恐宣父以不去之爲恥，行父以去之爲專，史克方以宣公比堯，行父比舜。故言堯朝有四凶，堯亦不能去，須賢臣而除之，所以雪宣公不去之恥，解行父專擅之失也。然則聖主莫過於堯，任賢，王政所急，大聖之朝，不才總萃，雖曰帝其難之，且復何其甚也！此四凶之人，才實中品，雖行有不善，未有大惡，故能仕於聖世，致位大官。自非聖舜登庸，大禹致力，則滔天之害未或可平。以舜禹之成功，見此徒之多罪。勳業既謝，怨釁自生，爲聖所誅，其咎益大。且虞史欲盛章舜德，歸罪惡於前人。史克以宣公比堯，同四凶於莒僕，此等並非下愚，未有大惡，其爲不善，唯帝所知。《尚書》將言求舜以見帝之知人，此傳安慰宣公，故言堯不能去。辭各有爲，情頗增甚。學者當以意達文，不可即以爲實。"《集解》又曰："史克激稱以辨宣公之惑，釋行父之志，故其言美惡有過辭，蓋事宜也。"正義曰："言美則大美，言惡則大惡。禹則鯀之子也，說禹則云'世濟其美'，言鯀則云'世濟其凶'，明其餘亦有大過，非其實也，蓋事勢宜然耳。"引何休云云，曰："但堯之爲君，能舉十六相，去四凶。四凶之人，未必世濟其凶。但史克欲明行父之志，欲辨宣公之惑，故美惡過辭，具於此注。何休之難不足疑也。"據此，則《膏肓》所難，杜、孔已曲解之。孔疏不引鄭《箴》，未知鄭意與此同否。舜舉十六族，去四凶，《史記·五帝本紀》引之，非劉歆所增竄也。劉評謂"顓頊即高陽"，則不盡然。《春秋命歷序》曰："少昊傳八世，顓頊傳九世，帝嚳傳十世。"《稽覽圖》曰："黃帝一千五百二十年，少昊四百年，顓頊五百年，帝嚳三百五十年。"緯書所云傳數世、歷數百年，蓋謂帝者之後降爲諸侯，不改國號。鄭注《虞書》"三帛"曰："高陽氏之後用赤繒，高辛氏之後用黑繒。"是堯、舜時有高陽氏，乃顓頊之後，不得以爲即顓頊也。《三統曆》曰"顓頊五世而生鯀"，其中數代不著名氏，或無令德之人，謂之"世濟其凶"，事或有之。惟禹乃鯀之子，又云"世濟其美"，則其說終不可通耳。孔廣林說推衍傳意，略同孔疏，不及孔疏之精，茲不具錄。

宣公

二年傳：失禮違命，宜其爲禽也。

【膏肓】休以爲狂狡近於古道。《詩·大明》疏。

【箋】狂狡臨敵拘於小仁，忘在軍之禮，譏之，義合於讖。同上。

【疏證曰】劉逢祿評曰："讖違經義，安可從也！此即《考異郵》刺宋襄之説，然狂狡蓋欲生致鄭人，亦非古道。"錫瑞案：劉説是也。《左傳正義》曰："狂狡失即戎之禮，違元帥之命，曲法以拯鄭人，宜其爲禽也。"《詩·大明》正義曰："其在軍之士，則聽將之命，不得縱舍前敵，曲爲小仁。"引宣二年《左傳》云云，曰："是軍士當從上命也。雖成湯伐桀，《尚書》云'爾不從誓言，予則孥戮汝'，明軍士雖爲至德之師，不可違命縱敵也。"據孔疏，皆申《左氏》者也。何君以爲古道，似太迂。鄭君必欲以讖決之，則又固矣。

五年傳：冬，來，反馬也。

【膏肓】禮無反馬之法，而《左氏》以爲得禮。禮，婦人謂嫁曰歸，明無大故，不反於家。經書"高固及子叔姬來"，故譏乘行匹至也。《儀禮·士昏禮》疏。袁氏考證曰："《士昏禮》疏稱'休以爲'云云，'反馬'下本無'之法'字，從本疏補。本疏云《昏禮》'無反馬，故何休據之作《膏肓》，以難《左氏》，言禮無反馬之法'。"

【箋】《冠義》云"無大夫冠禮，而有其昏禮"，則昏禮者，天子、諸侯、大夫皆異也。本疏。袁氏考證曰："本疏作'鄭玄答之'云云，《詩·鵲巢》疏作'《箋膏肓》'。"《士昏禮》曰："主人爵弁、纁裳、緇袘，從者畢玄端，乘墨車，從車二乘，執燭前馬。婦車亦如之，有裧。"此婦車出於夫家，則士妻始嫁乘夫家之車也。《詩·鵲巢》云："之子于歸，百兩御之。"又曰："之子于歸，百兩將之。"將，送也。國君之禮，夫人始嫁自乘其家之車也。《何彼襛矣》篇曰："曷不肅雝，王姬之車。"言齊侯嫁女，以其母王姬始嫁之車遠送之。《士昏禮》疏。袁氏考證曰："'此婦車'三句本作'此婦乘夫家之車'，'《詩·鵲巢》云'本作'《鵲巢》詩曰'，無'將，送也'三字，'乘其'下無'家之'二字，從本疏增改。本疏'《士昏禮》曰'之'曰'作'云'，'袘'作'衣'，無'從者'五字，'二乘'下無'執燭前馬'四字，'如之'下無'有裧'二字，無'《何彼襛矣》'以下三十一字。則天子、諸侯嫁女，留其乘車可知也。高固，大夫也，來反馬，則大夫亦留其車也。《禮》雖散亡，以《詩》之義論之，大夫以上，其嫁皆有留車反馬之禮。

留車，妻之道也。反馬，壻之義也。高固以秋九月來逆叔姬，冬來反馬，則婦入三月祭行乃反馬，禮也。本疏。袁氏考證曰："《士昏禮》疏

'嫁女'作'女嫁','留其'句無'乘''也'二字,'高固'已下作'今高固大夫反馬,大夫亦留其車。以《詩》論之,大夫以上至天子,有反馬之禮','之道''之義'下並無'也'字,'高固以秋九月來逆叔姬'無'以''九月來'三字,'乃反馬'作'故行反馬'。又《詩·鵲巢》疏云:'《箋膏肓》引《士昏禮》曰:主人爵弁、纁裳,從車二乘;婦車亦如之,有裧。又引此詩,乃云:此國君之禮,夫人自乘其家之車也。'又云:'《禮》雖散亡,以《詩》義論之,天子以至大夫皆有留車反馬之禮。'《葛覃》疏引《士昏禮》,云'歸入三月,而後祭行'。並删約之辭。"

【疏證曰】劉逢禄評曰:"《春秋》之義,大夫不得外娶,大夫尤不得從妻歸宗。反馬之禮,在國行之可也,鄭不揣其本矣。"錫瑞案:《左傳集解》曰:"禮,送女留其送馬,謙不敢自安,三月廟見,遣使反馬。高固遂與叔姬俱寧,故經、傳具見以示譏。"正義曰:"禮,送女適於夫氏,留其所送之馬,謙不敢自安於夫,若被出棄,則將乘之以歸,故留之也。至三月廟見,夫婦之情既固,則夫家遣使反其所留之馬,以示與之偕老,不復歸也。法當遣使,不合親行。高固因叔姬歸寧,遂親自反馬,與之俱來。故經、傳具見其事,以示譏也。《儀禮·昏禮》者,士之禮也,其禮無反馬,故何休據之作《膏肓》以難《左氏》,言禮無反馬之法。"鄭玄答之云云,"是説禮有反馬之法,唯高固不宜親行耳。杜言'三月廟見',謂無舅姑者。《士昏禮》:'婦至,其夕成昏。質明,贊見婦於舅姑。若舅姑既没,則婦入三月乃奠菜。'鄭玄云:'奠菜者,祭菜也。'又《記》曰:'婦入三月,然後祭行。'鄭玄云:'謂助祭也。'《曾子問》篇端稱孔子曰:'三月而廟見,稱來婦也。擇日而祭於禰,成婦之義也。'鄭玄云:'謂舅姑没者也。'是舅姑没者以三月而祭,因以三月爲反馬之節。舅姑存者亦當以三月反馬也。《士昏禮》又稱:'若不親迎,則婦入三月,然後婿見於妻之父母。'此高固親迎,則不須更見,故譏其親反馬也。"《儀禮》鄭注曰:"士妻之車,夫家共之。大夫以上嫁女,則自以車送之。"疏曰:"云'大夫以上嫁女,則自以車送之'者",案宣公五年冬《左傳》云云,"以此鄭《箋膏肓》言之,則知大夫已上嫁女,自以其車送之。若然,《詩》注以爲王姬嫁時自乘其車;《箋膏肓》以爲齊侯嫁女,乘其母王姬始嫁時車送之。不同者,彼取三家《詩》,故與《毛詩》異也。"《公羊解詁》曰:"禮,大夫妻歲一歸宗。叔姬屬嫁而與高固來,如但言叔姬來。而不言高固來，則魯負教戒重，不可言。故書高固，明失教戒重在固。言及者，猶'公及夫人'。"《公羊通義》曰："禮，諸侯、大夫嫁女，有車馬送之，女留其車，示不敢必安。三月祭行，然後夫家遣使反馬。今高固親來，因與叔姬雙行歸寧，失禮合譏，故並書見之，又足起反馬之實。若但舉子叔姬，乃嫌叔姬有失行，不得成爲婦，甫嫁遽歸，故不可也。"《公羊義疏》曰："按：反馬之説，出於《左氏》。推士禮以言，大夫以上婦人出嫁，亦當乘其夫家之車。男師女、女從男之義，所以重恥遠嫌也。《詩》之'百兩御''百兩將'，自美其送迎之盛爾，不得據爲婦人自乘其車之證，何知婦車不在'百兩御'之中乎？《昏禮》雖士禮，如三月廟見諸節既同，何所見婦車一節獨異焉？劉氏猶牽涉《左氏》反馬説也。"錫瑞謂：陳卓人説與孔巽軒、劉申受異。反馬之説，《左氏》一見，外不見於他經，蓋出於古文家。鄭君據"無大夫冠禮，而有其昏禮"，謂大夫以上昏禮與士不同。大夫以上三月廟見成昏，今古文説皆同，鄭君不從。大夫以上三月廟見反馬，專出於古文説，鄭君從之。孔賈兩疏，皆足證明鄭義。孔巽軒、劉申受之説亦即《左傳》孔疏之意。何君明云"禮無反馬之法"，是今文家不用古《左氏》説。若如孔説，反馬當遣使，不當親來，劉説反馬在國可行、不得外娶，皆與何君義違。此條用古文説，當從鄭義；用今文説，當從陳氏申何也。

九年傳：孔子曰："《詩》云：'民之多辟，無自立辟。'其洩冶之謂乎！"

【膏肓】休以爲洩冶無罪。《公羊·宣二十年傳》疏。

【箋】闕。袁氏考證曰："休注《公羊》亦謂洩冶有罪，何得作《膏肓》以短《左氏》？"

【疏證曰】《公羊》宣十二年"春，葬陳靈公"，傳解詁曰："不從殺洩冶不書葬者，洩冶有罪，故從討賊書葬，則君子辭與泄冶罪兩見矣。"疏云："案：何氏作《膏肓》，以爲泄冶無罪而此注云有罪者，其何氏兩解乎？正以《春秋》之義殺無罪大夫者，例去其葬以見之。今乃經書靈公之葬，則知泄冶有罪明矣。而《膏肓》以爲無罪者，蓋以諫君之人罪之無文，而《左氏》罪之，故言無罪矣。而此何氏以爲有罪者，其更有他罪乎？"《公羊通義》曰："陳靈公淫於夏姬，泄冶諫而死。何氏《膏肓》以爲泄冶無罪，是也。"《解詁箋》曰："何氏《膏肓》以爲泄冶無罪，是也。不書葬，則君子辭不著。不月者，討賊者非臣子，本不得書葬。又殺泄冶，當去葬，故不足也。"錫瑞謂：泄冶無罪，以《穀梁傳》爲正。傳曰："稱國以殺其大夫，殺無罪也。泄冶之無罪如何？陳靈公通於夏徵舒之家，公孫甯、儀行父亦通其家，或衣其衣，或衷其襦，以相戲於朝。泄冶聞之，入諫曰：'使國人聞之，則猶可；使仁人聞之，則不可。'君愧於泄冶，不能用其言而殺之。"其序事與《左傳》略同，殺無罪則與《左傳》異。《公羊》不載泄冶事本末，罪泄冶與否，傳無明文。何君作《膏肓》，蓋用《穀梁》之義；而解《公羊》拘於殺無罪大夫去葬之例，故以書葬爲泄冶有罪。疏謂"更有他罪"，乃强爲調停之辭。古人著書，前後歧異者甚多。孔氏、劉氏謂當從《膏肓》，以爲無罪，是也。《左傳》引"孔子曰"，蓋非孔子之言。孔疏引僞《家語》，尤不足據。《釋例》鍛煉泄冶罪案，殊乖聖人教忠之旨。孔廣林復揚其波，謬説皆不足録。鐘文烝《穀梁補注》曰："孔子稱比干爲仁，泄冶庶幾近之。王肅《家語》載孔子語，謂泄冶不得同比干，引《詩·板》篇與《左傳》文同，皆不足據也。何休説《公羊》言泄冶有罪，似用《左傳》；其作《膏肓》則以爲無罪，蓋以《左傳》究不可用。"

十年傳：書曰崔氏，非其罪也；且告以族，不以名。

【膏肓】《公羊》譏世卿。本疏。袁氏考證曰："疏云'《膏肓》以爲《公羊》譏世卿，而難《左氏》'，是孔約鄭義，文不具。"

【箴】闕。袁氏考證曰："本疏引蘇氏云：'崔杼祖父名不見經，則知非世卿。且春秋之時，諸侯擅相征伐，猶尚不譏世卿，雖曰無禮，夫子何由獨責？'按：鄭《箴》每引蘇氏之説，此爲鄭引與否不可知，然亦足以補《箴》闕矣。"錫瑞案：疏引"蘇氏釋曰"，是孔疏引蘇説。袁氏引之以補《箴》闕，可也；謂鄭君引蘇氏之説，則大誤矣。蘇又引"鄭《駁異義》引《尚書》'世選爾勞'，又引《詩》刺幽王'絶功臣之世'，然則興滅繼絶，王者之常，譏世卿之文，其義安在"，引蘇氏説，不若引鄭《駁》以補鄭《箴》尤確也。

【疏證曰】劉逢禄評曰："鄭《駁異義》引《詩》《書》，以難譏世卿之義。不知《春秋》之禮，謂卿之子當試之以士，考績之後始黜陟之，不宜驟登卿位也。於《詩》《書》之義，何不合之有？春秋時，世卿之禍亟矣，擇其尤著者譏之。周尹氏、齊崔氏，皆先著其世，而後徵其禍，何待祖父之名見乎？且《詩》刺'尹氏太師'，入春秋來，無其祖父接内之事，安得見於經？故於其卒也見不當世，世乃有立王子朝之禍。崔氏之復歸,例不得書,故於其奔也見不當世,世乃有弒其君光之禍。至敵國相征伐,孟子所謂春秋無義戰也,蘇氏豈不知邪?"《公羊義疏》曰:"按:襄二十五年傳謂崔氏出自丁,明丁公之后世爲大夫,故得詳其世系。又崔夭見諸僖二十八年城濮之戰,隨伯者敗楚,必非微者矣,何得以名不見經爲嫌?春秋世卿之禍最多,魯三家、晉六卿、齊田氏其尤烈者,故《春秋》於世卿譏之尤力。蘇氏但以非禮日之,不亦偵!"孔廣林謂:"齊惠公時,高固、國佐用事,崔氏無聞。杼父夭唯城濮之戰一見,他亦不著。杼爲大夫,在魯成公十七年,此時未參國政,何譏世卿之有?五年,公如齊,高固使齊侯止公,請子叔姬。固作威福,於斯可見。崔氏無大惡,高、國徒以杼有寵,畏其偪,以私怨舉族逐之,故傳特釋之曰:'非其罪也。'《公羊》自失經義,乃據以難《左》,過矣。"錫瑞案:孔廣林以《左傳》之説爲經義,何足以知《春秋》?劉、陳兩説,皆能駁蘇氏之釋,申何君之義,而《春秋》微旨尚未發明。周制本有世禄,許君作《異義》引《易》《詩》《書》《論語》,鄭《駁異義》引《詩》《書》以證,則《左氏》説"官有世功,則有官族",亦不得謂之誤,而《公羊》《穀梁》必譏世卿者,孔子作《春秋》,不盡用周制。當時世卿太盛,三家分晉、陳氏篡齊之萌已見。《春秋》爲後王立法,當廢世卿,故《公羊》於尹氏、崔氏兩著其文,何君再申其旨。自漢以後,遂廢世卿,用選舉,則《春秋》之法行於後世矣。古文家必以周制繩之,烏知《春秋》之義!

成公

八年傳:凡諸侯嫁女,同姓媵之,異姓則否。

【膏肓】媵不必同姓,所以博異氣。今《左傳》異姓則否,十年齊人來媵,何以無貶刺之文?《左氏》爲短。本疏。

【箴】《禮》稱納女於天子云備百姓;於國君云備酒漿。天子云備百姓,博異氣;諸侯直云備酒漿,不得云百姓,是不博異氣也。何得有異姓在其中?齊是大國,今來媵我,得之爲榮,不得貶也。本疏。袁氏考證曰:"'備酒漿'下本無'天子云備百姓、博異氣,諸侯直云備酒漿'十六字,'異氣也'下本無'何得有異姓在其中'八字,從《穀梁》成十年'齊人來媵'疏引文補入。《穀梁疏》止引此二十四字。"

【疏證曰】劉逢禄評曰:"無貶文者,以宋,王者之后,宋共姬之賢,爲王后法也。諸侯不得博異氣，《左氏》之説然矣。鄭又以非禮爲榮，則不得貶，所謂'説之不以其道'説也，豈《春秋》之禮乎？"陳立曰："按：劉氏之説亦非《公羊》義。《公羊》新周、故宋，無托宋見王之義。諸侯不得博異氣，亦鄭氏就《曲禮》強爲之解耳。"錫瑞案：《左氏》經"齊人來媵"，集解曰："無傳。媵，伯姬也。異姓來媵，非禮也。"據此，則杜氏已加貶辭。何君云"無貶刺之文"者，《集解》非何君所見，何所云謂《左氏傳》也。《公羊》"齊人來媵"。傳："媵不書，此何以書？録伯姬也。三國來媵，非禮也，曷爲皆以録伯姬之辭言之？婦人以衆多爲侈也。"惠士奇《春秋説》曰："内女嫁於諸侯，惟紀叔姬、宋共姬書之最詳。故媵不稱歸，而叔姬書歸，以其節；歸不書媵，而共姬之歸書三國來媵，以其賢。《公》《穀》二傳皆以爲詳其事而重録之，實得《春秋》之義。俗儒謂三國來媵爲非禮，如其然，則内女嫁於諸侯，豈皆無媵？其來媵也，豈盡合禮？曷不皆書，獨此賢女共姬之歸而備書之，以示譏哉？且書來聘、書納幣、書致女，此獨屢書。其未歸也，衛人來媵；其既歸也，齊、晉大國亦來媵，未聞内女之嫁若是者。《公羊》所謂'婦人以衆多爲侈'者，不其然乎！"案：惠説得經意。

十四年傳：舍族，尊夫人也。

【膏肓】《左氏》以叔孫僑如舍族爲尊夫人。案，襄二十七年"豹及諸侯之大夫盟"，復何所尊而亦舍族？《春秋》之例，一事再見者，亦以省文耳，《左氏》爲短。本疏。

【箴】《左氏》以豹違命，故貶之而去族。今僑如無罪而亦去族，故以爲尊夫人也。《春秋》有事異文同，則此類也。同上。

【疏證曰】劉逢禄評曰："一事再見不加氏者，見終奉君命。貶豹之辨，詳見《左氏春秋考證》，曰：若僅言'諸侯之大夫'，而不言'豹及'，則嫌於豹與會而不與盟。經自有一事再見卒名之例，見其奉君命以始終也。自劉歆等妄竑書法，而鄭、賈、服、杜紛紛聚訟，本不足辨。去族，非滅國如無駭，大逆如翬、遂，不著此例。即以此文而論，豹正得《聘禮》出竟專行之義，況公命爲季孫所諉，苟圖私便，不恤國體，豹所深知者乎！自僞書法出，而縱秦檜之奸，掣武穆之柄，禍有不可勝言者矣。"錫瑞案：《左氏傳》云"尊夫人也"，與宣元年傳同。宣元年傳集解曰："遂不言公子，替其尊稱，所以成小君之尊也。公子，當時之寵號，故傳不言舍族。《釋例》論之備矣。"正義曰："公子亦是寵號，其事與族相似。魯臣有罪，則貶去其族。族去，則非卿。今遂與夫人俱至，物無兩大，人不並尊。若從夫人者尊，則夫人卑矣。故替其尊稱，令從夫人者卑，則夫人尊矣。《釋例》曰：'往必稱族，以示其重，還雖在塗，必舍族以替之，所以成小君之尊，是其義也。'成十四年叔孫僑如逆女及以夫人至，其文與此正同。彼傳云：'稱族，尊君命。舍族，尊夫人。'此傳不言稱族、舍族者，《釋例》曰：'傳云："公子遂如齊逆女，尊君命也。遂以夫人婦姜至自齊，尊夫人也。"叔孫僑如逆女，則往曰稱族，還曰舍族。然則公子、公孫，繫公之常言，非族也。'是言公子非族，故與彼異文。公子雖則非族，稱、舍亦與族同。故其言尊君命、尊夫人，與彼亦不異也。"《公羊·宣元年傳》曰："遂何以不稱公子？一事而再見者，卒名也。"解詁曰："卒，竟也。竟但舉名者，省文。"案：何君《膏肓》與《解詁》義同。一事再見省文，《公羊》說甚直捷，《左傳注》、疏徒爲辭費。鄭《箴》引豹違命去族以證，即孔疏所謂魯臣有罪去族也。劉氏《評》已辨之。舍族稱夫人，亦不必如《左氏》所說。《公羊義疏》曰："按：此與宣元年'公子遂如齊逆女。三月，遂以夫人婦姜至自齊'同一文法，從彼傳'一事而再見者卒名'，可知例也。"是也。

十七年傳：晉范文子反自鄢陵，使其祝宗祈死。六月戊辰，士燮卒。

【膏肓】休以爲：人生有三命，有壽命以保度，有隨命以督行，有遭命以摘暴，未聞死可祈也。昔周公之隆，天不出妖，地不出孽，陰陽和調，災害不生。武王有疾，周公植璧秉珪，願以身代。武王疾愈，周公不夭。由此言之，死不可請，偶自天禄欲盡矣，非果死。今《左氏》以爲果死，因著其事以爲信然，於義《左氏》爲短。《公羊·襄二十九年傳》疏。本疏引"人生"至"祈也"止。

【疏證曰】劉逢禄評曰："范子文不能正色立朝，免君於難，僅以祈死全名，雖愈於叔孫舍之遘禍而祈死，要非君子所貴也。"錫瑞案：《左傳集解》曰："傳言厲公無道，故賢臣憂懼，因禱自裁。"正義曰："劉炫以爲'士燮及昭子之卒適與死會，非自殺。'今知非者，以傳云'使祝宗祈死'，又云'祝我使我速死，無及於難'，是其欲死之意；叔孫昭子心懷憂懼，亦與此同，身皆並卒，故知自裁。若其二人之死適與死會，《春秋》之内惟有兩人願死，何得身死皆與相當？故杜斟酌傳文，以爲自殺。劉以爲偶然而死，以規杜失，非也。"引何休《膏肓》云云。"故杜以爲因禱自裁也。"《公羊·襄二十九年》疏引何氏《膏肓》云云，曰："今此謁等亦自祈死，而得難《左氏》者，《公羊》此事直言謁等愛其友弟，致國無由，精誠之至而願蚤卒，遂忘死不可祈之義，如周公代死、子路請禱之類，豈言謁等祈得死乎？而謁及餘祭之死，或入巢之門，或閽人所殺，抑亦事非天眷也，豈如《左氏》以果死爲信然？故得難之。"據此二疏，則杜因何君之難，創爲因禱自裁之説，以圓《左傳》之意。然傳無明文，未知果爲自裁與否，故劉炫以此規杜。徐疏圓《公羊》之意，可云通達。孔廣林謂："傳云反自鄢陵而祈死，則是上年秋冬事，其死以今年六月，非一祈即死，死不因祈明甚。傳因文子之卒，欲見州蒲失道，賢臣憂懼不欲生，故追叙祈死事，以爲君人者鑑，豈真謂死可祈耶！"叔孫昭子事與此同，孔説亦能圓《左氏》之意。何君云"人生有三命"者，《祭法》正義引《援神契》云："命有三科，有受命以任慶，有遭命以謫暴，有隨命以督行。受命，謂年壽也。遭命，謂行善而遇凶也。隨命，謂隨其善而報之。"《白虎通·壽命》篇曰："命有三科以記驗，有壽命以保度，有遭命以遇暴，有隨命以應行。"

《論衡·命義》篇曰："《傳》曰：説命有三，一曰正命，二曰隨命，三曰遭命。"趙岐注《孟子》曰："命有三名，行善得善曰受命，行善得惡曰遭命，行惡得惡曰隨命。"《白虎通》《論衡》、趙岐注皆出《援神契》，何君亦本《援神契》爲説也。

十八年傳：所以復霸也。

【膏肓】霸不過五。本疏。

【箋】天子衰，諸侯興，故曰霸。夏有昆吾，商有豕韋、大彭，周有齊桓、晉文，此最彊者也，故書傳通謂彼五人爲五霸耳。但霸是彊國爲之，天子既衰，諸侯無主，若有彊者，即營霸業，其數無定限也。而何休以霸不過五，不許悼公爲霸，以鄉曲之學足以恣人。傳稱文襄之霸，襄承文後，紹繼其業，以後漸弱，至悼乃彊，故云復霸。同上。袁氏考證曰："疏引鄭玄云云，是《箋膏肓》之文。《膏肓》雖闕，觀鄭《箋》可得大略。知'而何休'以下非疏語者，文五年'王使榮叔來含且賵'，《箋》舉'何曰'亦非疏語，故知是鄭《箋》也。"

【疏證曰】劉逢禄評曰："《左氏》自論史事，非《春秋》假桓、文爲方伯之義，故不數晉悼，何氏未爲失也。"錫瑞案：《白虎通·號》篇曰："五霸者何謂也？昆吾氏、大彭氏、豕韋氏、齊桓公、晉文公是也。

或曰：五霸，謂齊桓公、晉文公、秦穆公、楚莊王、吳王闔廬也。或曰：五霸，謂齊桓公、晉文公、秦穆公、宋襄公、楚莊王也。"據此，則五霸古説有三，而數皆止於五。鄭《箴》主前一説，何義未知若何。《春秋》假桓、文爲二伯，而《公羊》文十二年傳"賢秦穆公能變"，僖二十二年傳"大宋公不鼓不成列"，宣十二年傳"與楚子爲禮"，定四年傳"吳稱子，憂中國"，《春秋》皆有褒辭，晉悼公無明文，故何君據《春秋》義，不許悼公爲霸。若《左氏》云"復霸"，是紀當時實事，何以難《左》，固屬太拘；鄭之箴何，亦可不必。

襄公

七年傳：夫郊祀后稷，以祈農事也。是故祈啓蟄而郊，郊而後耕。

【膏肓】《孝經》云："郊祀后稷，以配天；宗祀文王於明堂，以配上帝。"止言配天，不言祈穀。《詩·噫嘻序》疏。

【箴】《孝經》主説周公孝以必配天之義，本不爲郊祈之禮出，是以其言不備。《月令》孟春元日"祈穀於上帝"，是即郊天也；後"乃擇元辰，天子親載耒耜，躬耕帝籍"，是郊而後耕。二者之禮，獻子之言合，是郊天之與祈穀爲一祭也。同上。

【疏證曰】劉逢禄評曰："魯僭郊而避夏正，《禮》載獻子之言'正月日至，可以有事于上帝'，康成説《郊特牲》'魯之始郊，日以至'是也。啓蟄爲夏正月中氣，三王之郊皆以之，《夏時》'正月，啓蟄，初歲祭'，《易·益》卦氣正月爻云'王用享于帝'是也。《左氏》此篇及'凡祀，啓蟄而郊'篇，皆出坿益。"錫瑞案：《左傳正義》曰："《詩·噫嘻序》云：'春夏祈穀于上帝。'《禮》仲春之月令曰'是月也，天子乃以元日祈穀於上帝'，即是郊天之祭也，其下即云'乃擇元辰，天子親載耒耜，躬耕帝籍'，是郊而後耕也。獻子此言，正與《禮》合。《孝經》止言尊嚴其父祖，述孝子之志，本意不説郊天之祭，無由得有祈穀之言。何休《膏肓》執彼難此，追而想之，亦可以歎息也。"《公羊通義》曰："謹案：《周禮》以冬日至，祀昊天上帝於圜丘，配以帝嚳，謂之禘；又以夏正正月上辛，祈穀於上帝，配以后稷，謂之郊。禘、郊皆有常日，故不卜也。魯不敢效天子日至祀天之事，故用郊禮而擬禘月，轉卜三正，與《周禮》殊。康周公，得有此祭耳，非常禮也。"據孔疏，是引申鄭義。孔巽軒《通義》所云，亦鄭義也。鄭解魯郊與《公羊》何義本不異，惟何君據《孝經》，止言配天，不言祈穀，鄭兼用《左氏》，説郊天與祈穀是一祭，稍不同耳。《郊特牲》正義曰："崔氏、皇氏用王肅之説，以魯冬至郊天，至建寅之月又郊以祈穀，故《左傳》云'啓蟄而郊'，又云'郊祀后稷，以祈農事'，是二郊也。"案：此説殊謬，與鄭義不合，與何義亦不合，《公羊》《左氏》皆無此説。何君但云郊天不應祈穀，未云別有祈穀之郊。《左氏》説"郊祀后稷，以祈農事，是故啓蟄而郊"，是啓蟄之郊即是祈農事之郊，亦未分爲兩事，謂啓蟄郊後別有祈農事一郊也。周天子止一郊，而魯反有二郊，於理爲不通，王肅之説不可用也。當從鄭説，魯止一郊，不與天子郊天同月，轉卜三正，與《公羊》何義亦不相背。

十一年傳：季武子將作三軍。

【膏肓】《左氏》説云"尊公室"，休以爲與"舍中軍"義同，於義《左氏》爲短。本疏。

【箴】《左氏傳》云"作三軍，三分公室，各有其一"，謂三家始專兵甲，卑公室。云"《左氏》説云'尊公室'"，失《左氏》意遠矣。同上。

【疏證曰】劉逢禄評曰："何氏所見《左氏》説以舍三軍爲卑公室，出於季氏一人之私，杜洩以叔孫穆子之意折之，則作三軍必以尊國制爲名也。且《左氏》自説事實，《春秋》假以明侯國軍制耳。"《公羊義疏》曰："蓋襄公委任强臣，故季武子有三軍之作，實爲卑弱公室，然不得不假尊國制爲名。劉氏之説是也。"錫瑞案：《左氏集解》曰："魯本無中軍，惟上下二軍，皆屬於上，有事，三卿更帥以征伐。季氏欲專其民人，故假立中軍，因以改作。"正義曰："作三軍與舍中軍，皆是變故改常，卑弱公室。季氏秉國權，專擅改作，故史特書之耳。"引《膏肓》、鄭《箴》云云，曰："義符杜氏也。"據孔疏，則説《左氏》者亦以季武子"作三軍"爲卑公室，與"舍中軍"義同。何君引《左氏》説以爲尊公室者，當如劉説"以尊國制爲名"耳。劉云"《春秋》假以明侯國官制"，《公羊·隱五年傳》解詁引"禮，天子六師，方伯二師，諸侯一師"，是諸侯不得有三軍之明證，當據《繁露·爵國》篇解之。何君不信《周禮》，不得以《周禮》"大國三軍"説《春秋》，而疑《公羊》何氏説不合周制也。

魏絳於是乎始有金石之樂，禮也。

【膏肓】大夫、士無樂。《禮記·曲禮》疏。袁氏考證曰："《春秋説題辭》樂無大夫、士制，休蓋執以難《左》，故鄭《箴》分別言之。"

【箴】大夫、士無樂。《小胥》"大夫判縣，士特縣"者，《小胥》所云娛身之樂及治人之樂則有之也。故《鄉飲酒》有工歌之樂是也。《説題辭》云無樂者，謂無祭祀之樂，故特牲、少牢無樂。同上。袁氏考證曰："《曲禮》疏云'鄭玄《箴膏肓》從《題辭》之義'云云，'説'本譌作'縣'，從宋本。"

【疏證曰】劉逢祿評曰："鄭從《説題辭》是已。《左氏》以魏絳受女樂爲禮，非也。"錫瑞案：劉氏之説，尚欠分晰。《左氏》以受女樂爲禮，固非，而從《説題辭》，大夫並不得有金石之樂。鄭雖引《説題辭》大夫、士無樂，但以爲"無祭祀之樂"，又引《小胥》云云，謂有娛身及治人之樂，則鄭非全用《説題辭》義，與何君不盡合。蓋何君據《説題辭》大夫、士無樂以難《左氏》，是今文説；鄭兼引《周禮》與《説題辭》，分別大夫、士無祭祀樂而有娛身及治人樂，是和同今古文説。兩説不同，故鄭箴何。若如劉説，鄭盡從《説題辭》，則與何同，不必箴矣。所以知今文説大夫、士無金石樂者，《公羊·隱五年傳》曰："天子八佾，諸公六，諸侯四。"解詁曰："是以古者天子、諸侯雅樂鐘磬未曾離於庭，卿、大夫御琴瑟未曾離於前，所以養仁義而除淫辟也。《魯詩傳》曰：'天子食日舉樂，諸侯不釋縣，大夫、士日琴瑟。'"《白虎通·禮樂》篇引《春秋公羊》《詩傳》而解之曰："大夫、士北面之臣，非專事子民者也，故但琴瑟而已。"此今文説大夫、士止有琴瑟之明證。《解詁》言"雅樂鐘磬"專主天子、諸侯，引《魯詩傳》以明之。此何君謂大夫、士無金石樂之明證。《膏肓》今雖不詳，據《解詁》，必是引《春秋説》以駁魏絳有金石樂爲禮之非。鄭引《小胥》，乃《周禮》古文説。何君不信《周禮》，不必以《周禮》難之。《儀禮·鄉飲酒禮》是公事，亦止有磬，與《燕禮》樂人縣、《大射禮》樂人宿縣兼有鐘磬者不同，不足以難何也。《曲禮》曰："大夫無故不徹縣，士無故不徹琴瑟。"孔疏"謂娛身及治民之樂"，即本鄭《箴》之説。朱彬《經傳考證》曰："《記》與三家之《詩》，皆七十子後者各記所聞，故有殊也。"錫瑞謂：《魯詩傳》曰不徹縣屬諸侯，《曲禮》並指大夫，當從《魯詩》，《曲禮》兼用古文，故有出入耳。

十九年傳：王追賜之大路。

【膏肓】天子車稱大路，諸侯車稱路車，大夫稱車。今鄭子蟜，諸侯之大夫耳，當與天子士同，賜其車而名之曰大路，非正也。孔子曰："惟器與名不可以假人。名不正，則言不順。"於義《左氏》爲短。本疏。

【箴】卿以上所乘車，皆曰大路。《詩》云："彼路斯何？君子之車。"此大夫之車稱路也。《王制》卿爲大夫。《詩·采薇》疏，亦見《韓奕》疏。袁本作《詩·出車》疏，誤。袁本又引"案：《周禮》"以下七十七字。錫瑞案：七十七字是孔疏文，袁以爲鄭《箴》，無據。孔本無之，是也。今刪去不錄。

【疏證曰】劉逢祿評曰："《采薇》之言，天子之大夫車可稱路，猶不得云乘大路也。齊桓服大路、魯君乘大路且爲踰制，況陪臣乎？叔孫豹受路而生勿敢服，斯得禮矣。使以行，安得爲禮？"錫瑞案：《左傳集解》曰："大路，天子所賜車之總名，以行葬禮。傳言大夫有功，則賜服路。"正義曰："二十四年'穆叔如周，王嘉其有禮，賜之大路'，與此並賜諸侯之卿，其文皆云大路，知'大路，天子所賜車之總名'也。《周禮·巾車》'王之五路'，有玉路、金路、象路、革路、木路；又有'服車五乘：孤乘夏篆，卿乘夏縵，大夫乘墨車，士乘棧車，庶人乘役車'；又曰：'凡良車、散車不在等者，其用無常'。《周禮》有此文耳。其封諸侯，賜之以車，則同姓以金路，異姓以象路，四衛以革路，蕃國以木路。其賜諸侯之卿，則無文。《釋例》曰：'《周官》王之五路，及卿、大夫、士服車各有名，又有"良車、散車不在等者，其用無常。"謂此上五路之良、散當以出賜，故言其用無常也。傳通稱玉路、金路爲大路。及賜魯穆叔、鄭子蟜當是革路，若木路，所以封四衛及蕃國之君也。而亦曰大路者，據受王之殊賜皆舉其總名，或云先，或云次，當各自以就數爲差也。'杜言'當是革路，若木路'者，雖疑不敢質，謂當是此二路也。必疑然者，以服車稱車，不稱路，王若賜之夏篆、夏縵，不應謂之爲大路；名之曰大路，必在五路之中矣。金路、象路乃賜同姓、異姓之國君，不可以賜其臣，而傳稱列國之卿當小國之君，固周制也。位當小國之君，則車亦可以同之，故疑是革路，若木路也。革路、木路，路之卑者，亦稱大路者，以受王殊賜皆舉其總名也。若受之於君，或稱先，或稱次。杜云'以就數爲差'者，三命之卿就數三，再命之卿就數二，故鄭賜子展先路，三命之服；子產次路，再命之服，是也。若其不然，王賜叔孫穆子其車若是夏篆、夏縵，即與常車無異，何故生弗敢乘，及死乃請以葬也？"引《膏肓》云云，曰："按《周禮》，天子袞冕，上公亦稱袞冕；天子析羽爲旌，諸侯及大夫亦稱旌。又天子樂官稱太師，《鄉飲酒禮》君賜樂亦稱太師。此皆名同於上，則卿大夫大路，何獨不可同之於天子大路之名乎？何休之難，非也。"錫瑞謂：孔疏彌縫《左氏》之説，可謂密矣，引《周禮·巾車》與杜氏《釋例》，謂此大路當是革路、木路，説亦近是。然即以《周禮》論，亦無賜侯國大夫以大路之法，革路以封四衛，木路以封蕃國，不云賜陪臣也。"凡良車、散車不在等者，其用無常"，鄭注："給游燕及恩惠之賜。不在等者，謂若今輻車後户之屬。"疏云："此良車、散車二者，皆不在於服車五乘之等列。云'給游燕及恩惠之賜'者，君臣遊燕歡樂，或有賜。言'及恩惠之賜'，雖非遊燕，君於臣有恩好而惠及之者，亦有賜。"據賈疏云"良車、散車二者，皆不在於服車五乘之等列"，則其不當在五路之等列更可知。然則王有恩惠賜及陪臣，止應賜以良車、散車，不應賜以革路、木路亦可知。《釋例》乃以良、散即是五路，云"五路之良、散當以出賜"，可謂傅會無理。《左氏》所云"禮也"，多當時通用之禮，不必牽引古制。春秋時，王靈已替，寵賜多濫，后之鑿鑑且以與人，諸侯、大夫僭踰尤甚。鄭以小國，賜大夫有先路、次路。先路、次路名見《顧命》，乃天子之制，而鄭伯以賜其臣，則王賜陪臣濫用大路，又何怪乎！當時亦知其僭，故穆子生弗敢服，死乃請以葬。晉侯請王賜子蟜，亦是行葬禮，蓋以此爲非常之榮。若本是古制，何爲生弗敢服乎！《左氏》習於末世之事，謂之合禮。何君裁以正名之義，其論甚正。鄭君箴何申《左》，未免强辭，劉氏之《評》是也。

二十二年傳：焉用聖人？

【膏肓】説《左氏傳》者曰："《春秋》之志，非聖人，孰能修之？"言夫子聖人，乃能修之。御叔謂臧武仲爲聖人，是非獨孔子。《周禮·大司徒》疏。

【箴】武仲者，述聖人之道，魯人稱之曰聖。今使如晉，過御叔，御叔不説學，見武仲而雨行，傲之，云"焉用聖人焉"。《左氏傳》載之者，非御叔不説學，不謂武仲聖與孔子同。同上。袁氏考證曰："'聖人'之'人'，或譌作'今'，屬下句。"錫瑞案："今"字亦可通，仍依《注疏》本。

【疏證曰】劉逢禄評曰："《左氏》好記瑣事，如御叔篇全不涉經，《左》故也。如黑弓篇妄增邾字，説爲傳《春秋》者，非《左》故也。

何君不攻其本而治其末，未爲知《左氏》矣。"錫瑞案：《左傳集解》曰："武仲多知，時人謂之聖。"正義曰："《周禮·大司徒》：'以鄉三物教萬民，一曰六德：知、仁、聖、義、中、和。'鄭玄云：'聖通而先識也。'《尚書·洪範》曰：'睿作聖。'是聖者，通識之名。時人見其多知，故以聖人言之，非謂武仲實是大聖人也。《尚書》稱'惟狂克念作聖，惟聖罔念作狂'，《詩》稱'人之齊聖''皇父孔聖''母氏聖善'，皆非大聖也。"據杜、孔之説，足釋何君之難。古稱聖人，本不甚尊。時人稱武仲爲聖人，猶漢諸生稱叔孫生爲聖人耳。《左氏》所載此等瑣事不足發難，劉氏之《評》是也。

二十四年傳：然明曰："是將死矣。"

【膏肓】善言者，君子所尚，有小人道之，輒爲死徵。是善言不可出口。本疏。

【箴】闕。

【疏證曰】劉逢禄評曰："程鄭以嬖幸而乘君子之器，其死亡宜也。然明不以此立論，而反以其謙言爲惑疾，違害盈福謙之理，所謂不幸言而中也。"錫瑞案：《左傳正義》引何休云云，曰："此未得傳之意也。然明者，鄭之知人，知程鄭以佞媚嬖幸，得升卿位，非有謙退止足之心。今忽問降階，是改其常度。以其改常，知其將亡，故疑其知將有'亡罋''惑疾'而憂，故能出此語耳。善言非其常，所以知其死，非謂口出善言即當死也。趙文子，賢人也，'將死'，其語偷。程鄭，小人也，'將死'，其言善。俱是失常，無所怪惑也。"據孔疏引何君説而曲解之，足以補鄭《箴》之闕矣。劉評申何君之説以難《左》，自是正論，然此等瑣事不足發難。且《左氏》直叙其事，亦非《左氏》之過也。

昭公

四年傳：雹之爲災，誰能禦之？《七月》之卒章，藏冰之道也。

【膏肓】《春秋》書雹，以爲政之所致，非由冰也。若今朝廷藏冰亦不於深山窮谷，何故或無雹？天下郡縣皆不藏冰，何故或不雹？若言有之於古者，必有驗於今。此其不合於義，失天人相與之意。本疏。

【箴】雨雹，政失之所致，是固然也。國之失政，君子知其大者，其次知其小者。藏冰之禮，凌人掌之，《月令》載之，《豳》詩歌之，此獨非政與？故其小者耳。夫深山窮谷，固陰冱寒。極陰之處，冰凍所聚，不取其冰，則氣畜不泄，結滯而爲伏陰。凡雨水，陽也；雪雹，陰也。雨水而伏陰薄之，則凝而爲雹；雨雪而恣陽薄之，則合而爲霰。申豐見時失藏冰之禮而有雹，推之陰陽，知此伏陰所致，亦聖人之寓言也。詳載其言者，以著藏冰之禮不可發耳。同上。

【疏證曰】劉逢禄評曰："君子譏其大者，經意也；其次譏其小者，《左氏春秋》說也。鄭既知經自爲經，《左氏》自爲《左氏》矣，何辨焉？且以申豐爲寓言則可，以爲聖人，則張禹、孔光於災異迭見，終不以王氏爲言，亦寓言之作俑也，豈聖人之所許？"錫瑞案：《左傳正義》引何休《膏肓》云云，曰："炫謂：鄭言是也。申豐寄言於此，以諫失政，其雹不是盡由冰也。"《公羊》經"雹"或作"雪"，解詁曰："爲季氏。"《漢書·五行志》曰："昭公四年正月，大雨雪。劉向以爲：昭取於吳而爲同姓，謂之吳孟子。君行於上，臣非於下。又三家已强，皆賤公行，慢侮之心生。董仲舒以爲：季孫宿任政，陰氣盛也。"與《解詁》同。據董、何二君之説，《春秋》書"大雨雹"，爲季氏專政所致。《左氏》載申豐語，但言藏冰之法，不言季氏之咎，故何君以此難《左氏》。案：申豐，季氏家臣，自不敢昌言其失，以藏冰爲禦雹，當是權辭以對。《左氏》直序其事，亦非《左氏》之過。鄭君爲《左氏》解，推闡通達。劉因鄭説，辨其得失，剖析尤精。漢儒善言天人，齊學尤爲顓家。伏《傳》五行，《齊詩》五際，《春秋公羊》，皆齊學也。甄極愍緯，實有徵驗，能通天人相與之意，而警君上失政之非。自漢以來，儒者不明斯義，動詆讖緯妖妄，不宜傳會災祥，於是"天變不足畏"之邪説起，而《春秋》之義亡，不特《公羊》所云"爲季氏"者，以爲曲傳無據，即《左氏》之寓言藏冰者，亦以爲虛構難憑矣。試思聖人作《春秋》，如"大雨雹"之類備書於策，若全無所取義，聖人何爲而書之乎？

七年傳：子產曰："鬼有所歸，乃不爲厲。吾爲之歸也。"

【膏肓】孔子不語怪力亂神。以鬼神爲政必惑衆，故不言也。今《左氏》以此令後世信其然，廢仁義而祈福於鬼神，此大亂之道也。子產雖立良止以托斷絕，此以鬼賞罰，要不免於惑衆，豈當述之以示季末？本疏。

【箋】伯有，惡人也，其死爲厲鬼。厲者，陰陽之氣相乘不和之名，《尚書五行傳》"六厲"是也。人死，體魄則降，魂氣在上，有尚德者，附和氣而興利。孟夏之月令雩祀百辟卿士有益於民者，由此也。爲厲者，因害氣而施災，故謂之厲鬼。《月令》民多厲疾，《五行傳》有禦六厲之禮。《禮》：天子立七祀，有大厲；諸侯立五祀，有國厲。欲以安鬼神、弭其害也。子產立良止，使祀伯有以弭害，乃《禮》與《洪範》之事也。子產不語怪力亂神，謂虛陳靈象，於今無驗也。伯有爲厲鬼，著明若此，而何不語乎？子產固爲衆愚將惑，故並立公孫洩，云："從政有所反之，以取媚也。"孔子曰："民可使由之，不可使知之。"子產達於此也。同上。

【疏證曰】劉逢禄評曰："如良霄宜繼，子產宜早立良止而黜駟帶、公孫段，以弭厲於未然；如良霄宜誅，則奠其游魂，《禮》固有族厲之事矣。《左氏》好言怪力亂神之事，非聖人之徒也。"錫瑞案：《左傳集解》曰："民不可使知之，故治政或當反道，以求媚於民。"正義曰："反之，謂反正道也。媚，愛也。從其政事治國家者，有所反於正道，以取民愛也。反正道者，子孔誅絕，於道理不合立公孫洩，今既立良止，恐民以鬼神爲惑，故反違正道，兼立公孫洩，以取媚於民，令民不惑也。段與帶之卒，自當命盡而終耳，未必良霄所能殺也。但良霄爲厲，因此恐民，民心不安，義須止遏，故立祀止厲，所以安下民也。"引何休《膏肓》云云。據杜、孔申《左》，與鄭《箴》意合，蓋即本於鄭《箴》。《左傳》曰："鄭人立子良，子良辭，乃立襄公。襄公將去穆氏而舍子良。子良不可，乃舍之，皆爲大夫。"傳又曰："子良，鄭之良也。"案：子良有讓國之美，七穆並列卿位，皆由子良。伯有，子良之孫，雖有酒失，亦無大罪。子晳以私怨，專伐伯有。諸大夫皆袒子晳，不念子良之功，而使其後先亡。此極不平之事。惟子產能持公義，哭歛伯有，乃不明分功罪，爲之立後，必使伯有爲厲而後立之，固無辭於"以鬼賞罰"之譏矣。《五行傳》作"六沴"，鄭《箴》引云"六厲"，則"厲""沴"古通用，鄭君所見《五行傳》當有作"六厲"者。

十八年傳：宋、衛、陳、鄭皆火。梓慎登大庭氏之庫以望之。

【膏肓】宋、衛、陳、鄭去魯皆數千里，謂登高以見其火，豈實事哉！本疏。

【箴】闕。

【疏證曰】劉逢禄評曰："梓慎固望氣，非見火矣。然《左氏》既云'數日，皆來告火'，又云'陳不救火'，陳去魯較遠，豈怠於救火而急於赴告乎？"錫瑞案：《左傳正義》曰："梓慎所望，望天氣耳，非能望見火也。劉炫云：案《左傳》不言望火，何以言'見其火'？玄卿以爲：孔子登泰山見吳門之白馬，離婁觀千里之毫末。梓慎既非常人，何知不見數百里之煙火？孔子在陳知桓、僖災者，豈復望見之乎？若見火知災，則人皆知之矣，何所貴乎梓慎，《左氏傳》而編記之哉？且四國去魯纔數百里，而何休云'數千里'，雖意欲其遠，亦妄虛之極。"據孔疏，可補鄭《箴》之闕，而劉評又駁孔疏以申何。此亦瑣事，無足深究。

二十六年傳：王后無適，則擇立長。年鈞以德，德鈞以卜。王不立愛，公卿無私，古之制也。

【膏肓】休以爲：《春秋》之義，三代異，建適媵，別貴賤，有姪娣以廣親疏。立適以長不以賢，立子以貴不以長。王后無適，明尊之敬之，義無所卜筮。不以賢者，人狀難別，嫌有所私，故絕其怨望，防其覬覦。今如《左氏》言，云"年鈞以德，德鈞以卜"，人君所賢，下必從之，焉能使王不立愛也，豈復有卜？若其以卜，隱桓之禍，皆由是興，乃曰古制，不亦謬哉！又大夫不世，如並爲公卿，通繼嗣之禮，《左氏》爲短。《周禮 太卜》疏。袁氏考證曰："'人君'本作'君之'，'下必'本作'人必'，無'焉能使王不立愛也'八字，從本疏改補。本疏引者，'人君'十六字及'大夫不世'已下，'世'下有'功'字，'如'作'而'，'繼嗣'下無'之禮'二字。'豈復有卜'下本無'若其'以下四字，從《禮記·檀弓》疏補。《檀弓》疏引者，'若其'五句，'之禍'作'以禍'，'是與'作'此作'，'不亦謬哉'作'固亦謬矣'。"

【箴】立適以長不以賢，固立長矣。無適而立子，以貴不以長，固立貴矣。若長鈞、貴鈞，何以別之？故須卜。《禮記·檀弓》疏。袁氏考證曰："'立子'上本無'無適而'三字，從《太卜》疏補。《太卜》疏引者作'立適固以長矣，無適而立子，固以貴矣'。"

今言無適，則擇立長，謂貴鈞始立長，王不得立愛之法。年鈞，則會群臣、群吏、萬民而詢之，有司以序進而問。《太卜疏》。《周禮·小司寇》："掌外朝之政，以致萬民而詢焉"，其三曰詢立君，"其位：王南鄉，三公及州長、百姓北面，群臣西面，群吏東面。小司寇以序進而問焉"。如此，則大衆之口非君所能掩，是王不得立愛之法也。本疏。袁氏考證曰："《太卜疏》引'大衆'，亡下十八字。"《禮》有"詢立君""卜立君"，是有卜也。示義在此，短之言謬，失《春秋》與《禮》之義矣。《太卜疏》。袁氏考證曰："本無'卜立'七字，從《檀弓》疏補。《檀弓》疏引'禮有'十二字。"**公卿之世立者有大功德，先王之命有所不絕者，是大功特命則得世位也。**《詩·文王》疏。袁氏考證曰："'世立'下本無'者有'二字，從《太卜疏》補。《太卜疏》引'者有'下無'大'字，'絕'譌'犯'，下無'者'字，止。本疏亦引'公卿'三句，'世'下無'立者'二字，'先王'句無'之''有'二字。'特命'本譌'時命'，改。"

【疏證曰】劉逢祿評曰："文家、質家叙媵立子之法，雖雙生，猶別其先後。鄭有長鈞、貴鈞之疑，知未能升何氏之堂矣。《周官》亦出劉歆，何氏所不信，不足以難也。若楚共王之卜寵子五人，豈禮也哉！公卿有大功德則封建之，如伯禽封魯，而周公支子之在王朝者，不世爵而世祿，安有絕世之疑也？"《公羊義疏》曰："按：鄭氏此《箴》，殊屬勉強。左右媵與姪娣貴賤灼然，豈復有貴鈞之事？即一人而孿生，自有立雙生子之法。既無貴鈞，即無長鈞，同時而生也，仍以貴論，更何須卜？"錫瑞案：《左傳正義》曰："襄三十一年傳曰：公薨，立胡女敬歸之子子野。子野卒，立敬歸之娣齊歸之子裯。穆叔曰：'太子死，有母弟則立之，無則立長。年鈞擇賢，義鈞則卜，古之道也。非適嗣，何必娣之子？'彼言太子死，立母弟，則此言'擇立長'，謂無母弟者也。彼又云子野'非適嗣，何必娣之子'，然則適嗣立而死，當立娣之子也。姪與娣同。蓋王后、夫人無姪娣之子，乃於諸妾之子擇立長耳。'年鈞擇賢'，與此'年鈞以德'，皆謂母之貴賤等者。《公羊傳》曰：'立適以長不以賢，立子以貴不以長。'明母貴則先立也。此子朝之母必賤於猛母，故專言立長之義，不言母之貴賤。"引何休難"年鈞以德"之義云云。又曰："三公、六卿無得私附王之庶子而妄立之，其意言單、劉有私情，違古制也。何休難云：'大夫不世功，而並爲公卿，通繼嗣，《左氏》爲短。'鄭玄云：'公卿之世有大功德，先王命所不絕者。'何難既非，鄭答亦謬。"錫瑞謂：據孔疏引《左氏》以證《左氏》，兼采《公羊》以證《左氏》，可謂通達。其實《公羊》與《左氏》之義迥乎不同，不得強爲牽合。即以子猛、子朝而論，《公羊》與《左氏》大異。《左傳集解》曰："子朝，景王之長庶子。十五年，太子壽卒，王立子猛。後復改立子朝而未定。敬王，王子猛母弟王子匄。"據《左氏》義，則子猛已爲太子，當立，猛卒，當立其母弟王子匄，而子朝以長庶子爭立，故孔疏以爲子朝之母賤於猛母也。若《公羊》之義，子猛、子朝皆不當立。二十有二年，"秋，劉子、單子以王猛入于王城"，傳曰："王城者何？西周也。其言入何？篡辭也。""冬，十月，王子猛卒"，傳曰："此未踰年之君也，其稱'王子猛卒'何？不與當也。不與當者，不與當父死子繼、兄死弟及之辭也。"二十三年，"天王居於狄泉"，傳曰："此未三年，其稱天王何？著有天子也。"解詁曰："邪庶並篡。"疏云："正以子猛、子朝皆非正適，故謂之邪庶也；共篡敬王，故謂之並篡。"解詁又曰："尹氏貶，王子朝不貶者，年未滿十載，未知欲富貴，不當坐。"據《公羊》義，則子猛與子朝皆篡，子朝尤幼，並非長庶，敬王亦非子猛母弟，與《左氏》紀事全異，當各有所據。以《春秋》書"王子猛"、書"天王"爲斷，當從《公羊》爲正。《史記·周本紀》以猛爲長子，不云敬王爲猛母弟，蓋同《公羊》也。漢今古文各自爲說。《周禮》《左傳》皆古文家，《周禮》云"詢立君"，故《左傳》有"士伯立於乾祭而問於介衆"之文；《周禮》云"卜立君"，故《左傳》有楚共王"請神擇於五人，使主社稷"之文。今文家無"詢立君""卜立君"之義，不必以《周禮》難何也。若"公卿無私"，孔疏以爲何、鄭皆誤，則其說無足深究矣。何云"大夫不世"，見前《公羊》"譏世卿"一條，茲不復贅。

《釋廢疾疏證》

隱公

元年經：天王使宰咺來歸惠公、仲子之賵。

【廢疾】闕。錫瑞案：劉逢祿有"何曰：傳例不言'來'，不周事之用也。宰咺何以言'來'，《公羊義疏》，《穀梁大義述》引同，云出《雜記》疏。"今無此文，不知何據。今削去之，仍從袁本云闕。

【釋】平王新有幽王之亂，遷於成周，欲崇禮於諸侯，原情免之。若無事而晚者，去"來"以譏之，榮叔是也。《禮記·雜記》疏。

【疏證曰】劉逢祿評曰："據太史公書，平王即位至此已四十有九年，不得云'新有幽王之亂，原情免之'。且'秦人來歸僖公、成風之禭'，在成風薨後五年，亦言'來'，傳例與《公羊》正相反。鄭君曲爲之解，非也。"柳興恩《穀梁大義述》曰："凡王使無有不言'來'者，如宰咺來歸賵、叔服來會葬、毛伯來會葬等，是言'來'乃傳例也。唯榮叔之歸賵以早而含已晚，故去'來'以譏之。何休乃以不言'來'爲傳例，試思除榮叔以外，無有不言'來'者，何例之有？邵公之說已舛，劉氏又從爲之詞，非也。"錫瑞案：鄭注《雜記》曰："《春秋》有既葬歸含、賵、禭，無譏焉，皆受之於殯宮者。"正義曰："云'《春秋》有既葬歸含、賵、禭，無譏焉，皆受之於殯宮者'，按：《左傳·隱元年》'天王使宰咺來歸惠公、仲子之賵'，歸惠公賵，緩也。《公羊》亦云：'其言來何？不及事也。'是《左氏》《公羊》皆譏其緩。云'無譏'者，取《穀梁》之義，故文五年《穀梁》云'王使榮叔歸含且賵，不言來，不周事之用也'，明宰咺言'來'得周事也。是宰咺歸賵，《穀梁》不譏。是既葬歸含且賵，無譏也。《穀梁》所以不譏宰咺者"，引《釋廢疾》云云。《穀梁集解》曰："賵例時，書月，以謹其晚。"疏云："文五年'春，王正月，王使榮叔歸含且賵'，傳曰：'其不言來，不周事之用也。'仲子乃孝公時卒，而云'來'者，秦人能遠慕中華，君子恕而不責其晚，故言'來'，又書時。今平王能崇禮諸侯，因惠公之喪而來歸賵，故亦恕而不責，言'來'也。秦近西戎，能慕中國，故時而不月。京師路近，故謹而月之。范以不責秦而不書月，故知書月者是謹譏之文。文五年傳云'不周事之用也'，而經書月，則周事之用合書時，故注云'賵例時，書月，以謹其晚'也。"集解又曰："平王新有幽王之亂，遷於成周，欲崇禮諸侯，仲子早卒，無由追賵，故因惠公之喪而來賵之。"傳曰："其志，不及事也。"集解曰："常事不書。"鍾文烝補注曰；"《荀子》曰：'吉行五十，奔喪百里，贈賵及事，禮之大也。'此不及事，故志。不及事者，鄭云'仲子早卒'、范云'仲子乃孝公時卒'是也。鄭、范特以傳云'不及事'，意之耳。惠立凡四十六年，或卒在惠之世，亦未可知矣。時因惠公之喪賵仲子，必賵惠公可知。此年無葬惠公文，《左傳》謂十月庚申改葬，又以賵惠公爲緩。杜預以爲惠公葬在春秋前，明惠公之賵亦不及事。傳必以爲一賵、非二賵者，賵諸侯自是恒事，例所不志，及事與否，非所論也。若然，賵諸侯雖不及事，不志；賵諸侯之妾母雖及事，亦志。傳以妾母之義易明，不及事之義未著，故就一邊言之也。注言'常事不書'，是也，但以及事爲常事，非也。"錫瑞謂：《穀梁傳》云"不及事也"，與《公羊傳》云"不及事也"，文同無異。是《穀梁》明有譏緩之文，與《公羊》《左氏》同。范氏集解曰："書月，以謹其晚。"鍾氏補注曰"此不及事，故志"，則亦以《穀梁》有譏緩之義矣。特《穀梁》以譏賵妾母爲重，不及事爲輕，故説《穀梁》者注重譏賵妾母一邊，非謂不及事不當譏也。《荀子·大略》篇曰："送死不及尸柩，弔生不及悲哀，非禮也。"《説苑·修文》篇曰："贈死不及尸柩，弔生不及悲哀，非禮也。故古者吉行五十里，奔喪百里。贈賵及事之謂時；時，禮之大者也。《春秋》曰：'天王使宰咺來歸惠公、仲子之賵。'"亦引以見其非時也。荀子傳《穀梁》，劉子政亦治《穀梁》者，皆以不及事爲非禮。鄭君獨以爲無譏，此不可解。蓋當時説《穀梁》者有此義，其意在與《左氏》《公羊》立異，而不顧與傳文"不及事"不合。范氏集解即本鄭義爲説，而集解與疏仍不得不著"謹晚"之文。孔疏力申鄭説，爲宰咺言"來"得周事。今案，《穀梁》以仲子爲惠公之母，范氏且以爲孝公時卒，是仲子薨已久，至是始歸含、賵，不知如何周事？且果周事，《穀梁》何以云"不及事"乎？《廢疾》此條已闕，不知何君之説云何。劉申受本有"何曰：傳例不言來"云云，柳賓叔引傳例駁之。今案《雜記》疏，正有《釋廢疾》曰云云，無何曰云云，則何君之意究不可知，而劉以此申何，柳以此難何，皆不曾一考《雜記》疏，如兩盲之相觸於道，其交誶也必矣。

傳：仲子者何？惠公之母、孝公之妾也。

【廢疾】闕。

【釋】若仲子是桓之母，桓未爲君，則是惠公之妾，天王何以賵之？則惠公之母，亦爲仲子也。本疏。

【疏證曰】劉逢禄申何曰："隱爲桓立，故以桓母之喪赴于王。《春秋》因之，以成公意爾。"自注云："義與《箋》異，《箋》爲正。"《公羊何氏解詁箋》曰："《穀梁》得之。不稱夫人者，以天王臨之而見正焉。如以爲桓母，於義得稱夫人，則隱爲桓立，不得尊桓母乎？尊桓母，公意不益成乎？譏兼之非禮，而曰惠公、仲子，假而曰'使宰咺來歸惠公之賵、仲子之賵'，譏兼之意不益見乎？君之與妾，非公與夫人也。夫人伉公，且以不言及，成誅文，況以妾伉君，曾是爲聖人之恒辭乎？言及者，別尊卑文。仲子微，反以不言及見別於夫人，曲矣。"柳興恩述曰："《穀梁》云：'禮，賵人之母則可，賵人之妾則不可。'詞簡而嚴，已明明壓倒《左氏》《公羊》二傳，故鄭本之以距何。即劉之《何氏解詁箋》，亦不得不曰'《穀梁》得之'也。"錫瑞案：《穀梁疏》曰："《穀梁》以爲孝公之妾、惠公之母者，以文九年'秦人來歸僖公、成風之襚'，彼若兼歸二襚，則先書成風，既經不先書成風，明母以子氏，直歸成風襚服而已。成風既是僖公之母，此文正與彼同，故知仲子是惠公之母也。"引鄭《釋廢疾》云云，曰："鄭云'亦爲仲子'者，以《左氏》《公羊》皆言'仲子，桓公母'故也。然則魯女得並稱伯姬、叔姬，宋女何爲不得並稱仲子也？又仲子不稱夫人者，文九年'秦人來歸僖公、成風之襚'，傳稱'秦人弗夫人也，即外之弗夫人而見正焉'，則此不稱夫人，理亦當然也。"鐘文烝補注曰："案：疏鄭申確矣。《左氏》《公羊》但知桓母爲仲子，而桓母、仲子，不見經者也。桓母不知没於何時，即没於桓時，而當時猶未敢立妾母爲夫人，史不得書薨、書卒、書葬，故經無文也。自成風以前，妾母無爲夫人者，故隱母聲子、桓母仲子、閔母叔姜，卒、葬皆不見經也。"據楊氏、鐘氏之説，皆足以輔鄭義。鄭《駁異義》謂："女君卒，貴妾繼室攝其事耳，不得復立夫人。妾子立者得尊其母，禮未之有。"是鄭於三《傳》，取《穀梁》爲正。《穀梁》據經書"惠公、仲子"，與"僖公、成風"一例，以爲"母以子氏"，與《公羊》"母以子貴"師説各異，而辭嚴義正，可爲後世立並后匹適之防，故鄭君獨取之。劉申受《箋》舍《公羊》而取《穀梁》，固不免亂家法，而持論甚正，亦足以申鄭義。

大夫日卒，正也；不日卒，惡也。

【廢疾】《公羊》以爲日與不日爲遠近異辭。若《穀梁》云"益師惡而不日"，則公子牙及季孫意如何以書日乎？本疏。

【釋】公子牙，莊公弟，不書弟，則惡明也，故不假去日。季孫意如，則定公所不惡，故亦書日。同上。

【疏證曰】劉逢禄難曰："《春秋》之義，遠則殺其恩，惡則略其恩。何氏之例詳而不亂，如無駭之不日，有'疾始滅'之文，叔孫得臣之不日，有'與聞乎故'之文。《春秋》不以疑辭眩人，而愛有差等，故張三世之義，《公羊》獨得之。公子牙之爲莊公弟，固也，然經無起文也。意如爲定所不惡，似矣。仲遂之貶，得臣之不日，豈宜所惡與？益師爲隱所惡，又何説乎？《春秋》以時君之美惡爲美惡，何以理嫌疑、明是非乎？"柳興恩述曰："内大夫之卒，舊史自皆書日。孔子之寓褒貶，先於益師、無駭及俠等削之。《穀梁》爲發'日卒，正也；不日卒，惡也'之例，而公子牙、仲遂、季孫意如等之不宜日卒，不待削而自見。此屬辭比事所以爲《春秋》之教也。後儒以不削意如之日爲孔子咎，孔子受之矣。知斷不以存丙甲之日爲季孫意如之美，則意如之惡已自著於百世也。"錫瑞案：《穀梁集解》曰："罪，故略之。"疏曰："益師之惡，經傳無文，蓋《春秋》之前有其事也。糜信云：'益師不能防微杜漸，使桓殺隱。若益師能以正道輔隱，則君無推國之意，桓無篡弑之情。'所言亦無案據也。"據此，則益師之惡，説《穀梁》者並無以指實之。楊疏與糜信云云，似以莫須有入人罪案，恐《春秋》之義不如是也。柳説亦屬空衍，無以證明益師之惡。鐘文烝補注亦然，兹不備載。許桂林《穀梁釋例》曰："公子益師卒不書日，傳以爲惡。劉氏《權衡》以公孫敖、仲遂、季孫意如皆惡而卒書日，叔孫得臣不聞有罪而反不日駮之。此本何休説，鄭君《釋廢疾》已辨之。竊謂所謂惡者，非必身有大罪。《左氏》此傳云'公不與小斂，故不書日'，即《穀梁》所謂惡也，蓋譏君失親親敬大臣之禮。如此，則意如書日，得臣不書日，何傷乎？"案：此説近是。

五年傳：苞人民、毆牛馬曰侵。斬樹木、壞宫室曰伐。

【廢疾】廐焚，孔子曰："傷人乎？"不問馬。今《穀梁》以苞人民爲輕，斬樹木、壞宫室爲重，是理道之不通也。本疏。袁本多"毆牛馬"三字，考證曰："疏引《廢疾》本無'毆牛馬'三字，以義增。"錫瑞案：據何君引《論語》"不問馬"云云，似不必增"毆牛馬"三字，兹仍從本疏。

【釋】苞人民，毆牛馬，兵去則可以歸還，其爲害輕。壞宫室，斬樹木，則樹木斷不復生，宫室壞不自成，其毒害更重也。同上。袁氏考證曰："疏引作'鄭玄云'。"

【疏證曰】劉逢禄難曰："傳釋侵、伐之列，不及《公羊》爲長。苞人民，毆牛馬，斬樹木，壞宫室，侵、伐、入同有之，不當以分輕重也。"柳興恩述曰："鄭氏所釋，輕重已極分明。若入，則惡又重於伐矣。伐則重於侵，侵則輕於伐，與《公羊》'精曰伐，觕曰侵'之例，又何異邪？"錫瑞案：《穀梁集解》曰："制其人民，毆其牛馬，賊去之後則可還反，樹木斬不復生，宫室壞不自成，故其爲害重也。"疏引何休《廢疾》云云，曰："是鄭意亦以斬樹木、壞宫室爲重，是亦一家之意，故與二《傳》不同。"鐘文烝補注曰："言'斬樹木'者，古者列樹以表道也。《春秋説題辭》曰：'伐者，涉人國内行威，有所斬壞。'依傳義也。注論害之輕重，本鄭君《釋廢疾》，見疏，其實亦不然。傳言斬、壞，謂既俘殿，又斬壞，故爲重耳。"錫瑞謂："侵""伐"對文則別，散文則通，如《易》云"利用侵伐"，《書》云"侵于之疆，殺伐用張"，皆不分別。三《傳》分別"侵""伐"，各自爲説，而皆可通，似不必爭門户而是此非彼也。

桓公

四年傳：四時之田，皆爲宗廟之事也。春曰田，夏曰苗，秋曰蒐，冬曰狩。四時之田用三焉，惟其所先得，一爲乾豆，二爲賓客，三爲充君之庖。

【廢疾】《運斗樞》曰："夏不田。"《穀梁》有夏田，於義爲短。《禮記·王制》疏。

【釋】四時皆田，夏殷之禮。《詩》云："之子于苗，選徒囂囂。"夏田明矣。孔子雖有聖德，不敢顯然改先王之法以教授於世；若其所欲改，其陰書於緯，藏之以傳後王。《穀梁》四時田者，近孔子故也。《公羊》正當六國之亡，讖緯見讀而傳爲三時田。作傳有先後，雖異不足以斷《穀梁》也。又云：歲三田，謂以三事爲田，即上一曰乾豆之等。同上。疏云："是深塞何休之言，當以注爲正。"袁本以"歲三田"句列於前，次序不合，今從《注疏》本。

【疏證曰】劉逢禄難曰："鄭于《王制》注云：'歲三田者，夏不田，蓋夏時也。'《穀梁》後于《公羊》，徒據經文。《公羊》得之口授，非六國時見讖緯而作也。漢初《公羊》盛行，故《王制》據以爲三田，以爲夏時則無據。夏殷之禮，當爲成周之禮。三事由，則自亂其例矣。《易》述田事凡六爻，以卦氣言之：《解》，二月，春田也。《巽》，八月，秋田也。《大畜》，秋分前五日，曰'日閑輿衛'，言治兵也。《師》《比》，四月，夏田也。《離》初九主夏至，以後無田。冬、夏至，陰陽之微。《易》重氣始，義當安養。《屯》，十一月，戒從禽也。然則《春秋》夏不田，冬狩改于孟冬，皆述殷制，與《夏時》《周易》微有損益。若《周官》六國時書，固不合也。"柳興恩述曰："四時皆田，不獨《周禮》，《左氏》亦然。劉謂'《周官》六國時書'，《左氏》亦不足據耶？《車攻》周宣王詩，可謂'之子于苗'非夏田耶？"錫瑞案：《公羊解詁》曰："不以夏田者，《春秋》制也。以爲飛鳥未去於巢，走畜未離於穴，恐傷害於幼稚，故於苑囿中取之。"據何君説，以夏不田爲《春秋》制，則《周禮》本四時皆田，夫子作《春秋》，以夏乃長養之時，恐傷害幼稚，故爲後王立法，夏不田，止宜三時田。鄭君意申《穀梁》而不背《公羊》，分別作傳先後，足以疏通二家之義。注《王制》曰："三田者，夏不田，蓋夏時也。"正義曰："鄭《釋廢疾》云：'歲三田，謂以三事爲田。'是深塞何休之言，當以注爲正。"然則《王制》當如《公羊》之義，"歲三田"是三時田，而非"一爲乾豆"等三事矣。《月令》孟夏之月"毋大田獵"，與《春秋》"夏不田"義合。《說苑》曰："夏不田，何也？曰天地陰陽盛長之時，猛畜不攫，鷙鳥不搏，蝮蟲不蟄，鳥畜蟲蛇且知應天，而況人乎哉！"劉子政治《穀梁》，兼通《公羊》，《說苑》用《公羊》說。穀梁子不受《春秋》改制大義，云四時田，自是周禮。公羊子得之口授，云三時田，自是《春秋》制。當如鄭說，分別觀之，以周禮說《周禮》，以《春秋》制說《春秋》制，不必以《周禮》疑《春秋》制爲誤，亦不必以《春秋》制詆《周禮》爲非。劉氏分析鄭說，以申《公羊》，義更詳審。柳欲駁劉，而無以申其說，乃據《左氏》斷《公羊》《穀梁》是非，其陋可哂，豈不知《左氏》與《周官》同出劉歆耶？《公羊》家不信《周官》，又何得信《左氏》？引《車攻》詩，已見鄭義，此自是周禮，《春秋》制不盡用周禮也。凡以《周禮》《左傳》《爾雅》駁何君義者，皆不足與說《春秋》。

八年傳：遂，繼事之辭也。其曰遂逆王后，故略之也。或曰：天子無外，王命之則成矣。

【**廢疾**】闕。袁氏考證曰："《公羊傳》云：'使我爲媒，可則因用是往逆矣。女在其國稱女，此其稱王后何？王者無外，其辭成矣。'《穀梁》以'遂逆'爲譏，《公羊》不譏。《左氏》說亦云'王者無敵，無親迎之禮'。休蓋主不親迎之說，故鄭釋之如左。"

【**釋**】太姒之家，在洽之陽，在渭之涘，文王親迎于渭，即天子親迎之明文矣。天子雖尊，其于后，猶夫婦。夫婦配合，禮同一體，所謂無敵，豈施此哉！《禮記·哀公問》曰："'冕而親迎，不已重乎？'孔子愀然作色而對曰：'合二姓之好，以繼先聖之後，以爲天地、宗廟、社稷之主，君何謂已重焉？'"此言親迎"繼先聖之後，爲天地、宗廟、社稷之主"，非天子，則誰乎？桓八年經注。錫瑞案：《詩》《禮》《左傳》疏引作《駁異義》。據范注明引"鄭君釋"，則《釋廢疾》亦有此文，蓋與《駁異義》兩處並見也。

【疏證曰】《穀梁集解》曰："親迎例時，不親迎例月。"引《春秋左氏》說與鄭君釋之云云。疏曰："此注之意，言《左氏》天子不合親迎，故引鄭君之釋，以明天子合親迎也。然文王之逆大姒時爲世子耳，得證天子之禮者，文王之爲世子，而聖賢相配，宜爲後王之法。故有'造舟爲梁'，又入《大雅》，明天子之法。又且魯不祭地，而云天地之主，是王者親迎之明文也。"鐘文烝補注曰："《異義》：'《禮》戴說：天子親迎。《春秋公羊》說：天子至庶人娶，皆當親迎。《左氏》說：王者至尊，無體敵之義，故不親迎，使上卿逆，上公臨之；諸侯有故若疾病，則使上大夫逆，上卿臨之。許氏謹案：高祖時，皇太子納妃，叔孫通制禮，以爲天子無親迎。從《左氏》義。'觀《異義》所載，不稱《穀梁》云何，固未可以《公羊》說爲《穀梁》說也。《荀子》曰：'天子無妻，告人無匹也。四海之内無客禮，告無適也。'無妻者，蓋謂稱妃不稱妻，以妃之言媲，妻之言齊，其義略異故也。既曰無妻，必無親迎之禮。《左氏》說謂'至尊無敵，故不親迎'者，正是此意。荀卿學於穀梁，必不違其師說，則《穀梁》說必與《左氏》同也。《戴禮》《公羊》《春秋》非古義，而《白虎通》從之，鄭亦從之，不如許從古爲得也。何休說《公羊·襄十五年傳》曰'禮，逆王后當使三公'，雖違其本傳之舊說，而義則是也。《詩》稱文王親迎太姒，考其事，當在文王即位後。文王爲殷之諸侯，未可據以爲天子禮，毛傳亦無天子親迎之說，非若'造舟爲梁'傳稱'天子造舟'，'皋門''應門''冢土'傳稱'王之郭門曰皋門，王之正門曰應門，美大王作郭門、正門以致皋、應，美其社遂爲大社'，以爲因祖制而定爲王禮，又非若'六師及之'傳稱'天子六軍'，直以天子事追述文王也。孔子對哀公稱繼先聖後者，自指周公，稱爲天地主者，自據魯得郊天而言，非謂天子有親迎禮也。"錫瑞案：楊氏以爲《穀梁》主親迎，故申鄭義。鐘氏以爲《穀梁》主不親迎，故駁鄭義。何君《廢疾》佚，不可考。袁氏以爲主不迎親，蓋據襄十五年解詁云"逆王后當使三公"，未嘗云天子親迎也。若《公羊》說"天子至庶人娶，皆當親迎"，明見《異義》。《白虎通》云："天子至士，必親迎授綏。《詩》云：'文定厥祥，親迎于渭。造舟爲梁，不顯其光。'"引文王親迎爲天子親迎之證，與鄭義同，皆從《公羊》說者。故《禮記正義》曰："如鄭此言，從《公羊》義也。"《公羊》隱二年傳曰："譏始不親迎也。"是《公羊》譏不親迎之明文。而莊二十七年傳曰："大夫越境逆女，非禮也。"案：此則據古禮，大夫當娶於國中，送女即在國中，親迎不得越境。若天子、諸侯無娶於國中之禮。如必親迎，則當越境逆女矣。然大夫猶不得越境逆女，況於天子至尊，豈得曠其萬幾，遠出畿外，自適侯國，親迎王后？則以大夫越境非禮推例，天子親迎必有變通之法，或當親迎於館中。何君蓋亦於此有疑，故不以爲必親迎。惟以爲親迎於館，可以釋兩家之紛，於鄭君之義亦不相背。即如鄭引文王"親迎於渭"，是文王亦未親至太姒家也。諸侯尊於大夫，卑於天子。《公羊》既於隱二年發"譏不親迎"之傳，《穀梁傳》亦曰"逆女，親者也；使大夫，非正也。"又莊二十四年"夏，公如齊逆女"，《公羊傳》曰："何以書？親迎，禮也。"《穀梁傳》曰："親迎，恒事也，不志，此其志何也？不正其親迎於齊也。"據此，是《公羊》《穀梁》皆以諸侯親迎爲禮。《列女傳·貞順》篇曰："齊孝孟姬，孝公親迎於華氏之室。"又曰："宋恭公不親迎，伯姬迫於父母之命而行。既入宋，三月廟見，當行夫婦之道，伯姬以恭公不親迎，故不肯聽命。"劉子政穀梁家，當用《穀梁》之義。孝公親迎在本國，可不越境。恭公親迎當至魯國，必越境矣，觀傳曰"行"、曰"入宋"可見。凌曙《公羊禮説》曰："傳從經爲諱辭，故曰禮也，而即於二十七年正之。'莒慶來逆叔姬'傳：'何譏爾？大夫越境逆女，非禮也。'言大夫越境非禮，則公之如齊非禮可知。何注：'大夫位重，逆女，於政事有所捐曠，故境内乃得親迎，所以屈私赴公也。'則諸侯任重於大夫，更無越境之事。"據凌氏説，則《公羊》不以爲諸侯親迎必越境，或與《穀梁》之説不同矣。

十三年傳：**其不地，于紀也。**

【廢疾】《春秋》**戰無不地，即於紀戰，無爲不地也**。本注。袁氏考證曰："注不稱《廢疾》，其下即接引鄭君語。疏引'何休難云：在紀無爲不地'，與注同，則注'《春秋》'云云是《廢疾》也。"

【釋】"紀"當爲"己"，**謂在魯也，字之誤耳**。**得在龍門，城下之戰迫近，故不地**。同上。袁氏考證曰："疏引無'謂在'九字及'之戰'四字，删約之文。"袁本"得"作"時"，今注疏本作"得"。鐘文烝曰："得，疑當作'時'，傳寫誤也。"

【疏證曰】劉逢禄難曰："鄭以《公羊》義改'紀'爲'己'，不知傳意如此，當云'于内'，不云'于己'，'于己'爲不辭也。"柳興恩述曰："'于内'更不辭。龍門之戰出《春秋説》，亦不足信。今案傳文，

'紀'字不必改也。是時齊已謀紀，敗績之兵齊爲主，與戰之兵紀爲主。經書'會紀侯'，則戰紀已明，故傳申明之。請爲之引其例。莊二十有八年，'春，王三月，甲寅，齊人伐衛，衛人及齊人戰，衛人敗績'，《傳》：'於伐與戰，安戰也？''戰衛。'是其例也。經書'伐衛'，則戰衛亦明，故傳申明之也。何云在紀何爲不地，然則在衛亦何爲不地乎？又桓六年'蔡人殺陳佗'，傳云：'其不地，於蔡也。'亦其例也。"錫瑞案：《穀梁集解》曰："《春秋》戰無不地，即於紀戰，無爲不地也。"疏曰："《春秋考異郵》云：'時戰在魯之龍門。'"引何休及鄭玄云云，曰："何休注《公羊》，亦云'戰魯龍門，兵攻城池，恥之'，故不地。是皆以'紀'爲'己'，非紀國也。"《穀梁補注》曰："戰于紀而不地者，上言'會紀侯'，故下省其文。省文者，蓋變文也。范疑之，非也。王引之曰：'六年傳曰：其不地，於蔡也。文義正與此同。蔡、紀皆國名，不得破紀爲己。傳凡自魯皆曰我，或曰內，無言己者。鄭君從《公羊》戰魯龍門之說，以改《穀梁》說，非也。'文烝案：王說甚當。《公羊》以不地爲'近乎圍'，而何休謂'兵攻城池，親戰龍門'。徐彥疏引《春秋說》，董仲舒《繁露》亦言之。《左傳》謂鄭不堪宋命，故戰'不書所，戰後也'，其說又異。趙匡、孫覺、胡安國詳繹經文，知是齊以三國伐紀，而魯與鄭救之，明《穀梁》之說最長。范注傳而反駁傳，故李廉怪之矣。"

李惇《群經釋小》曰："按：龍門之戰亦見《春秋緯》，非專公羊家說。《穀梁》《公羊》皆釋'不地'義，《公羊》云近，《穀梁》云於己，二義正同。若是作'紀'，則即書'于紀'可也，無爲不地，誠如何氏所難矣。傳文不必皆同，作'內'、作'己'，似俱無不可。"錫瑞謂：《公》《穀》二義不同，當各從其家說，彼此相駮，皆可不必。鄭君改《穀梁傳》文以傅合《公羊》，似亦可不必也。

莊公

四年傳：不言滅，而曰大去其國者，不使小人加乎君子。

【廢疾】《春秋》"楚世子商臣殺其君，其後滅江、六"，不言大去。又大去者，於齊滅之不明。但知不使小人加乎君子，而不言滅，縱失襄公之惡，反爲大去也。本注。

【釋】商臣殺其父，大惡也，不得但爲小人。江、六之君，又無紀侯得民之賢，不得變滅言大去也。元年"冬，齊師遷紀"，三年"紀季以鄑入于齊", 今"紀侯大去其國", 是足起齊滅之矣。即以變滅言大去爲縱失襄公之惡, 是乃經也, 非傳也。且《春秋》因事見義, 舍此以滅人爲罪者自多矣。同上。

【疏證曰】劉逢禄難曰: "《論語》曰'興滅國',《公羊傳》曰'滅者, 亡國之善辭也, 上下之同力者也', 故'晉人執虞公', 經不與滅。'梁亡''沈潰', 皆不得言滅。誠以滅人者, 當坐專取王封之罪, 而爲所滅者, 以死社稷爲正, 以出奔爲罪, 而書'滅', 則皆志其當興也。變'滅'言'大去'者, 爲復讎張義, 明但當逐之, 不得殺之、滅之云爾。若以齊侯爲小人, 則安得諱其滅人之罪而反與爲禮, 大書'齊侯葬紀伯姬'乎?'紀侯得民之賢', 亦望文爲義, 非事實也。若果民必從之, 如大王遷岐, 當書'紀侯遷於某'以存之矣。鄭以縱失大惡委之于經, 則何取于傳乎?"

柳興恩述曰: "就如劉言'爲復讎張義, 明但當逐之, 不得殺之、滅之', 則變'滅'言'去其國'足矣, 曷爲大之書'大去'者? 經以紀侯之得民而特筆之也。且大在紀侯, 則小在齊侯矣。傳之望文爲義, 確不可易。"錫瑞案:《穀梁集解》曰: "不曰'滅'而曰'大去其國', 蓋抑無道之強, 以優有道之弱, 若進止在己, 非齊所得滅也。"疏云: "言《春秋》有因事見義者, 不得不舍此以滅人爲罪也, 若'晉人執虞公''梁亡'之類是也。"鐘文烝補注曰: "案: 前文是起齊滅, 既如鄭言, 下文又明稱齊侯, 則此文本當言'齊侯滅紀', 亦無嫌不明, 故可不言滅也。又'去'者, '奔'之異文。若言'滅', 又言'奔', 如'齊師滅譚, 譚子奔莒', '楚人滅弦, 弦子奔黃', 則紀侯爲不能死社稷, 而其賢隱矣。故《春秋》不罪紀侯者, 以其賢也。言'大去', 不疑爲罪文者, 由於不言滅也。"據此, 則《穀梁》以爲賢紀侯, 故不言滅, 與《公羊》以爲賢襄公, 故不言滅, 迥乎不同。然《公羊》古義亦有以爲賢紀侯爲諱滅者,《繁露·玉英》篇曰: "率一國之衆, 以衛九世之主, 襄公逐之不去, 求之弗予, 上下同心而俱死之, 故爲之大去。《春秋》賢死義, 且得衆心也, 故爲諱滅, 以爲之諱, 見其賢之也。以其賢之也, 見其中仁義也。"如董子之説, 則是紀侯死義, 並未出奔, 故《春秋》賢之。其説譚滅與《穀梁》賢紀侯同, 而其叙事與《穀梁》異。此《公羊》先師所説, 雖與何君不合, 亦可並存。何君所疑, 鄭已釋之。劉駁鄭以申何, 謂不得以齊侯爲小人, 據《公羊》爲復讎張義，固當賢齊侯矣。柳駁劉云"大在紀侯，則小在齊侯"，立説大纖，似非經旨。

六年傳：王人，卑者也。稱名，貴之也。

【廢疾】稱子，則非名也。本注。

【釋】王人賤者，録則名可。今以其衛命救衛，故貴之。貴之，則子突爲字，可知明矣。此名當爲字誤爾。同上。

【疏證曰】劉逢禄難曰："定四十年傳曰：其辭石尚，士也。天子之大夫不名。'稱字，則當如祭伯、祭叔、凡伯、家父、南季、伯糾之屬。此實王子突也，傳不解，爲王諱微弱，故不言，使反加'王人'，使子突繫之而仍書月以起之之意，僅以善救衛爲義，致淺陋耳。稱名、稱字，胥失之。"柳興恩述曰："《公羊傳》云：'王人者何？微者也。子突者何？貴也。貴則其稱人何？繫諸人也。曷爲繫諸人？王人也。'據《公羊》之意，但以子突稱字爲貴耳。若何休之説，以突爲王子，則《春秋》書'王子虎''王子瑕'皆稱名，則突是名非字，何注已顯與經傳背矣。劉尚據其説以難《穀梁》，不亦慎乎？何以爲稱子則非名，豈知突如爲王子，則又是名非字乎？試於'王子虎''王子瑕'之中橫加一'人'字，猶成詞乎？"錫瑞案：《穀梁集解》："徐乾曰：王人者，卑者至稱也。當直稱王人而已，今以其能奉天子之命，救衛而拒諸侯，故加名以貴之。僖八年'公會王人、齊侯'，是卑者之常稱。"疏曰："鄭答何休云傳文稱名貴之者，'名'當爲'字'，則鄭玄以子突非名。徐乾云'故加名以貴之'，則子突非字。二者不同者，鄭意若以子突爲名，則書名者，乃士之常稱，傳何以云'貴之'？故知子突是字。徐乾意稱人則王之卑者，不合書名，僖八年'公會王人于洮'是也，今稱名，即是貴之。故二説不同。或以爲突是名，子是貴，理亦通，但注意似不然。"《公羊解詁》曰："貴子之稱。據王子瑕不稱人。本當言王子突，示諸侯親親以貴之也。"《公羊通義》曰："尋此注意，突仍是名。何君擇善而從，故自異初説。"《公羊義疏》曰："按：注云'貴子之稱'，則何氏作注以子爲貴，不以突是字爲貴也。《穀梁注》引徐乾曰云云，彼以子突實微者，非《公羊》義。杜氏《釋例》云：'莊六年，五國諸侯犯逆王命以納衛朔，大其事，故字王人謂之子突。'是説進之意。進之不稱名而越稱字者，王之上士、下士爵同而命異耳。進之同中士，未足以爲榮，故超從大夫之例，稱字以貴之也。杜義以突爲字，與鄭義同。范氏疏亦如何義，則《穀梁》文不誤。"

據此，則《穀梁》以爲名，何解《公羊》亦以爲名。然以爲名，則突當爲王子，有如"王子虎""王子瑕"之中横加"人"字不詞，誠如柳氏所譏矣。子突，經意當是稱字。推《公羊》之意，當如柳氏之說，以子突稱字爲貴。何君《廢疾》謂"稱子，非名"是也。推《穀梁》之義，當如柳氏之說，"貴之，則子突爲字，此'名'當爲'字'"是也。名上不當加"子"，非可與"子糾"並論。解《公》《穀》者以子突爲名，似皆失之。

九年傳：當可納而不納，齊變而後伐，故乾時之戰不諱敗，惡内也。

【廢疾】三年，溺會齊師伐衛，故貶而名之。四年，公及齊人狩于郜，故卑之曰人。今親納讎子，反惡其晚，恩義相違，莫此之甚。本注。

【釋】於讎不復，則怨不釋，而魯釋怨，屢會仇讎。一貶其臣，一卑其君，亦足以責魯臣子。其餘則同，不復譏也。至於伐齊納糾，譏當可納而不納爾。此自正義，不相反也。同上。

【疏證曰】劉逢禄難曰："譏可納不納，當文自見。以不諱敗爲惡内，非也。敗非大惡，爲王者伸義養威，故諱之。至於復讎，以死敗爲榮，特不諱以起義。人果不量强弱，萬死不顧一生，而不義殺人者懼矣。乾時之戰，正責公無復讎之心，而在下僅能以爲名耳。反以爲惡内，於義短矣。"柳興恩述曰："'敗非大惡，爲王者伸義養威，故諱之'，是仍襲何休黜周、王魯謬説，不足辨也。若'不量强弱，萬死不顧一生'，此匹夫復讎之説也。忽而王魯，忽而匹夫待魯，進退惟心，一至於此！"錫瑞案：《穀梁集解》曰："甯謂讎者，無時而可與通，縱納之遲晚，又不能保全讎子，何足以惡内乎？然則乾時之戰不諱敗，齊人取子糾殺之，皆不迁其文，正書其事，内之大惡不待貶絶，居然顯矣。二十四年公如齊親迎，亦其類也。惡内之言，傳或失之。"鐘文烝補注曰："此范之誤，傳釋經不誤也。齊變者，謂是時齊人已歸迎小白，即上傳'渝盟'是也。當可納而不納，以致齊變，變而後伐，取敗之道。故下文直書敗績，不復爲諱，又所以惡内也。上惡内，謂盟不書日，微見惡意。此惡内，謂戰不諱敗，明著惡文。皆惡其當可納而不納，其義一也。當可納而不納，與復讎義不相涉。所以然者，魯所讎，齊襄也，襄已殺死，何讎之有？子糾、小白，據《左傳》《管子》《史記》，本僖之子、襄之弟；即以爲襄子，而讎子亦不爲讎。罰不及嗣，怒不可遷。是時而猶言復讎，此《公羊》

復百世之讎之妄論，非君子意也。鄭説未爲詳備，而委曲推究，大概得之。范氏讎無時而可通之言，猶襲用《公羊》語，宜多誤矣。"案：范氏據《公羊》以駁《穀梁》，故其《序》云："以不納子糾爲内惡，是仇讎可得而容也。"劉以復讎爲説，亦據《公羊》難《穀梁》耳。《穀梁》本無復讎之義，鄭君所釋亦甚明通。鐘申《穀梁》，得傳意，而必欲駁《公羊》，則未知《春秋》托事明義之旨。柳之駁劉，更不免鍛鍊周内矣。

十八年傳：不言日，不言朔，夜食也。

【廢疾】《春秋》不言月食日者，以其無形，故闕疑。其夜食，何緣書乎？本注。

【釋】一日一夜，合爲一日。今朔日日始出，其食有虧傷之處未復，故知此自以夜食。夜食，則亦屬前月之晦，故穀梁子不以爲疑。同上。

【疏證曰】劉逢禄難曰："果虧傷未復，即是朝食，何爲夜乎？天之垂象，必明以吉凶示人，故夜不占日，猶晝不占星也。夜食之説，於義爲短。"柳興恩述曰："説見《述例·日食》篇。後代曆法實有夜食者，劉氏亦將以不占之説闕之乎？鄭云'夜食，則亦屬前月之晦'，'亦'字誤，當作'不'。蓋既不得爲此月朔日，又不得屬前月之晦，故《穀梁》特於食晦、日食二日外，立夜食之例，而經'不言日，不言朔'之義始明，斯爲善於經也。"又述日食篇曰："《文獻通考》云：'史記推合朔在夜，明旦日時食而出，出而解，是爲夜食。'今案：此説極精。惟食在地中，不得屬晦，亦不得屬朔，故不言日、不言朔也。范注引鄭《釋廢疾》，必以日始出爲斷，不謂食在地中者，一則以傳於朝日、朝朔，知爲夜食，一則以古之曆法未若後世之密，食在地中，即無由知其食而書之，故以爲'今朔日日始出，其食有虧傷之處未復，故知此自以夜食'，乃爲善體傳意。朔日日出而虧傷未復，則食必在夜，故不得言朔，亦不得言日，乃爲善釋經旨也。何休注《公羊》，以此爲食晦日。夫晦食固不得言朔，何以不言日乎？今案：《公羊》無夜食之説，除食正朔外，止有食晦、日食二日兩例。試思經有言日、言朔者，有不言日、不言朔者，有言日、不言朔者，有言朔、不言日者，凡四例。《公羊》止三例，故何休別爲去日以著桓惡之説，豈如《穀梁》之該備乎？"錫瑞案：《穀梁集解》曰："《王制》曰：天子玄冕而朝日於東門之外，故日始出而有虧傷之處，是以知其夜食也。"疏曰："徐邈云：'夜食，則星無光。'張靖箋《廢疾》云：'立八尺之木，不見其影。'並與范意異也。"鐘文烝案："徐、張非但與范異，乃於傳外自爲說。范引鄭言屬前月晦，是謂在夜半以前，則日出安得尚有虧傷之處？吳萊又以後世事況之曰：'世之登泰山者，夜半觀海出日，人世之闇闇猶故，於此而或食，謂之食朔，可矣，晝食，未可也，安得不日夜食乎？魏永安二年十月己酉，日食地下，虧從西南角起，亦是夜食。'吳氏於事類頗近，亦非傳意也。惟《漢書·五行志》說此曰：'史推合朔在夜，明旦日食而出，出而解，是爲夜食。'斯則事核而理明矣。'日食而出，出而解'，較所謂'虧傷未復'語意尤明。"案：鐘氏引《漢志》，未引注。注："張晏曰：'日夜食，則無景，立六尺木，不見其景，以此爲候。'孟康曰：'夜食地中，出而止。'""劉向以爲：夜食者，陰因日明之衰而奪其光。《公羊傳》曰：食晦。董仲舒以爲：宿在東壁，魯象也。劉歆以爲：晦，魯、衛分。"《經義雜記》云："按：今《公羊》無傳，何注無'食晦'之文，而《漢志》引《公羊傳》曰：'食晦'者，蓋董仲舒等所見《公羊》有之，或漢初《公羊》家說也。"劉歆說《左氏》亦以爲晝晦，與《公羊》合。杜云"不書日，官失之"，非古義。《漢志》云"合朔在夜，明旦日食而出，出而解"，則穀梁家亦以夜食屬前月之晦矣。鄭君《釋廢疾》云夜食"屬前月之晦"，與三《傳》及《漢志》並合。

二十三年傳：不正其外交，故不與使也。

【廢疾】南季、宰渠伯糾、家父、宰周公來聘，皆稱使，獨於此奪之，何也？本注。

【釋】諸稱使者，是奉王命，其人無自來之意。今祭叔不一心於王而欲外交，不得王命來，故去使以見之。同上。

【疏證曰】劉逢祿難曰："如譏祭叔，當如祭伯並絕去'聘'文，於本傳例方合，非也。此不稱使，絕莊公淫取讐女於三年喪內，比之我無君之例。《穀梁傳》'高子'，以爲'不以齊侯使高子'，傳'屈完'，以爲'權在屈完'，皆非也。"柳興恩述曰："《穀梁》於'使繒子來朝'，云'朝不言使'，而聘則例言使。故祭伯之外交，經去'朝'文；祭仲之外交，經去'使'文，傳例並無不合之處。劉氏未能盡通其例，乃謂並宜絕去'聘'文，不亦謬乎？"錫瑞案：《穀梁集解》曰："祭叔，天子寰內諸侯。叔，名。"疏曰："徐邈云'祭叔爲祭公使'，則徐意以祭叔爲祭之大夫也。范以'叔'爲名，似同徐說，但舊解不然，故今亦同之。"鐘文烝案："杜預引《穀梁》，正同徐語。此必《穀梁》家古義。不言使，謂不言祭公使，内臣亦指祭公。范意以使爲王使，以内臣即指祭叔，蓋失之。而疏以爲范似同徐説，又失之矣。范取鄭説，以爲祭叔外交無王命，故不與王得使之，非也。既無王命，則非使，何云'不與王得使'？若無使之者，則當爲朝，何以云聘？若以爲請命於王，非王本心，則石尚亦請命，何以得云使？此當依徐、杜説，謂不正祭公外交，故不與其得使也。"據鐘氏説，則《穀梁》當爲"不正祭公外交"，與《公羊解詁》"不與天子下聘小人"迥異。何君《廢疾》以《公羊》難《穀梁》，劉申何君之旨，非《穀梁》之意。柳申《穀梁》之例以難劉，而云祭叔外交，則猶范氏之説，非徐邈之説也。

三十二年經：癸巳，公子牙卒。

【廢疾】傳例：大夫不日卒，惡也。牙與慶父共淫哀姜，謀殺子般，而日卒，何也？本注。

【釋】牙，莊公母弟，不言弟，其惡已見，不待去日矣。同上。

【疏證曰】劉逢祿難曰："牙之爲母弟，經無起文。《穀梁》不傳張三世諸例，所謂《春秋》之失亂矣。"柳興恩述曰："'牙，莊公母弟'，亦鄭君權詞。牙不去日，與季孫意如義同，其説見前。"錫瑞案：《穀梁集解》曰："甯案：'諸侯之尊，弟兄不得以屬通。'蓋以禮，諸侯絶期，而臣諸父昆弟。稱昆弟，則是申其私親也。宣十七年'公弟叔肸卒'，傳曰：'其曰公弟叔肸，賢之也。'然則不稱弟，自是常例耳。鄭君之説，某所未詳。"疏曰："范既引鄭君之説，又云未詳者，范以僖十六年傳稱：'公弟叔仲，賢也。大夫不言公子、公孫，疏之也。'若牙實有罪，則應去'公子'以見疏。今書'公子'，故云未詳也。或申鄭君義云：牙不去'公子'，爲親著諱。然則鄭意若以爲諱，何得云'其惡已見'？是鄭權答何休之難，不顧上下之理，故范云未詳也。"鐘文烝補注曰："范意以此書日爲疑義。今案：此當以下文慶父事比觀之，其義乃見。慶父首惡，牙次之。慶父猶公子遂，牙猶叔孫得臣也。慶父諱奔言如，又諱其縊死，則牙卒可書日以掩惡矣。遂卒見不卒之文，則得臣卒當去日以明惡矣。"據此，則柳云權詞，義本楊疏。鐘氏推例，足以釋范氏之疑。餘詳見"不日卒，惡也"一條。

僖公

九年傳：桓盟不日，此何以日？美之也。爲見天子之禁，故備之也。

【廢疾】即日爲美，其不日皆爲惡也。桓公之盟不日，皆爲惡邪？莊十三年柯之盟，不日爲信，至此日以爲美，義相反也。本注。

　　【釋】柯之盟不日，固始信之。自其後盟，以不日爲平文。從陽穀以來，至此葵丘之盟，皆令諸侯以天子之禁。桓德極而將衰，故備日以美之，自此不復盟矣。同上。

　　【疏證曰】劉逢禄難曰："以不日爲信，又以日爲美，不幾於亂乎？《春秋》美人之功，不於其方盛而於其將衰者，未之聞也。且扈之盟書甲寅者，亦將以爲美乎？"柳興恩述曰："扈之盟書甲寅，《穀梁》無傳，以今推之，蓋仍從内盟之例書日耳。至桓盟之例，方盛則不日，將衰則日之，傳云'美之'者，言其極盛也。桓盟不日，信在諸侯。其與魯特相盟者，扈與柯耳，本俱從内盟例日，因柯爲桓盟起例，故傳曰：'桓盟雖内與不日，信也。'見盟柯之本宜日也。知盟柯之本宜日，則無疑於盟扈之書日矣。"錫瑞案：柳説通達，足申傳義。《公羊傳》曰："桓之盟不日，此何以日？危之也。"齊召南曰："《穀梁》以爲美，《公羊》以爲危，合之，祇當《孟子》一'盛'字。葵丘之會，桓公之極盛而衰之時也。"齊氏可謂調人，然《春秋》美惡不嫌同辭，二《傳》當各從其師説，不必疑《穀梁》失亂也。《穀梁疏》曰："十五年盟于牡丘，而云'不復盟矣'者，以衣裳之會不復盟，彼是兵車故也。""又'毋雍泉'以下，是四教之事，而《論語》'一匡天下'，鄭不據之，而指陽穀者，鄭據《公羊》之文，故指陽穀。其實此會亦有四教，故上注云'從陽穀已來'"云云也。鐘文烝案："陽穀大朝，葵丘明禁，傳本截然明白。鄭必兼用《公羊》者，凡鄭君之學，主於貫通稽合，往往如此。劉蕡對策曰：'葵丘之盟特日者，美其能宣明天子之禁，率奉王官之法，故《春秋》備而書之。'"許桂林曰："先儒最所譏爲無意義者，桓盟不日而葵丘書日，其例不一，故謂日月或有或無，皆據舊史，寧用《公羊》年遠不詳之説，不從《穀梁》。不知晉伯諸盟皆日而桓盟不日，不云信之，不可也；桓盟不日而葵丘書日，不云備之，不可也。"又曰："本例'渝盟不日'，故著'桓盟不日，信之也'一例。本例'外盟不日'，故著'桓盟雖内與，不日'一例。而葵丘之盟又獨書日，故特著'美之''備之'兩義。"

　　十一年傳：雩，得雨曰雩，不得雨曰旱。

　　【廢疾】《公羊》書雩者，善人君應變求索。不雩則言旱，旱而不害物，言不雨也。就如《穀梁》，設本不雩，何以明之？如以不雨明之，設旱而不害物，何以別乎？本注。

【釋】雩者，夏祈穀實之禮也，旱亦用焉。得雨書雩，明雩有益。不得雨書旱，明旱災成，後得雨，無及也。國君而遭旱，雖有不憂民事者，何乃發禮本不雩禱哉？顧不能致精誠也。旱而不害物，故以久不雨別之。文二年、十三年"自十有二月""自正月"、"不雨，至于秋七月"是也。《穀梁傳》曰："歷時而言不雨，文不閔雨也。"以文不憂雨，故不如僖時書不雨。文所以不閔雨者，素無志於民，性退弱而不明，又見時久不雨而無災耳。同上。

【疏證曰】劉逢祿難曰："旱不害物，不待久也。太平之時，一月不雨即爲異。莊之冬不雨，未嘗歷時。僖之正月，四月，未嘗踰月也。天之譴告人君有淺深，旱則示災，不雨則示異，異大乎災。君之感應天變有本末，本則修政，末則雩禱。舍本修末，非所以應天也。修本以禳異，修末以禳災。書雩以志其應變之末也，書旱以譏其事末之怠也，皆閔民也。書不雨，以示人君之察天意也。《穀梁》子失其傳矣。"柳興恩述曰："《穀梁》於僖曰閔雨者，有志乎民也；於文曰不憂雨者，無志乎民也。法戒之義已顯，此爲言簡義賅。何氏注《公羊》多設條例，亦不過顯法戒之義耳，義豈有更大於法戒者？"錫瑞案：《穀梁疏》曰："何休難此傳云：雩而得雨曰雩，故言設使元本不雩，則何以明之也？此傳又云'不得雨曰旱'，故又難云：就如《穀梁》書旱，則以不雨明之，設使或旱而不害物，則何以別之乎？"鍾文烝補注曰："爲災言旱，不爲災言不雨，《左氏》《公羊》皆同。《公羊》以別災與異。"錫瑞謂：分別災與異，乃公羊家義。《公羊》文二年傳曰："何以書？記異也。大旱以災書，此亦旱也，曷爲以異書？大旱之日短而云災，故以災書。此不雨之日長而無災，故以異書也。"隱三年傳解詁曰："異者，非常可怪，先事而至者。"五年傳解詁曰："災者，有害於人物，隨事而至者。"《春秋‧潛潭巴》曰："災之言傷也，隨事而誅。異之言怪也，先發感動之也。"《洪範‧五行傳》曰："非常曰異，害物曰災。"又曰："害物爲災，不害物爲異。"鄭《駁異義》亦曰："非常曰異，害物曰災。"是用《公羊》説也。何君《廢疾》、鄭《釋廢疾》皆云"旱而不害物"，蓋以爲異，不以爲災。劉云"旱則示災，不雨則示異，異大乎災"，用《公羊》定元年傳"異大乎災"之義。

十三年傳：兵車之會也。

【廢疾】闕。袁氏考證曰："疏云：'何休於此有《廢疾》，范不具戴鄭《釋》者，以數九會異於鄭故也。'"

【釋】自柯之明年，葵丘以前，去貫與陽穀，固已九合矣。莊二十七年疏。袁氏考證曰："二十七年傳'衣裳之會十有一'，范注：'十三年會北杏，十四年會鄄，十五年又會鄄，十六年會幽，二十七年又會幽，僖元年會檉，二年會貫，三年會陽穀，五年會首戴，七年會寧母，九年會葵丘。'疏云：'衣裳之會十有一者，謂從北杏至葵丘也。《論語》稱九合諸侯者，貫與陽穀二會，管仲不欲，故去之，自外惟九合也。'鄭《釋廢疾》云云，'則鄭義不數北杏，自外與范注同也。'又莊十三年會北杏，疏云：'鄭《釋廢疾》數九會，以柯之明年爲始。'又云：'鄭以孔子云九合諸侯，北杏之會，經無諸侯之文，故不數之。'則鄭數九會，自柯之明年會鄄始也。會鄄至葵丘，中間去貫與陽穀，止八會。鄭以柯之明年始，自不得數柯，而疏所云'貫與陽穀二會'，及疏引《釋廢疾》所云'去貫與陽穀'者，'貫'並是'北杏'之譌，所云'鄭意不數北杏'者，'北杏'下又脱'陽穀'二字爾。"

【疏證曰】《穀梁疏》曰："不數北杏所以得九合諸侯者，先師所説不同。或云：'去貫與陽穀'，與，猶數也，言數陽穀，故得爲九也。或云：葵丘會盟異時，故分爲二。或取公子結與齊桓、宋公盟爲九。故先師劉炫難之云：'貫與陽穀，並非管仲之功，何得去貫而數陽穀也？若以葵丘之盟盟會異時而數爲二，則首戴之會亦可爲二也。離會不數，鄄盟去公子結，則唯有齊、宋二國之會，安得數之？'二三之説，並無憑據，故劉氏數洮會爲九。以數洮會爲九，兵車之會又少其一，故劉以傳誤解之，當云兵車之會三。案：洮會下亦無云兵車之會，則傳文不應兩處皆誤，是亦可疑也。"鐘文烝案："鄭去貫、陽穀，又去北杏，又不可加以柯，則止八會，故疏述諸説紛紛疑之。皇侃、陸德明説《論語》，更滋舛誤。孫復則謂去北杏，與單伯會鄄爲九合。其實皆非也。《論語》九合即《穀梁》十一會，《穀梁》每會計之，《論語》則據所會之地，合二鄄爲一、二幽爲一也。俞樾以爲：'九合者，大概之辭，以極數言之。古人凡言數，少半言三，太半言七，舉中言五，舉極數言九。如曰叛者九國、反者九起，皆見其至多耳。'案：俞説亦通。"錫瑞謂：《穀梁》云"十一會"，《論語》云"九合"，其説各有所據，不必勉強牽合，必欲合之，鐘氏合二鄄、二幽各爲一，較諸説爲近理。袁氏考證以"貫"字皆爲"北杏"之誤，亦足釋鄭去貫、陽穀，又去北杏，則止八會之疑。

十四年傳：諸侯城，有散辭也，桓德衰矣。

【廢疾】案：先是盟亦言諸侯，非散也。又《穀梁》美九年諸侯盟于葵丘，即散，何以美之邪？於義《穀梁》爲短。本注。袁氏考證曰："本無末句，從《公羊疏》引補入。《公羊疏》'美之'下無'邪'字。"

【釋】九年，公會宰周公、齊侯、宋子、衛侯、鄭伯、許男、曹伯于葵丘。九月，戊辰，盟於葵丘。時諸侯初在會，未有歸者，故可以不序。今此三十年夏，公會齊侯、宋公、陳侯、衛侯、鄭伯、許男、曹伯于鹹，而冬公子友如齊，此聘也。書聘，則會固前已歸矣。今云諸侯城緣陵，而不序其人，明其散，桓德衰矣。葵丘之事，安得以難此？同上。

【疏證曰】劉逢祿難曰："桓德之衰，實始於葵丘。此存杞，諸侯所樂，故以散而復聚之辭言之。不言諸侯，則無以知爲會鹹。諸侯猶城邢，必復言師也。不序以明其散，失之。"柳興恩述曰："桓德既衰而諸侯樂城杞，於何見之？鄭君以季孫聘齊證諸侯之散，劉亦無以易也。"錫瑞案：《穀梁集解》曰："直曰諸侯，無小大之序，是各自欲城，無總一之者，非伯者所制，故曰散辭。"鐘文烝補注曰："杞雖未滅而國已危，城緣陵以遷之，宜列序其人以見美。言諸侯而不序，是散辭也。散辭與二年專辭若相對，其實城邢不必列序而序，此當列序而不序，正與元年文相對也。文七年傳曰'略之'，散辭即是略，互相備也。"《公羊解詁》曰："言諸侯者，時桓公德衰，待諸侯然後乃能存之。"《公羊義疏》曰："按：楚丘爲桓公獨城，故不序諸侯。此爲桓公德衰，待諸侯乃能城，故特總言諸侯也。"據此，則二《傳》皆以爲桓公德衰，而其説不同。《公羊》無散辭之文，故何君據以難《穀梁》。鄭君分別葵丘與鹹之異，足以解何君之難矣。

十八年傳：戰不言伐，客不言及。言及，惡宋也。

【廢疾】戰言及者，所以別客主直不直也。故文十二年晉人、秦人戰于河曲，兩不直，故不云及。今宋言及，明直在宋，非所以惡宋也。即言及爲惡，是河曲之戰爲兩善乎？又《穀梁》以河曲不言及，略之也，則自相反矣。本注。袁氏考證曰："又見王晢《春秋·皇綱論》，'不直'下無'也故文十二年晉人秦人戰于河曲'十四字，有'河曲之戰'四字，'不云'作'去'，'自相'上無'則'字。"

【釋】及者，別異客主耳，不施於直與不直也，直不直自在事而已。義兵則客直，宣十二年"夏，晉荀林父帥師及楚子戰于邲，晉師敗績"是也。兵不義則主人直，莊二十八年"春，衛人及齊人戰，衛人敗績"是也。今齊桓卒未葬，宋襄欲興霸事而伐喪，於禮尤反，故反其文以宋及齊，即實以宋及齊，明直在宋。邲之戰直在楚，不以楚及晉，何邪？秦、晉戰于河曲不言及，疾其亟戰爭舉兵，故略其先後。同上。

【疏證曰】劉逢祿難曰："邲之戰，晉、楚皆客也。即楚獨爲客，亦不當以楚及晉，内外之辨也，故變例以大夫敵君起之。凡書及，皆與爲主辭。以客爲主，則宋襄直矣。伐齊以定亂，於喪無薄也。《春秋》以嫌於伐喪，故變文以起之。惡宋之説，於義反矣。"柳興恩述曰："宋伐齊爲定亂，則經書'師救齊'爲助亂耶？《公羊》'師救齊'無傳，而何注於'狄救齊'又善之。救者爲善，則伐者惡矣。"錫瑞案：《穀梁疏》曰："《春秋》之例，戰、伐不並舉。此上有'伐'文，今又言'戰'，是違常例也。又伐人者爲客，受伐者爲主。此言'及齊師'，是亦違常例也。故傳釋之，以爲惡宋也。《穀梁》邲戰竟不論楚直晉曲，而鄭云'直在楚'者，《公羊》意以邲戰是楚直，故據之難何休。"鐘文烝案："言戰先言伐，亦是惡宋可知，傳省文也。據《左傳》，桓無適子，嘗與管仲屬孝公於宋襄公，以爲太子，而雍巫因寺人貂薦羞爲無虧請，又許之。無虧者，長庶也。上伐是齊立無虧而宋納孝公。此戰是齊人既殺無虧，將立孝公，不勝，四公子之徒遂與宋戰。當時一伐一戰，同役異情。但君子承史修經，專主大義，事之細曲，多在所略。"史書伐齊、戰甗，伐喪之罪無所可逃，經因存月以非之，反其及文以惡之。伐、戰並舉，又寓其意，使後人讀此卒後葬前之文，而宋襄伐喪之罪益著，則其事之細曲固不必論。有欲詳考之者，而孝公之不宜納亦足明矣。《公羊傳》曰："與襄公之征齊也。"《義疏》曰："按：以《史記》《左傳》證之，襄公伐齊，主爲定亂，不得以伐喪爲責，故爲與辭。"據此，則《公羊》與宋，《穀梁》惡宋，二《傳》不同。《穀梁》書"及"，本反常例，何君以例駁之。鄭君以爲"及者，別異主客，本不以直不直爲例"，説亦通達。劉以何注善狄救齊爲難，何注云"雖拒義兵，猶有憂中國之心，故進之。不於救時進之者，辟襄公，不使義兵雍塞"，則何已自圓其説，兩不相礙矣，特柳謂其迂曲不足信耳。

伐衛，所以救齊也。

【廢疾】即伐衛救齊，當兩舉，如"伐楚，救江"矣。又傳以爲"江遠楚近"，故伐楚救江。今狄亦近衛而遠齊，其事一也，義異何也？於義《穀梁》爲短。本注。袁氏考證曰："本無末句，從《公羊疏》引補入。《公羊疏》無'義異何也'四字。"

【釋】文三年"冬，晉陽處父帥師伐楚，救江"，兩舉之者，以晉未有救江文，故明言之。今此"春，宋公、曹伯、衛人、邾人伐齊。夏，狄救齊。冬，邢人、狄人伐衛"，爲其救齊可知，故省文耳。事同，義又何異？同上。

【疏證曰】劉逢祿難曰："狄救齊後，未聞衛又伐齊也，何救之有？即伐衛以救齊，是爲諼也。伐楚救江無救乎滅，故致其意而責之，豈曰功近德遠乎？以此進狄稱人，是開趨易避難之路，非《春秋》貴誠之道矣。"柳興恩述曰："傳但云'伐衛，亦以救齊也'，易'所'字爲'亦'字，則曉曉者可息喙矣。又'邢人、狄人伐衛'，《公羊》無傳，何注云：'狄稱人者，善能救齊。'徐疏云：'謂其上能救齊，是以於此進之，不謂此時伐衛爲救齊也。'夫置現在伐衛之曲直不論，但以前之救齊而善，故稱人，《春秋》有是例乎？何注之故爲迂曲，大率類此。此《漢書·儒林傳》所謂非其本義者也。"錫瑞案：《穀梁補注》曰："傳以是春衛伐齊，是夏狄救齊，今狄又伐衛，故言'所以救齊'，申釋伐之所以爲善也。此經自不得有'救'文。"《公羊義疏》曰："按：何氏於《廢疾》駁伐衛救齊之說，而此注又以狄稱人爲'善能救齊'者，謂狄於上能救齊，故於此進之，非謂此時之伐衛爲救齊也。其不於救時進之，所以辟襄公義兵也。本自無妨，況與宋伐齊者非衛一國，何獨伐衛以爲救齊乎？"據此，則二《傳》皆以狄稱"人"爲善其救齊。《穀梁》謂"伐衛，所以救齊"，《公羊》謂"不於救時進之，於伐衛進之"，說稍不同。劉難《穀梁》爲諼，柳譏何注爲迂曲，亦猶何、鄭兩說，各尊所聞而已。此等處非大義所繫，說小不合，似可無庸曉曉。

二十一年經：大旱。

【廢疾】闕。

【釋】《春秋》凡書二十四旱，《考異郵》說云："分爲四部，各有義焉。"《禮記·月令》疏。

【疏證曰】劉逢祿難曰："孔巽軒曰：經凡二十六旱，大雩十九，大旱二，不雨二，歷時不雨加月文者三，是爲四部也。"錫瑞案：《月令》

正義曰："僖十一年'秋，八月，大雩'，十三年'秋九月，大雩'，成公三年'秋，大雩'，七年'冬，大雩'，襄五年'秋，大雩'，傳曰：'旱。'八年'九月，大雩'，傳曰：'旱。'十六年'秋，大雩'，十七年'秋九月，大雩'，二十八年'秋八月，大雩'，傳曰：'旱。'昭三年'秋八月，大雩'，傳曰：'旱。'六年'九月，大雩'，傳曰：'旱。'八年'秋大雩'，十六年'秋九月，大雩'，傳曰：'旱。'二十四年'秋八月，大雩'，傳曰：'旱。'二十五年'秋七月，上辛，大雩。季辛，又雩'，傳曰：'秋書再雩，旱甚。'定元年'秋九月，大雩'，七年'秋，大雩'，'九月，大雩'，十二年'秋，大雩'，僖二十一年'夏，大旱'，宣七年'秋，大旱'，莊三十一年'冬，不雨'，僖二年'冬十月，不雨'，三年'正月，不雨'，'夏四月，不雨'，'六月，雨'，傳曰：'自十月不雨，至于五月，不曰旱，不爲災。'文二年'自十有二月不雨，至於秋七月'，十年云'自正月不雨，至於秋七月'，十三年云'自正月不雨，至於秋七月'。是《春秋》之中不雨有七，大旱有二，大雩有二十一，都並有三十。莊三十一年'冬，不雨'，以冬時旱氣以過，故不數。僖二十一年'夏，大旱'，宣七年'秋，大旱'，二旱災成，故不數。昭二十五年一月再雩，祇是一旱之事，爲再雩，一雩不數。定七年'秋，大雩'，亦一時之事，而爲二雩，一雩不數。成七年'冬，大雩'，《穀梁》云'冬無爲雩'，明亦不數。三十之中，去此六事不數，唯有二十四在。就二十四之中，分爲四部：桓五年'秋，大雩'，說雩禮，是一部也；僖二年'冬，十月，不雨'，僖三年'正月，不雨'，'夏，四月，不雨'，說禱禮，是二部也；文二年、文十年、文十三年皆云'正月不雨，至於秋七月'，說旱而不爲災，是三部也。此三部總有七條，於二十四去七條，餘有十七條，說旱氣所由。"引鄭《釋廢疾》云云。又曰："《穀梁》說云：'得雨曰雩，不得雨曰旱。'《公羊》說：'言雩則旱見，言旱則雩不見。'此二家之說不同，鄭《釋廢疾》從《穀梁》之義。"案：《廢疾》此條不傳，蓋何用《公羊》難《穀梁》，鄭故引《考異郵》爲《穀梁》釋也。《周禮·女巫》疏引鄭《答臨碩〈周禮〉難》，亦引《考異郵》二十四旱之文。

傳：外釋不志，此其志何也？以公之與之盟日之也。不言楚，不與楚專釋也。

【廢疾】《春秋》以執之爲罪，不以釋之爲罪。責楚子專釋，非其理也。《公羊》以爲公會諸侯釋之，故不復出楚耳。本注。

【釋】不與楚專釋者，非以責之也。傳曰："外釋不志，此其志何也？以公之與之盟目之也。"言公與諸侯盟而釋宋公，公有功焉，與《公羊》義無違錯。同上。

【疏證曰】劉逢祿難曰："如鄭君説，傳當云：不言楚，歸功於諸侯也。"柳興恩述曰："'不與楚專釋'，亦以甚其專執之罪也，較《公羊》説尤爲大義懍然。何氏乃曰'《春秋》以執爲罪，不以釋之爲罪'，豈知《春秋》之旨者哉！鄭君之説，姑就其詞釋之云爾。"錫瑞案：《穀梁補注》曰："何既失之，鄭又非也。'不與楚專釋'，與上'以公盟目之'文意不相屬。《公羊》所云，不可通於傳。胡安國引傳文，以《公羊》爲誤，胡氏是也。傳言'不與專釋'者，明非楚所得專執，故亦非楚所得專釋也。傳但解經，釋'不言楚'，則上執不言楚，亦包其義。上執無傳，故於此特明之。"據鐘氏説，以傳申傳，不牽引《公羊》，説甚明捷。鄭君調和二《傳》，以爲"義無違錯"，特以解何氏之紛耳。

二十二年傳：襄公曰不鼓不成列須其成列而後擊之，則衆敗而身傷焉。

【廢疾】即宋公身傷，當言公，不當言師，成十六年"楚子敗績"是也。又成十六年傳曰："不言師，君重于師也。"即成十六年是，二十二年虛言也。即二十二年是，十六年非也。本注。

【釋】傳説"楚子敗績"曰："四體偏斷，此則目也。"此言君之目與手足有破斷者，乃爲敗矣。今宋襄公身傷耳，非四體偏斷，又非傷目，尚持鼓，軍事無所害，而師猶敗，故以常例稱師，不言宋公敗績也。傳所以言，則衆敗身傷焉者，疾其信而不道，以取大辱。同上。袁氏考證曰："疏引'鄭玄云：非四體偏斷，又非傷目，故以常例稱師也'三句，前二句是'身傷'下脱文，後一句去'故''也'二字，是'師猶敗'下脱文，今並補入。'尚持鼓'之'尚'本作'當'，'則衆敗'之'則'本作'敗'，並形涉而譌，今以義改。"

【疏證曰】劉逢祿難曰："傳言身傷而致死，則視傷目尤重矣。譏其取辱，何得言師、不言公户？《春秋》貴偏戰，惡詐戰。以爲'彼善於此'者，正以其信耳。詐而勝，不若信而敗也。以詐爲道，異哉所聞！"柳興恩述曰：《左氏傳》云："'公傷股'，并在四體偏斷之列，則非穀梁一人之創説，可知爲當時實事。如曰《春秋》爲之諱，故不書宋公敗績，不思成十六年'楚子、鄭師敗績',下有'鄭師',足包楚師,故特書'楚子',而《穀梁》曰'君重於師也'。今此若没'師'文,但書'宋公敗績',則疑於民未敗而君獲,與失民之晉侯等,轉失當日師敗事實,何得以楚子之敗相難也?"錫瑞案:《公羊傳》不言宋公身傷,亦無諱宋公敗績之語。《公羊通義》曰:"《左傳》曰'公傷股',不從君痍例斥宋公敗績者,爲襄公諱,不使楚人得加傷乎宋公也。此楚人亦楚子也,所以賤楚而尊宋。"此孔巽軒引《左氏》以解《公羊》之説,《公羊》與何君皆無此説也。柳云《春秋》爲諱,當指《通義》而言。然何、鄭二君皆無明文,似可置之不論。三《傳》各自爲説。《公羊》無宋公身傷之事,故何君以此難《穀梁》。《穀梁》言身傷致死,誠視傷目爲尤重矣。《左傳》言"公傷股",正與《穀梁》云"四體偏斷"相同。鄭舉傳言宋襄身傷,非同四體偏斷,不取《左傳》爲説,尚不相妨。柳引《左傳》云"公傷股","并在四體偏斷之列",則正當如"楚子敗績",書"宋公敗績"矣,乃云不得相難,未免强説。諱之敗,書"獲晉侯",經未嘗書"晉侯敗績"也,何得强引以相例邪?齊召南曰:"以《左傳》證之,宋襄傷股,則《穀梁》所謂身傷有實據矣。何休以鄢陵之戰楚君傷目,經書'楚子敗績',《穀梁》謂'君重於師',如泓戰宋公果傷,經亦當書'宋公敗績'。此其難《穀梁》之意也。康成以傷目與傷股有别,以解何休之駁。揆以聖經書法,實皆不然。泓之戰,至門官皆殱,師徒喪失,幾至亡國,故經書師。鄢陵之戰,楚君傷目,而三軍未至大損,經故舉重以概輕耳。"柳興恩駁之曰:"齊説以《左氏》證《穀梁》,亦不然。凡經書'敗績',未有不言'師'者。鄢陵之戰倘非連書'楚子、鄭師敗績',若但書'楚子敗績',亦不辭也。"錫瑞謂:柳氏此説不牽引《左氏》,較駁劉説爲更明晰。

　　二十三年傳:不葬,何也?失民也。其失民何也?以其不教民戰,則是棄其師也。

　　【廢疾】所謂教民戰者,習之也。《春秋》貴偏戰,而惡詐戰。宋襄公所以敗於泓者,守禮偏戰也,非不教其民也。孔子曰:"君子去仁,惡乎成名?造次必於是,顛沛必於是。"未有守正以敗而惡之也。《公羊》以爲不書葬,爲襄公諱。背殯出會,所以美其有承齊桓尊周室之美志。本注。

　　【釋】教民習戰而不用,是亦不教也。詐戰,謂不期也。既期矣,當觀敵爲策，倍則攻，敵則戰，少則守。今宋襄公于泓之戰違之，又不用其臣之謀而敗。故徒善，不用賢良，不足以興霸王之功；徒信，不知權譎之謀，不足以交鄰國、會遠疆。故《易》譏鼎折足，《詩》刺不用良。此説善也。同上。袁氏考證曰："徒信，本譌'徒言'。此《考異郵》文。據《膏肓》引，是'信'字。此脱偏旁耳，今改正。《膏肓》所引，'徒信'至'遠疆'。此'故《易》'二句，疑亦《考異郵》文，故鄭云'此説善也'。"

【疏證曰】劉逢祿難曰："期地必不於水也，期時必不於半渡也。以水厄人，未陣而擊，交鄰而尚權譎，戰國之所謂賢良，非《春秋》之所貴也。以敗績而去葬，則敗而書葬者多矣，不敗而不書葬者亦多矣，豈君子辭乎？"柳興恩述曰："不敗而不書葬者，必自有去葬之由。傳例，《春秋》之不葬有三，非一端也。敗而書葬者，其敗或出於不得已，非雪見敗之恥，而又自陷於敗者也。"錫瑞案：《公羊義疏》曰："按：鄭氏仍本《考異郵》説，所謂'襄公大敗，師敗于泓，徒信，不知權譎，不足以交鄰國、定遠疆'是也。何氏所不取。《經義述聞》云：傳謂'以不教民戰'，非謂教而不用也。不觀敵爲策，又不用其臣之謀，義在'戰泓'傳，非此傳'不葬'之義也。"錫瑞謂：《穀梁》以宋襄爲憤兵，與《公羊》不同，不妨各存其説，而以此爲"不葬"之義，則誠如王復所譏矣。劉駁鄭説已見前《箴膏肓》。柳駁劉説以爲"傳例，《春秋》不葬有三"，見昭十三年傳曰："變之不葬有三：失德不葬，弑君不葬，滅國不葬。"范注、楊疏皆未引宋襄爲"失德不葬"，柳氏《大義述》始以宋襄實之。春秋時，敗績者不獨宋襄，獨以宋襄爲"失德不葬"，未免責之太苛矣。

二十五年傳：其不稱名姓，以其在祖之位，尊之也。

【廢疾】曹殺其大夫，亦不稱名姓，豈可復以爲祖乎？本注。

【釋】宋之大夫盡名姓。禮，公族有罪，刑于甸師氏，不與國人慮兄弟也，所以尊異之。孔子之祖孔父累於宋殤公而死，今骨肉在其位而見殺，故尊之，隱而不忍稱名氏。若罪大者，名之而已，使若異姓然，此乃祖之疏也。曹殺其大夫，自以無大夫，不稱名氏耳。《春秋》辭同事異者甚多，隱去即位以見讓，莊去即位爲繼弑，是復可以此例非之乎？同上。袁氏考證曰："'此乃祖之疏也'，疏云'古本或作禮之疏'。"

疏證曰；劉逢禄難曰："宋之大夫未必孔父之後，且《春秋》非孔子家乘。公族致刑之義，托'公子牙卒'見之，'司城來奔'，復何所隱而不忍稱名氏乎？稱名氏，使若異姓，緣飾宋殺山之文言之，非經誼也。"柳興恩述曰："桓二年經書'孔父'，傳曰：'字謚也。''其不名'，傳曰：'孔子故宋也。'劉亦將曰《春秋》非孔子家乘乎？何注《公羊》曰：'賢者不名，故孔父稱字。'夫仇牧、荀息皆賢者，何以不稱字乎？"錫瑞案：《穀梁補注》曰："何説固無理，鄭亦失之。祖，謂孔父也。《左傳》稱大司馬孔父，又稱孔父為司馬。'在祖之位'，在司馬之位也。宋自此殺大夫者四，《春秋》皆不稱名姓。此經，《左氏》無傳。文七年書'宋人殺其大夫'，《左傳》謂殺公孫鄭、公孫固，而樂豫舍司馬。《史記》謂殺大司馬公孫固。然則固、鄭二子，當依孔穎達説，為孤卿之官，而固則以大司馬為孤。其下又有'樂豫為司馬'，屬於固也。成十五年書'宋殺其大夫山'，《左傳》云蕩澤為司馬，謂之子山。文八年則明書'宋人殺其司馬大夫'。以彼諸文推此年所殺，明亦是司馬可知。《穀梁》之説，未可輕議，而《左傳》事迹，抑亦十得七八矣。此傳二句，通四經言之，孔父不稱名，曰為祖諱，四經不稱名姓，曰'以其在祖之位，尊之'，明四經亦為諱也。孔父諱而四經皆諱者，'盈乎諱'之意。古者'官有世功，則有官族'。故宋魚氏世左師之位；魯三卿司徒、司馬、司空，三桓亦各世其位。故宋司馬之位，孔氏所不忍言也。鄭云'罪大者，名之而已'者，謂山也。山稱國以殺，不得為罪大。山是字，亦非名也。四殺大夫，其文微乎微矣。《公羊》經師失其義，乃於此年、文七年、八年造為'宋三世内娶'之説，甚不可通。宋襄夫人王姬，襄王之姊也，謂之内娶，不亦謬乎？"錫瑞謂：外殺大夫不名，《春秋》獨宋三見。何君引"曹殺其大夫"，鄭云曹無大夫，足解之矣。《公羊傳》曰："宋三世無大夫，三世内娶也。"解詁曰："三世，謂慈父、王臣、處臼也。"鐘氏引宋襄公夫人王姬為難，何君不信《左氏》，不必引《左傳》難之。即如《左傳》之文，去襄公不數，王臣、處臼及鮑三世不見娶於何國，至共公始娶魯伯姬，安見三世非内娶乎？《穀梁》以為"在祖位，尊之"，注疏無説，鄭謂"孔父累於殤公而死，今骨肉在其位而見殺"。《漢書·梅福傳》福引此傳文，曰："此言孔子故殷后也。"顏師古曰："《穀梁》所云'在祖位'者，謂孔子本宋孔父之后，防叔奔魯，遂為魯人。今宋所殺者，亦孔父之后，留在宋者。於孔子為祖列，故尊而不書也。"顏説與鄭合，或即本鄭義。鄭君大儒，説必有據，然其事不見於《左傳》《史記》。孔父未聞有后於宋，其説恐未可據。鐘氏不用鄭説而創新解，以"在祖位"爲"在司馬之位"，此在位者爲孔氏歟？鐘引《左傳》爲證，《左傳》不云"孔，氏"也，此在位者非孔氏歟？既非孔氏，但以其居祖位而遽諱其名姓，立説未免迂曲。若以魚氏世爲左師，三桓世爲三卿，孔氏不世司馬，遂不忍言，則迂曲彌甚，恐《春秋》書法不如是也。劉氏云"《春秋》非孔子家乘"，説甚正大。柳引《穀梁傳》曰"孔子故宋"爲難，此《穀梁》引或説，不以爲正解，未足爲孔子家乘之證。傳曰："孔，氏；父，字，謚也。"當如劉申受説，以"謚"字爲衍文，段茂堂説非是，詳見所著《駁五經異義疏證》。何注《公羊》曰："賢者不名，故孔父稱字。"孔巽軒解之曰："《春秋》賢者不名。仇牧、荀息皆賢而名者，許人臣者，必使臣爲累於君之辭。君前臣名，其道然也。獨孔父先死，得申不名之義。禮，於君所言，大夫歿則稱謚。若字，則又以稱字見先君死，倒其文而不紊其實。"孔申何義極當。柳不能申《穀梁》之義，而強爲駁難，殊無謂也。且《公羊疏》明云："考諸舊本，悉無此注，且與注違，則知有者衍文也。"據徐疏，則注云"賢者不名，故孔父稱字"，並非何氏原文。柳氏乃執此疑似之辭，屢詆何君之義，豈並不見《公羊疏》乎？

納者，内弗受也。圍一事也，納一事也，而遂言之，蓋納頓子者，陳也。

【廢疾】即陳納之，當舉陳，何以不言陳？本注。

【釋】納頓子，固宜爲楚也。穀梁子見經云"楚人圍陳，納頓子於頓"，有似"晉陽處父伐楚，救江"之文，故云蓋陳也。同上。

【疏證曰】劉逢禄難曰："陳納之，即不舉陳，當加'陳人執頓子'等文以起之。救江亦晉，非楚，引之欲以何明也？"柳興恩述曰："楚之圍陳，使納頓子也。此等無關大義，曉曉置辨，徒詞費耳。"錫瑞案：《穀梁集解》曰："圍陳，使納頓子。"疏曰："鄭意亦同范説。"鐘文烝補注云："注語最圓足。楚人納頓子，是楚人，亦非楚人。公子比弑其君，是公子比，又非公子比。事正相類。傳以文例特異，故言'蓋'以疑辭。疏引鄭《釋廢疾》，謂有似'晉陽處父伐楚，救江'之文，其説不了。"《公羊傳》曰："何以不言遂？兩之也。"《義疏》曰："如《公羊》義，則圍陳自圍陳，納頓子自納頓子，既非因頓子圍陳，亦非圍陳以納頓子矣。"據此，則《公羊》分圍陳、納頓子爲兩事，故何君難《穀梁》"納頓者陳"之説。然此等小異，毋庸爭辨，柳氏之説是也。

二十七年傳：人楚子，所以人，諸侯也。其人諸侯，何也？不正其信夷狄而伐中國也。

【廢疾】哀元年，楚子、陳侯、隨侯、許男圍蔡，不稱人，明不以此故也。本注。

【釋】時晉文爲賢伯，故譏諸侯不從而信夷狄也。哀元年時無賢伯，又何據而當貶之耶？同上。

【疏證曰】劉逢禄難曰："晉文伯業未顯，何以責諸侯？江熙從《公羊》解，近之。"柳興恩述曰；"傳云'不正其信夷狄而伐中國'，大義原自懔然。何休乃引哀元年楚强之例難之，是又與於信夷狄之甚者也。"錫瑞案：《穀梁集解》曰："甯謂：定哀之世，楚彊盛，故諸侯不得不從耳。江熙曰：夫屈信理對，言信必有屈也。宋、楚戰于泓，宋以信義而敗，未有闕也，楚復圍之。我三人行，必有我師。諸侯不能以義相帥，反信楚之曲，屈宋之直，是義所不取。信曲屈直猶不可，況乃華夷乎？楚以亡義見貶，諸侯之不從，不待貶而見也。然則四國信楚而屈宋，《春秋》屈其信而信其屈，貶楚子于兵首，則彼碌碌者以期見矣。故曰：'人楚子，所以人諸侯。'"疏曰："鄭云無賢伯，范言楚彊盛者，二者相接也，爲當時無賢伯，楚又彊盛，故諸侯不得不從也。案：泓之戰，《穀梁》意譏宋公。江熙云'宋以信義而敗，未有闕'者，據宋不能量敵彊弱，致師敗身傷，故譏之。其於信義實未有闕，而楚復圍之，故貶楚子也。"鐘文烝案："江注'以義相帥'，'帥'當作'師'，轉寫誤也。江用《公羊》爲説，不可通於傳，疏曲通之，非也。傳但論華夷，豈論曲直哉！諸侯信夷狄而伐中國，故人之以貶。人楚，正所以人諸侯，義甚明白。楚自荻聘次厥貉以前，君臣稱人，其常文也，非以稱人特爲貶楚辭也。"錫瑞謂：江氏兼用《公》《穀》二傳之義，故劉是之而鐘非之。鐘謂"楚自荻聘次厥貉以前，稱人其常文，非以稱人特貶"，足以釋何君之疑，補鄭君之義。何云"不以此故"，謂當如《公羊》云"爲執宋公"之故。柳不明其旨，乃訛其"與於信夷狄之甚"，此以非理相詬，非真説經者也。

三十年傳：以尊遂乎卑，此言不敢叛京師也。

【廢疾】大夫無遂事。案襄十二年，季孫宿救台，遂入鄆，惡季孫不受命而入也。如公子遂受命如晉，不當言遂。本注。

【釋】遂固受命如京師如晉，不專受命如周。《經》近上言天王使宰周公來聘，故公子遂報焉，因聘于晉。尊周，不敢使並命，使若公子遂自往，然即云"公子遂如京師如晉"，是同周于諸侯，叛而不尊天子也。《公羊傳》有"美惡不嫌同辭"，何獨不廣之於此乎？同上。

【疏證曰】劉逢祿難曰："文八年公子遂會晉、會戎，四日之間，不能再出，而兩書'公子遂'，以後之奉命，正前之專命，故加日以表之。《春秋》非爲尊周而作，故朝聘俱言如，與諸侯同文，豈得云叛乎？'大夫無遂事'，故公子遂遂卒弑子赤，季孫宿遂卒逐昭公，見微知著，爲萬世戒也。《穀梁》不傳斯義，動成燕說，鄭氏從而爲之辭。夫子曰：'惡佞，恐其亂義也。惡利口，恐其亂信也。'殆不免矣。"柳興恩述曰："不叛京師，尊王之義莫大於此。乃劉曰'《春秋》非爲尊周而作'，良由'黜周''王魯'謬說牢不可破故也。悲夫！"錫瑞案：《穀梁補注》曰："葉夢得說此經合於傳義，與鄭說相發。鄭云'受命如京師如晉'者，謂本當言'公子遂如京師''公子遂如晉'，各爲一事，即葉云'大夫以二事行'，引盟衡雍、盟暴之文是也。鄭云'同周於諸侯，叛而不尊天子'者，謂再出'公子遂'，連文並書，見其並出命而並受命，則似叛京師，即葉云'疾不專於王'是也。鄭云'尊周，使若公子遂自往然'者，謂以繼事之文別其尊卑，其義明其不敢叛，其辭則從入鄆之例，即葉云'諱爲之辭，若大夫之專事然'是也。然則此爲不敢叛，如鄆爲不受命，辭同而義異。所以不嫌者，葉氏曰：'大夫之遂，有曰盟、曰城、曰入者矣，聽於人則可盟，兵在己則可城、可入。此遂而可得爲者也。内大夫如，皆聘也，必有禮焉，非遂之所能爲也。'案：葉氏此輪最明確。《公羊》兩傳皆曰'公不得爲政'，蓋未達乎此。"《公羊解詁》曰："時見使如京師而橫生事，矯君命聘晉，故疾其驕蹇自專，當絕之。不舉重者，遂當有本。"《繁露·精華》篇曰："公子遂受命使京師，道生事之晉，《春秋》非之。"《說苑·尊賢》篇曰："公子遂不聽君命而擅之晉。"據此，則何君說本董子，非何君獨創。劉子政治《穀梁》，而解此經則從《公羊》。《公羊》"大夫無遂事"之説極嚴正，何引季孫宿爲例，甚合。劉氏云"公子遂遂卒殺子赤，季孫宿遂卒逐昭公"，發明《公羊》、何氏之義當矣。鄭用《穀梁》之說，謂"尊周，不敢使並命"，說亦可通。謂"使若公子遂自往"，然則仍無解於"大夫無遂事"之譏矣。劉據"朝、聘俱言如",謂"《春秋》非爲尊周而作",此《公羊》之義。柳從《穀梁》,不信斯義,以爲謬説。錫瑞謂:此亦當分別觀之。《公羊》"王魯"本假托之辭,其説《春秋》亦未嘗不著"尊周"之義。隱元年"祭伯來",傳曰:"王者無外,言奔,則有外之辭也。"疏曰:"既以魯爲王而不專黜周者,欲專黜周,則非遜順之義故也。"《公羊義疏》曰:"《春秋》本假魯爲王,遇有天子事,仍多曲筆,正爲尊王示義。故即於祭伯來奔,見其無絶,亦'爲尊者諱'之意也。"據此,則《公羊》"王魯"之義與"尊周"之義兩不相妨,陳卓人之言可謂通達。後之詆《公羊》者,由不知其本有"尊周"之義也。齊召南曰:"何氏於八年'宛來歸邴',注曰'其惡鄭伯無尊事天子之心,專以湯沐邑歸魯,背悖當誅',則亦明著'尊王'之大義矣。於'滕、薛來朝',又以爲'王魯',不又自相矛盾乎?"齊以何氏爲矛盾,亦由不知"王魯"之義與"尊周"之義並行不悖也。

文公

三年傳:茅茨盡矣。著於上,見於下,謂之雨。

【廢疾】螽,猶衆也。衆死而隊者,群臣將爭疆相殘賊之像。是後大臣比爭鬭相殺,司城驚逃,子哀奔亡,國家廓然無人,朝廷久空,蓋由三世内娶,貴近妃族,禍自上下,故異之云爾。《公羊傳注》。袁氏考證曰:"本疏引《廢疾》'螽,猶衆也。死而墜者,象宋群臣相殘害也'云云,'上下異之云爾'。何休注《公羊》,自'螽,猶衆也'至'異之云爾',前後與本疏所引正同,云云之説,當即休彼注中數語耳。今即録彼注,以補疏引所未備。"今《穀梁》直云"茅茨盡矣。著於上,見於下,謂之雨",與讖違,是爲短。本疏。

【釋】《穀梁》意亦以宋德薄,後將有禍,故螽飛在上,墜地而死。言"茅茨盡"者,著甚之驗,於讖何錯之有乎?同上。

【疏證曰】劉逢禄難曰:"《穀梁》不傳三統之例,譬猶瞽之無相、夜之無燭矣。鄭君文之,奚益哉!"柳興恩述曰:"何休以讖爭,劉逢禄又以三統之例爭,要皆非《公羊》所有之本義也。"又卷十述曰:"《公羊》言螽死,《穀梁》言螽生。鄭《釋廢疾》以爲墜地而死,亦調人之説也。"錫瑞案:《穀梁疏》曰:"外災不志,重發之者,志災或爲王者之後,或爲甚而録之,故不得一例施之。"鐘文烝案:"《公羊》言異也,故董仲舒、何休言大夫專恣，據後事推之。《穀梁》言災也，故劉向言宋殺大夫無罪，據前事推之。鄭君意崇讖緯，姑作調人，以災、異爲一，不復截然分別，於理固通，但非昔人家法，亦學者所當知矣。至於董、劉、何、鄭所推之是非，可姑無論耳。"錫瑞謂：二《傳》或以爲災，或以爲異，其説小有不合，固可無論。至於外異不書，爲王者之後記異，此當以《公羊》之説爲是。《春秋》經於外國災異，獨詳於宋，如"宋大水"，"隕石于宋五。六鶂退飛，過宋都"，兩書宋災，及此"雨螽于宋"，屢見於經，若不以"通三統"解之，何以他國皆不詳，而獨詳於宋？《穀梁》亦云"外災不志"，而以此爲"災甚"，故志。此數次災異獨詳於宋之故，究無以解之。襄九年"春，宋災"，傳曰："外災不志，此其志何也？故宋也。"《穀梁》亦有"故宋"之義，而義與《公羊》異。襄九年"春，宋災"，疏引"徐邈云：'《春秋》王魯，以周公爲王後，以宋爲故也。'是亦以爲王者之後記災也"。鐘文烝補注"成周宣榭災"曰："外災不志，而宋爲王者後則志，周災則志，皆是經例因史例也。"徐氏與鐘氏説《穀梁》，亦不能不用《公羊》"爲王者後記災"之義，然則三統之例，不得謂非《公羊》所有之本義矣。鄭云"墜地而死"，説本《左氏》，亦非故作調人也。

五年傳：其不言來，不周事之用也。賵以早，而含以晚。

【廢疾】四年夫人風氏薨，九年，秦人來歸僖公、成風之襚，最晚矣，何以言來？本疏。

【釋】天子於二王後之喪，含爲先，襚次之，賵次之；於諸侯，含之、賵之，小君亦如之；於諸侯之臣，襚之、賵之。其諸侯相於，如天子於二王之後；於卿、大夫，如天子於諸侯；於士，如天子於諸侯之臣。京師去魯千里，王室無事，三月乃含，故不言"來"以譏之。本疏。袁氏考證曰："《禮記·雜記》疏引'鄭《釋》云：天子於諸侯，含之、賵之。諸侯於卿、大夫，如天子於諸侯。諸侯於士，如天子於諸侯臣，襚之、賵之。天子於二王之後，含爲先，襚則次之，賵爲後。諸侯相於，如天子於二王後'，此引者刪易之詞。"秦自敗于殽之後，與晉爲仇，兵無休時，乃始免穆公之喪而來，君子原情不責晚也。本注。袁氏考證曰："'始免'本作'加免'，蓋形涉而譌，以義改。末句本無'也'字，從《雜記》疏增。《雜記》疏引此作'以其殽敗。殺無休時，君子原情不責晚也'，亦是引者刪節。"

【疏證曰】劉逢禄難曰："京師去魯千里,即不三月而含禭,固不及事矣。二王之禮,以意約之。"又曰:"四年風氏薨後,秦晉未聞交兵也。且因黷武而廢禮,其可譏尤甚,安得原情不責乎?"柳興恩述曰:"傳云'不周事之用也','用'或作'辭'。'賵以早,而含已晚','已'之爲言太甚也,俱爲不周事之辭,言於事均不到也。今乃泥定'用'字,並改'周'爲'及'以相難,固《穀梁》所不受也。"又曰:"傳云:'秦人弗夫人也,即外之弗夫人而見正焉。'因可以見正,故用'季子來歸'之例,嘉之而言'來'。鄭君之説,亦權詞也。"錫瑞案:《穀梁集解》曰:"已殯,故言晚。國有遠近,皆令及事,理不通也。《禮·雜記》曰:'含者執璧將命曰:寡君使某含。相者入告,出曰:孤某須矣。含者入,升堂致命,子拜稽顙。含者坐委於殯東南,有葦席。既葬,蒲席。降,出反位。'明君之於臣,有含賵之義,所以助喪盡恩。含不必用,示有其禮。"疏曰:"舊解以爲傳言含賵,上關天子之於諸侯及夫人耳。《雜記》所云唯論諸侯自相於,不是天子施於諸侯之事。故彼既殯猶致含,此則責其晚也。何者?諸侯及大夫於天子生有朝覲之好,有疾則當告於天子,天子遣使問之,有喪則致含,無則止矣。未殯以來,足以及事。今天子歸賵大早,歸含大晚,故譏之。其諸侯相於,有疾未必相告,比殯以來,道遠者容其不至,故示其禮而已,不責其晚也。以事既有殊,譏亦有異。今恐不然,何者?范云'國有遠近,皆令及事,理不通也',則是傳之不通,故引《記》文爲證,何得天子與諸侯禮異?是舊説妄耳。又云'明君之於臣'云云者,證君之於臣有賵含之義,不必皆有用也。"引鄭《釋廢疾》云云,曰:"是鄭意亦以譏王含晚也。范前注引鄭《釋》,似將傳爲是,後注取彼《記》文,則以傳非者,范以何休取'秦人來歸僖公、成風之禭'爲難非類,故上注取鄭《釋》以排之,下注既以傳爲非,故引《雜記》之文爲證,二注並不取鄭注非王含晚之説,益明范以傳爲非也。"鐘文烝案:"疏説頗得范意。其實范謂'含不必用',與傳亦得兼通。此含距喪三月,傳譏其晚,豈謂含必在殯前哉?疏引鄭君《釋廢疾》云云,文烝以爲鄭君最得之矣。"錫瑞謂:二王之禮,亦見於《箴膏肓》。鄭君大儒,其説兩見,必有所據。劉云"以意約之",非也。何君秦人言"來"之難,鄭已解之。楊氏、鐘氏疏通傳與范注之意,皆甚明晰。柳解九年"秦人來歸",用《穀梁》"妾母不得稱夫人"之義,以"季子來歸"爲例,可於鄭義之外別立一解。

八年傳：司馬，官也。其以官稱，無君之辭也。

【廢疾】近上七年，宋公壬臣卒，宋人殺其大夫，不言官。今此在三年中言官，義相違。本注。

【釋】七年，殺其大夫，此實無君也。今殺其司馬，無人君之德也。司馬、司城，君之爪牙，守國之臣，乃殺其司馬、奔其司城，無道之甚，故稱官以見輕慢也。傳例：稱人以殺，殺有罪也。亦爲上下俱失之。本注。袁氏考證曰："'亦爲'本作'此'，從七年疏改。疏引此句起，無'之'字。"罪臣以權寵逼君，故稱人以殺。君以非理殺臣，故著言司馬。不稱名者，以其世在祖之位尊，亦與僖二十五年宋殺其大夫同。七年疏。

【疏證曰】劉逢祿難曰："君專殺大夫，無德，當文自見，且宜稱國以殺，不待以官稱也。如傳例以爲有罪，則《禮》云'大夫强而君殺之，義也'，安得云'殺爪牙之臣，無道之甚'乎？君之卿佐皆爲股肱，豈不爲司馬、司城，而誅之、而逐之乃得爲義乎？"柳興恩述曰："范云'傳例稱人以殺，殺有罪也'，此說非也，當從'人者，微之'之例。蓋書'司馬'爲變例，則書'人'亦爲變例，凡以見其爲無君之詞耳。"錫瑞案：《穀梁補注》曰："十五年注以無君爲不臣，是也，鄭說非也。不稱名姓，在祖之位也。《左氏》事迹可徵，其是非予奪皆未可信。但此與上七年皆稱人以殺，稱人則已見罪，而彼直云殺其大夫，此復稱官者，蓋因下事書宋司城，二文相連，不可空言大夫，無以相別，故下言司城，則此言司馬。而因此司馬之文，又以見祖位及在祖位者之實，乃爲前後諸文之樞紐，此聖者之作，自然之妙也。傳因下文稱官是無君之辭，故於此亦順而言之，不可以辭害意。《左傳》稱其人，曰大司馬公子卬。"錫瑞謂：稱官與上七年直云大夫不稱官異，鐘氏分別甚明。鐘解"在祖之位"，與鄭不同。鄭君以"在祖之位"爲孔父之後在宋見殺者，鐘則以爲宋之司馬居孔父之位者。鐘說迂曲，已見僖二十五年"宋殺其大夫"。今如其說，既以在祖之位不名爲尊之，又以爲不臣有罪不名，則又賤之矣。此其立說不安、進退無據者也。

宣公

二年傳：以三軍敵華元，華元雖獲，不病矣。

【廢疾】書獲，皆生獲也。如欲不病華元，當有變文。本注。

【釋】將帥見獲，師敗可知，不當復書師敗績。此兩書之者，明宋師懼華元見獲，皆竭力以救之，無奈不勝敵耳。華元有賢行，得衆如是，雖師敗身獲，適明其美，不傷賢行。今兩書敗獲，非變文如何？同上。

　　【疏證曰】劉逢禄難曰："《公羊》例：'大夫生死皆曰獲。'華元復見，知其不死綏也。將獲不言師敗績，非《春秋》師、將並重之例，證以經文，無所據也。夫子云'我戰則克'，惡賁軍之將與亡國之大夫及與爲人後者同，豈云有賢行得衆乎？"柳興恩述曰："劉氏之説，徒以成敗論人。《穀梁》之例，凡書獲，皆不與之詞也。鄭君之説，亦屬權詞。僖之十有五年'晉侯及秦伯戰于韓，獲晉侯'，傳曰：'韓之戰，晉侯失民矣，以其民未敗而君獲也。'則鄭云'將帥見獲，師敗可知'，殊失《穀梁》之旨。"錫瑞案：《穀梁集解》曰："先言敗績而後言獲，知華元得衆心，軍敗而後見獲。晉與秦戰于韓，未言敗績而君已獲，知晉侯不得衆心明矣。"疏曰："華元得衆，故不與鄭獲之。然則晉侯失民亦言獲者，晉侯雖失衆，諸侯無相獲之道，故亦不與秦獲也。"鍾文烝補注曰："敗獲兩書，常例也，非變文也。凡師敗者，或君將，或大夫將。君傷，言君敗，重君也。大夫傷，則於師敗中包之，別於君也。若被獲，則無論君、大夫，皆書敗、書獲。獲既重於傷，而敗亦不可不書也。韓戰師敗君獲而不言敗，傳云失民，明特爲變文矣。既有彼變文，故此文有'盡其衆以救其將'之意，有不病華元之意。比類相較，其意自顯，豈謂非常例乎？鄭説無以折何氏。"據范注、楊疏、鍾氏、柳氏之説，皆以戰韓獲晉侯相比例，何、鄭二君未引獲晉侯事，鍾以獲晉侯爲變文，此爲常例，與鄭君以此爲變文不同，何君云"如欲不病華元，當有變文"，則亦不以此爲變文矣。

八年經：有事于太廟。

　　【廢疾】闕。

　　【釋】宣八年"六月，有事于大廟"。禘而云"有事"者，雖爲卿佐卒張本，而書"有事"，其實當時有用七月而禘，因宣公六月而禘得禮，故變文言"有事"。《春秋》因事變文，見其得正也。《禮記·雜記》疏。袁氏考證曰："疏引《釋廢疾》，繹其詞，是鄭《釋》。"

　　【疏證曰】《廢疾》此條不傳，無由推何君之義。據《公羊解詁》曰："書'有事'者，爲不去樂張本。"又曰："禮，大夫死，爲發一時之祭。"疏曰："正以時祭之禮，初夏作之，即是得時不書之例，而書之者，爲下不去樂張本故也。而言有事者，礿不合書，是以但言'有事'，爲下張本而已。"包慎言引《釋廢疾》云云，曰："按：何氏無此義，亦不必以此爲禘，直不過時祭而已。"《穀梁傳》與注疏皆無明文，鐘文烝補注曰："此蓋禴也。諸侯禴，或礿，或祫。此禴於大廟，祫與否無以言之。何休曰：'書有事者，爲不去樂張本。'鄭君《禘祫志》曰：'説者以爲有事謂禘，爲仲遂卒張本，故略之，言有事耳。'何、鄭意皆得之。鄭所引説者，謂《左氏》説。彼傳無禘文，言禘，非也。國之大事，在祀與戎。古者稱祀、戎皆曰有事，故言有事也。"錫瑞案：鄭君之意，祫大禘小，以《春秋》書"大事"爲祫，"小事"爲禘，詳見予所著《魯禮禘祫義疏證》。鐘云"傳無禘文"，以鄭言禘爲非。據傳與注疏，亦無正文謂此爲禴。鐘蓋謂禴也，乃本何君《解詁》爲説，未必即是《穀梁》之意。何君《廢疾》，皆據《公羊》以難《穀梁》。鄭君《釋廢疾》，皆申《穀梁》以答何義。若《公》《穀》並以爲禴，則二《傳》無異義，何君何必發難？此條《廢疾》雖不可考，疑《公羊》以此爲禴，《穀梁》以此爲禘，二《傳》不同，故何據《公羊》難《穀梁》。鄭《釋》墒指此"有事"爲六月禘，蓋非無據而言，當是以此申《穀梁》之義。《禘祫志》以大事爲祫，本於《公羊》；以有事爲禘，《公羊》無明文，或本《穀梁》義也。《雜記》正義曰："獻子既七月而禘，非時失禮。《春秋》之例，非時祭者，皆書於經以示譏。獻子以後之禘而用七月，不書於經而不譏者"，引鄭《釋廢疾》云云，曰："如鄭此言，則獻子之時，皆非正禘，因宣公六月禘爲得正，故變文云'有事'，以明餘禘之不正也。故餘禘不載於經，唯譏於宣公得正之禘也。"鄭義詳見予所著《鄭志疏證》，滋不贅。

傳：葬既有日，不爲雨止，禮也。

【廢疾】闕。袁氏考證曰："《公羊》説：'雨不克葬'，謂天子、諸侯也。卿大夫臣賤，不能以雨止。《穀梁》説：'葬既有日，不爲雨止。'並見《異義》。休蓋據《公羊》以難《穀梁》爾。"

【釋】雖庶人葬，爲雨止。《公羊》説："卿大夫臣賤，不能以雨止。"此等之説，則在廟未發之時，庶人及卿大夫亦得爲雨止。若其已發在路，及葬，則不爲雨止。其人君在廟及在路，及葬，皆爲雨止。《禮記·王制》疏。

【疏證曰】《王制》正義曰："按《異義》：'《公羊》説雨不克葬，謂天子諸侯也。卿大夫臣賤，不能以雨止。《穀梁》説：葬既有日，不爲雨止。《左氏》説卜葬先遠日，辟不懷，言不汲汲葬其親。雨，不可行事，廢禮不行。庶人不爲雨止。許慎謹案：《論語》云：死，葬之以禮。以雨而葬，是不行禮，《穀梁》説非也，從《公羊》《左氏》之説。'鄭氏無駁，與許同。按《釋廢疾》云云。"《穀梁集解》："徐邈曰：案經文是己丑之日葬，喪既出而遇雨，若未及己丑而却期，無爲逆書此日葬。禮，喪事有進無退。又《士喪禮》有'潦車載蓑笠'，則人君之張設，固兼備矣。禮，先遷柩於廟，其明昧爽而引，既及葬日之晨，則祖行遣奠之禮設矣，故雖雨猶終事，不敢停柩久次。"疏曰："舊解案《禮》，'庶人懸封，葬不爲雨止'，明天子諸侯不觸雨而行可知也。傳言'不爲雨止'者，謂不得止葬事而更卜遠日；'喪不以制也'者，謂不得臨雨而制喪事，豈有諸侯執紼者五百人安待觸雨而行哉！是徐邈之説，理之不通。今案傳文云'雨不克葬，喪不以制也'，是葬爲雨止，喪事不以禮制也。上文云'葬既有日，不爲雨止，禮也'，明爲雨止，則非禮可知，安得云傳意葬爲雨止乎？且又范引徐邈之注，不言其非，則是從徐説矣，何爲述范義而違之哉？"鐘文烝補注曰："孔廣森曰：'《穀梁》之説，謂既發引至於垣，不可因雨而乖有進無退之義，又非可若日食止柩道右，以須明復，故有潦車之戰、蓑笠之備。若其在廟，祖遷柩猶未行，雨霑服失容，自當却改期日。'此孔氏因徐注、楊疏而加詳，又略本《王制》正義之説，以通合《左傳》《王制》之文也。取徐邈説，指已發在路，不別人君、人臣，又據《王制》文，謂士以上爲雨止，則庶人雖未發亦不止，皆不合先儒所論。竊嘗論之：《王制》《左氏》説庶人不爲雨止，《公羊》説兼及卿大夫，其言已歧異矣。《王制》下文言'喪不貳事'，亦屬庶人，而《穀梁》此年傳'不爲雨止'、文十六年傳'喪不貳事'，皆言人君之禮，則知《王制》爲記述之疏謬，而《左氏》《公羊》皆未可用，許慎、何休、鄭君、孔穎達及《穀梁》舊解皆失之也。雨有甚不甚、葬有未發已發之別，傳但大概言之，謂葬既卜得日，於禮無止，止則以爲非制耳。徐注、楊疏、孔廣森亦皆失之也。"錫瑞謂：楊疏駁徐，鐘氏駁孔，以申傳義，此疏家不駁傳之通例，實則《穀梁》之説不近人情，故許君從《左氏》而非《穀梁》。何君《廢疾》，蓋亦據《公羊》難《穀梁》者。鄭於《異義》從許無駁，於《廢疾》則釋之，然其説云"人君在廟及在路，及葬，皆爲雨止"，仍與《穀梁》"葬不爲雨止"不合也。

十年傳：氏者，舉族而出之之辭也。

【廢疾】氏者，譏世卿也。即稱氏爲舉族而出，尹氏卒，寧可復以爲舉族死乎？本注。

【釋】云"舉族死，是何妖問甚乎！'舉族而出之之辭'者，固譏世卿也。崔杼以世卿專權，齊人惡其族，令出奔，既不欲其身反，又不欲國立其宗後，故孔子順而書之，曰'崔氏出奔衛'，若其舉族盡去之爾。"同上。

【疏證曰】劉逢禄難曰："傳無譏世卿之義，鄭爲飾之，非遁辭乎？又以爲順齊人而書之，豈筆削之義乎？且如鄭說，後又安得有崔杼乎？《易》下《繫》辯六子之辭，獨以艮人爲吉。何君一語，真乃解頤。鄭不兼五子之病乎？"柳興恩述曰："唯不立其宗后，故崔杼又得復歸。經不書復歸者，因弑君削之。"錫瑞案：《穀梁補注》曰："《公羊》之義不可通於傳，傳無譏世卿義，直謂舉族出耳。蓋崔氏在位者不止一人，今並去國，經辭尚簡，不可悉書，則書崔氏而已。此自不得以尹氏爲比。"錫瑞謂：劉氏、鐘氏皆謂傳無譏世卿義。按《詩·文王》正義引《異義》："卿得世不？《公羊》《穀梁》說：卿大夫世，則權並一姓，妨塞賢路，專政犯君，故經譏尹氏、齊崔氏也。"《穀梁》隱三年傳"尹氏卒"，集解曰："不書官名，疑其譏世卿。"疏曰："譏世卿，《穀梁》無傳，惟據《公羊》，故云疑也。"今據《異義》，則穀梁家說譏世卿與《公羊》同，且明以尹氏、崔氏爲證。何君引《公羊》譏世卿以難《穀梁》，蓋以此傳無譏世卿明文耳。鄭君云"固譏世卿也"，則以當時穀梁家說本有同《公羊》者。劉云"傳無譏世卿義，鄭爲飾之"，殆未考《異義》乎？鐘云"《公羊》之義不可通於傳，傳無譏世卿義"，亦未知《異義》《公羊》《穀梁》說同也。

成公

七年傳：冬無爲雩也。

【廢疾】闕。

【釋】冬及春夏，案《春秋說·考異郵》，三時惟有禱禮，無雩祭之事，惟四月龍星見，始有常雩耳，故因載其禱請山川辭云："方今大旱，野無生稼，寡人當死，百姓何依？不敢煩民請命，願撫萬民，以身塞無狀。"本疏。袁氏考證曰："疏引《釋廢疾》，繹其詞，是鄭《釋》也。

'冬及春秋'上，本有'去'字，是'云'字之譌，今刪。'夏'字疑'秋'字之譌，讀其文可知。"

【疏證曰】《穀梁疏》曰："傳例云：'月雩，正也。時雩，非正也。'非正者，其時未窮，人力未盡，毛澤已竭，不雩則不及事，故月以明之，則經書'秋八月雩''九月雩'，是也。既過此節，秋不書旱，則冬無爲雩也。"引鄭《釋廢疾》云云，曰："是鄭意亦以不須雩，唯有禱請而已。"錫瑞案：《廢疾》此條不傳，不知何君何以發難。《公羊解詁》曰："先是公會諸侯救鄭，承前不恤民之所致。"但言致災之故，不言時不當雩，疑何即以此難《穀梁》，而鄭引《春秋緯》以申《穀梁》也。

襄公

十九年傳：還者，事未畢之辭也。受命而誅，生死無所加其怒，不伐喪，善之也。善之則何爲未畢也？君不尸小事，臣不專大名。

【廢疾】君子不求備於一人，士匄不伐喪，純善矣，何以復責其專大功也？本疏。

【釋】士匄不伐喪，則善矣。然於善則稱君，禮仍未備，故言乃還，不言乃復，作未畢之辭。還者，致辭；復者，反命。同上。

【疏證曰】劉逢祿難曰："士匄不伐喪而還，若夙承君命者，然其爲善則稱君，不益善乎？若俟歸命乎介，則處其君於非禮而專大名矣。傳之所云，不已慎乎！"柳興恩述曰："反命於介，介歸告君，得命而復，固爲善則歸君。即君仍命往伐，亦不爲處其君於非禮。劉氏之說誣矣。"錫瑞案：《穀梁疏》引何休《廢疾》云云，曰："然如鄭意，以'乃還'爲惡，'乃復'爲善，則'公子遂至黃乃復'又爲惡之者，彼以遂違君命而反，故加畢事之文，欲見臣不專君命，與此意少異。此既善不伐喪，又爲事畢之辭，則是純善士匄，故以未畢之辭言之。"鍾文烝案："鄭以還爲致辭不可曉。還者，將至國而未至也。公孫歸父至檉，聞君薨家遣，《左氏》《公羊》皆言'墠帷，復命於介'。劉敞曰：'止師而請之，君曰可，而後止；不可，則復之，期可而後止。'劉以爲未入齊地，宜如此；至穀，入齊地，宜還。今案：至穀，入齊地，則宜退至晉竟而請焉。還者，反而在路也，即含斯義。"《公羊義疏》曰："按：《穀梁》之義甚迂，軍之所處，荊棘生焉，禮之所以不伐喪者，正爲不忍驚擾孝子，亂其哀戚。若仍駐師其竟，奉命之後始引師去，彼國君民能得安乎？鄭氏注《禮記·曲禮》'禮從宜',云'事不可常也。晉士匄帥師侵齊,聞齊侯卒,乃還,《春秋》善之',正取《公羊》之説。《釋廢疾》語,特故與何爲難耳。"錫瑞謂:《公羊》有"大夫出竟,有可以安社稷、利國家者,專之可以"之義。《穀梁》無此義,故善之而猶爲未畢之辭。二《傳》小有不合,治二《傳》者,各尊其師説,鍾云"宜退至晉竟",似因陳氏云"駐師其竟,君民不安",故特以此解之。然此皆近儒推測之辭,《穀梁》無明文也。鄭注《禮》取《公羊》,則鄭君亦不以《釋廢疾》爲定論矣。

二十年經:陳侯之弟光出奔楚。

【廢疾】闕。

【釋】惡陳侯也。本疏。袁氏考證曰:"疏引作《釋廢疾》。"

【疏證曰】傳曰:"其弟云者,親之也。親而奔之,惡也。"集解曰:"顯書弟,明其親也。親而奔之,惡也。"疏曰:"知非惡光者,以傳例'歸爲善,自某歸次之',以二十三年云'光自楚歸於陳',又且專之稱弟,罪衞侯,則光稱弟,罪陳侯。故鄭《釋廢疾》亦云'惡陳侯也'。"錫瑞案:《廢疾》此條不傳,無以考何君難《穀梁》之意。《公羊解詁》曰:"爲二慶所譖,還在二十三年。"據二十三年經"陳殺其大夫慶虎及慶寅。陳侯之弟光,自楚歸于陳",解詁曰:"前爲二慶所譖,出奔楚,楚人治其罪,陳人誅二慶,反光,故言歸。"與此解詁文合,則何君蓋以光之出奔乃二慶之罪,罪不在陳侯。《穀梁》於二十三年傳以殺二慶別爲一事,不連光歸于陳爲義,故此傳不罪二慶,專惡陳侯,何君當以此難《穀梁》也。

二十七年傳:專之去,合乎《春秋》。

【廢疾】甯喜本弑君之家,獻公過而殺之,小負也。專以君之小負自絶,非大義也,何以合乎《春秋》?本注。

【釋】甯喜雖弑君之家,本專與約納獻公爾。公由喜得入,已與喜以君臣從事矣。《春秋》撥亂,重盟約。今獻公背之而殺忠於己者,是獻公惡而難親也。獻公既惡而難親,專又與喜爲黨,懼禍將及,"君子見幾而作,不俟終日",微子去紂,孔子以爲三仁。專之去衞,其心若此,合於《春秋》,不亦宜乎?同上。

【疏證曰】劉逢禄難曰:"甯喜之殺不去'大夫',與里克同文,惡獻公之盜國,非惡其背約也。專於獻之未出,既不能維持其君臣,及其入也,又與甯約共弑剽,至喜見殺,乃徒執其硜硜之信,以暴君兄之過。經書出奔，以爲是喜之黨而已矣。《詩》曰：'君子屢盟，亂是用長。'穀梁子赤云：'盟詛不及三王。'《春秋》繼三王以撥亂，豈其重盟約乎？既云專爲喜黨，又以微子去紂例之，儗人不倫，莫此爲甚。"柳興恩述曰："專爲喜之徒，《春秋》本不盡與之，特其去見幾，故經書'衛侯之弟'。《穀梁》以爲'織絢邯鄲，終身不言衛'，《左氏》亦以爲或勸之仕，專曰'是昭吾所以出也'，豈有意暴君兄之過乎？"錫瑞案：《穀梁補注》曰："專雖守信，終爲喜徒，嫌其雖著弟文，不得以去爲善，故明專之去實是善也。但較叔肸則不如之，故一兼稱字，一直稱名；一云取貴，一云合也。鄭君比之微子，李廉以爲過美，而其説大概近是。宣十七年疏云：專之去，'使君無殺臣之惡，兄無害第之愆'。斯言不易矣。"錫瑞謂：《穀梁傳》曰："已雖急納其兄，與人之臣謀弑其君，是亦弑君者也。"辭嚴義正，與《公羊解詁》曰"刺鱄兄爲强臣所逐，既不能救，又移心事剽，背爲姦約"責專之意相同，特《穀梁》取其去之見幾，以爲合乎《春秋》，何君以爲守小信而忘大義，拘小介而失大忠，其説小不合耳。鄭君美專太過，亦善善從長之義，可以無庸攻駁也。

三十年傳：其不日，子奪父政，是謂夷之。

【廢疾】蔡世子般弑其君固，不日，謂之夷。楚世子商臣弑其君，何以反書日邪？本疏。

【釋】商臣弑父日之，嫌夷狄無禮，罪輕也。今蔡，中國而又弑父，故不日之，若夷狄不足責然。《公羊》有"若不疾，乃疾之"，推以況此，則無怪然。同上。

【疏證曰】劉逢禄難曰："若夷蔡般，不夷許止，當日蔡弑與日楚弑同文，而異許不日。今異蔡於楚，以明内外之辨，反同許於楚，以明文實之例，何君明辨晢矣。傳略弑父之爲夷，而僅以不日夷其奪政，至許買之日弑，則以爲正卒，於例亂矣。"柳興恩述曰："許買既非見弑，則其卒自正。今劉云'反同許於楚，以明文實之例'，夫衛弑其君完亦書戊申，豈同衛於楚，以明文實之例耶？何謂明辨以晢也？"錫瑞案：《穀梁集解》曰："比之夷狄，故不日也。'丁未，楚世子商臣弑其君'，傳曰：'日髡之卒，所以謹商臣之弑也。''楚公子比弑其君'，傳曰：'不日，比不弑。'般弑不日，而曰夷之，何也？徐乾曰：'凡中國君正卒皆書日以録之，夷狄君卒皆不日以略之，所以别中國與夷狄。夷狄弑君而日者，閔其爲惡之甚，謹而録之。中國君卒例日，不以弑與不弑也。至於卒而不日者，乃所以略之，與夷狄同例。'"鐘文烝案："鄭説即徐注所本，於理可通。今思之，楚世子商臣與公子比兩文相對爲義，商臣弑日，則爲謹之，比弑不日，則不弑也。蔡世子般與許世子止兩文相對爲義，般弑不日，則爲夷之，止弑日，則不弑也。其義互相易。"柳興恩述日月例曰："弑例凡二十有五，其書日者，皆自'日卒，正也'例來。其不日者，凡十有一。其十有一之中，發傳者凡三，餘無傳者凡八。今案：齊陳乞之弑，范注：'不日，荼不正也。'據此，則晉卓子之不日，亦不正。此自'不日卒'例來。若宋杵臼之不日，似非不正之例。文八年'宋人殺其大夫司馬，宋司城來奔'，范注引鄭君《釋廢疾》云：'司馬、司城，君之爪牙，守國之臣，乃殺其司馬、奔其司城，無道之甚。'又文十有五年'三月，宋司馬華孫宋來盟'，傳曰：'司馬，官也。以其官稱，無君之辭也。'據此，則宋臣無君，與蔡世子般子奪父政一例，其不日，皆夷之也。至於莒弑其君庶其、闔弑吳子餘祭、莒人弑其君密州、吳弑其君僚、薛弑其君比，或本夷也而夷之，或本非夷也而亦夷之，故皆不書日。"《公羊解詁》曰："不日者，深爲中國隱痛，有子殺父之禍，故不忍言其日。"疏云："欲道文元年'冬，十月，丁未，楚世子商臣弑其君髡'，以其是夷狄，忍言其日也。"《公羊義疏》曰："《經義述聞》云：'楚，夷狄也。夷狄不足責，便不日，則楚商臣弑其君當不日矣。'此説之不可通者也。按：《穀梁》此傳自亂其例，無可解説。《公羊》'不忍'之義，詞嚴義正。"錫瑞謂：《公羊》以不日爲中國隱痛，《穀梁》以不日爲夷之，難《穀梁》者皆引商臣爲例，鄭君以《公羊》"不疾，乃疾"之義解之，可謂辨矣。柳氏、鐘氏曲通《穀梁》之例，自是一家之學。

昭公

十一年傳：其曰世子，何也？不與楚殺也。

【廢疾】即不與楚殺，當貶楚爾，何故反貶蔡稱世子耶？本注。

【釋】滅蔡者，楚子也，而稱師，固已貶矣。楚子思啓封疆而貪蔡，誘殺蔡侯般，冬而滅蔡殺友，惡其淫放，其志殺蔡國二君而取其國，故變子言世子，使若不得其君終。同上。錫瑞案：注疏本作"終"，袁本改"終"作"然"，未免專輒。

【疏證曰】劉逢禄難曰："君薨稱世子，明友之不當立，與衛蒯瞶同文，與鄭忽異文。《公羊》傳之，信矣。若僅貶楚殺蔡二君，則稱子不更著邪？若以子友疑於子衰，則書蔡子而去其名可也。'使若不得其君終'，於義爲短，於文爲悖。"柳興恩述曰："終者，衍字。'使若不得其君'者，言楚不得執蔡君，但得其世子云爾，於文亦何悖乎？"錫瑞案：《穀梁疏》曰："經稱'公子棄疾帥師圍蔡'，鄭知是楚子者，以棄疾若貶，當云楚人，今貶而稱師，故知楚子也。又傳云'惡楚子也'，明非棄疾。然則惡楚子，變文云世子者，以楚四年之中，滅兩國，殺二君，自謂得志，若遂其凶暴，是表中國之衰，申夷狄之強。故抑之，使若不得其君，故云世子也。"《公羊傳》曰："此未踰年之君也，其稱世子何？不君靈公，不成其子也。不君靈公，則曷爲不成其子？誅君之子不立。"解詁曰："不君，不與靈公，坐弒父誅，不得爲君也。不成其子，不成有得稱子繼父也。"錫瑞謂：《公羊》義極正大。鄭申《穀梁》以解何難，楊疏又申鄭義，説亦明通，然不若《公羊》之義正也。

十二年傳：其曰晉，狄之也。其狄之何也？不正其與夷狄交伐中國。

【廢疾】《春秋》多與夷狄並伐，何以不狄也？本注。

【釋】晉不見因會以綏諸夏而伐同姓，貶之可也。狄之大重，晉爲厥愁之會，實謀救蔡，以八國之師而不救，楚終滅蔡。今又伐徐，晉不糾合諸侯以遂前志，舍而伐鮮虞，是楚而不如也，故狄稱之焉。同上。

【疏證曰】劉逢祿難曰："狄之，所以貶之也。若僅貶之以起文，則辭費矣。鄭取董、何之義以增飾傳文，安足以起疾乎？"柳興恩述曰："準'善累而後進之'之例，則狄之固不僅以伐鮮虞矣，蓋前此矣。"錫瑞案：《穀梁集解》曰："鮮虞，姬姓，白狄也，地居中山，故曰中國。夷狄，謂楚也。厥愁之會，《穀梁》無傳。鄭君之説似依《左氏》，甯所未詳是《穀梁》意非。"疏曰："麋信云：'夷狄交伐，謂楚伐徐、晉伐鮮虞是也。'范云'夷狄，謂楚'，則與麋信不異耳。'鮮虞，姬姓，白狄也'者，《世本》文也。云'甯所未詳是《穀梁》意非'者，疑鄭以厥愁之會謀救蔡者，作《穀梁》意也。若然，范答薄氏亦言楚滅陳、蔡而晉不能救，棄背盟好，交相伐攻者，范意以楚滅陳、蔡，晉不能救者，不據厥愁之會故也。"鐘文烝案："范謂如鄭所言，則《穀梁》意非矣。以傳指楚伐徐，而鄭則指楚圍蔡、滅蔡，疑未可用，與答薄氏意自是不同。疏誤會范意，而范又誤會鄭意也。鄭意亦謂傳指伐徐，特連圍蔡、滅蔡言之，以盡其義。晉合諸侯，不能救蔡，致爲"楚滅。今楚又伐徐，晉並不能合諸侯，乃伐鮮虞。《春秋》不正其交伐，故上書楚子，而此則狄晉，以明晉不如楚也。會厥憖不能救蔡，既據《左傳》文，亦本何氏意，觀《公羊注》可知。此條'晉不見因會"二句，亦是何氏自爲説，以釋狄晉之義，不復取義於伐徐。故鄭駁之，以爲狄之大重也。文烝統觀何、鄭、麋、范諸説，鄭最爲近之，而亦終有未盡。今案：襄二十七年盟於宋，晉、楚弭兵，而三十年傳曰'無侵伐八年'，則明昭元年'晉荀吴敗狄'一事，經所不論，以其絶遼遠也。自後楚三伐吴、滅厲、滅陳、圍蔡、滅蔡、殺蔡二君，至此又伐徐，背盟用兵，暴橫不道者，皆楚也。晉未嘗一用兵，用兵於此爲始，舍楚不問，乃伐鮮虞，非有特文，不足著義。以其與夷狄交伐，則亦夷狄而已矣，故曰：'不正其與夷狄交伐中國，故狄稱之也。'中國，兼陳、蔡、徐、鮮虞言之。成九年傳曰：'莒雖夷狄，猶中國也。'徐亦其比也。鮮虞，則地近而同姓也。傳連陳、蔡通謂之中國，要以晉不能伐楚，而反與楚共伐人，大概言之也。"《公羊解詁》曰："謂之晉者，中國以無義，故爲夷狄所强。今楚行詐滅陳、蔡，諸夏懼然去而與晉會于屈銀，不因以大綏諸侯，先之以博愛，而先伐同姓，從親親起，欲以立威行霸，故狄之。"《公羊義疏》曰："按：《左疏》引賈、服，亦取《穀梁》爲説，而范甯以《穀梁》意非，然其答薄氏，亦言楚滅陳、蔡而晉不能救，棄盟背好，交相攻伐，其責晉之義，亦大同《公羊》也。蓋與夷狄並伐，事所恒有，何以不狄？誠如何君所難。"錫瑞謂：二《傳》皆以書晉爲狄之，本無大異。《穀梁》但云"與夷狄交伐中國"，其説尚略。何解《公羊》以爲楚滅陳、蔡，晉伐同姓，其説較詳。鄭采何義以申《穀梁》，鐘氏推而廣之。二《傳》義本不殊，則取《公羊》增成《穀梁》之義，不必譏其亂家法也。鐘氏解范義非是，其句讀亦誤。范云"甯所未詳是《穀梁》意非"，九字作一句讀，蓋謂鄭君之説，未詳其是《穀梁》意、非《穀梁》意也。楊疏云"作《穀梁》意也"，據文義，"作"字當是"非"字之誤，以形近而譌。

定公

十二年：墮猶取也。

【廢疾】當言取，不言墮，實壞耳，無取於訓詁。本疏。

【釋】陪臣專强，違背公室，恃城爲固，是以叔孫墮其城。若新得之，故云墮。墮猶取也，墮非訓取，言今但毁其城，則郈永屬己，若更取邑於他然。本注。袁氏考證曰："此范注也。疏云：'傳言墮猶取也，即其訓，而曰非者'，何休難云云，'鄭君如此釋之'。據此，是范用鄭《釋》爲注也，今即録之。"劉逢禄曰：①"此條當是《釋廢疾》文，諸本皆誤作范注。據定十二年楊疏録之。"

【疏證曰】劉逢禄難曰："夫子辨家邑之制，爲此墮也。若叔孫討陪臣，安得書於《春秋》?"柳興恩述曰："夫子辨家邑之制，亦因叔孫、季孫之討陪臣，方得書於《春秋》。觀下經成之用'圍'，以孟氏家臣弗叛孟孫故也。"錫瑞案：《穀梁補注》曰："范依《釋廢疾》爲注，非傳意也。傳專釋'墮郈'，乃承上十年兩圍郈言之。十年圍其邑，而此年墮其城，明至此始取之也。《左傳》稱：侯犯以郈叛，一再圍之，而駟赤設謀，納魯圍師，侯犯奔齊，齊人致郈。其事並在十年秋。依此傳，則彼時魯雖克郈，齊雖致郈，而郈猶兩屬，不專屬魯。今此墮壞其城，魯乃取之，故曰'墮，猶取也'。言猶者，以事釋義，比之他言猶者，則小異也。墮之本訓爲壞，世所共知，故不煩釋。至下墮費、圍成，又因墮郈及之。其理易見，故不復發傳也。曰魯所以墮郈、費者，自爲城固，數叛而起。注首四句可用，亦可依《左氏》《公羊》，以爲夫子、子路之謀也。"錫瑞謂：傳云"墮，猶取也"，其説不詳。鄭君以"叔孫墮城，若新得之"解之，故劉氏以"叔孫討陪臣，安得書《春秋》"難鄭。鐘氏不取鄭義，而自爲説。案：《左氏傳》既云齊人致郈，不應郈猶兩屬，至此始取之。《左傳》並無此文，鐘氏增益其辭，以申《穀梁》，未知傳意然否，似未可據。

哀公

六年傳：陽生入而弑其君，以陳乞主之，何也？不以陽生君荼也。其不以陽生君荼，何也？陽生正，荼不正。不正，則其曰君，何也？荼雖不正，已受命矣。入者，内弗受也。荼不正，何用弗受？以其受命，可以言弗受也。陽生以其國氏，何也？取國于荼也。

【廢疾】即不使陽生以荼爲君，不當去"公子"，見當國也。又《穀梁》以爲國氏者，取國于荼。齊小白又不取國于子糾，無乃近自相反乎？本疏。

---

① "劉逢禄"，本作"柳興恩述曰"，誤，據劉氏《穀梁廢疾申何》改。

【釋】陽生篡國，故不言公子。不使君荼，謂書陳乞弒君爾。荼與小白，其事相似，荼弒乃後立，小白立乃後弒。雖然，俱篡國而受國焉爾。傳曰"齊小白入于齊"，惡之也。陽生其以國氏何？取國於荼也。義適互相足，又何自反乎？子糾宜立，而小白篡之，非受國于子糾，則將誰乎？同上。

【疏證曰】劉逢祿難曰："荼之不正，以不日明之，與晉卓子同例。荼之弒，實陳乞主之，故與晉里克同例。經曰'其君'，傳曰陳乞之君，非陽生之君，不亦亂於義乎？然則楚棄疾不以國氏，比又不稱'其君'，且得爲誅亂辭乎？商人取國於舍，又何爲不以國氏乎？"柳興恩述曰："陽生出奔，自與小白同例。劉就荼引例，故多歧說。"錫瑞案：《穀梁》疏曰："案上六年經書：'齊陽生入于齊。齊陳乞弒其君荼。'傳云：'陽生入而弒其君，以陳乞主之，何也？不以陽生君荼也。'是荼殺之後，陽生乃立。案莊九年：'夏，齊小白入于齊''九月，齊人取子糾殺之。'是小白立，乃後殺也。'義適互相足'者，莊九年傳云'小白入于齊，惡之'，則'陽生入于齊'亦惡。此年傳云'陽生其以國氏，取國於荼也'，則小白以其國氏，亦取國於子糾也。以義推之，適互相足，故鄭云'子糾宜立，而小白篡之，非受國於子糾，則將誰乎'是也。"鐘文烝補注曰："何既失之，鄭又非也。此與上'不以陽生君荼'各自爲義。荼以不正新立，故正者不宜君之。荼已受命，國實其國，故謂之'取國于荼'。不君之，可；取其國，不可。此經義之精而傳發之也。陽生事與小白不同。小白以不正殺正，正者實未有國。陽生以正弒不正，不正者實已有國。齊小白、齊陽生文同事異，其義亦異。傳一曰惡之，一曰取國，各順經意爲說，非自相反，亦不得以爲互相足。《穀梁》之文圓轉無窮，鄭君猶惑焉，何怪劉敞、葉夢得之倫矣。王晳曰：'鄭氏經傳洽熟，獨出時輩，然其於《春秋》之意，多不知聖人微旨，又性好《穀梁》，往往回護。'文烝以爲《穀梁》何事回護？鄭君於《穀梁》正患其不精耳，乃以回護爲病乎？"錫瑞謂：鐘氏此條推闡傳意，似視鄭更精密。王晳説鄭君回護《穀梁》，則不盡然。鄭本通學，説《春秋》不專一家，其所重在古文，故於《左傳》特爲之注，以授服子慎；其説《禮》多從《公羊》，惟"妾母不得稱夫人"之類，以《穀梁》義正，故從之耳。箴《膏肓》、釋《廢疾》、發《墨守》，則以何專據《公羊》，攻駁二《傳》太過，故爲持平之論。箴《膏肓》以申《左氏》，釋《廢疾》以申《穀梁》，非獨回護《穀梁》也。鄭云"《左氏》善於禮,《公羊》善於讖,《穀梁》善於經",則以三《傳》各有可取,宜兼采之以解《春秋》。唐啖、趙、陸,宋劉敞、葉夢得,實本此意以説經。後儒多以三《傳》宜治專門,不應盡抉其藩籬,然范武子《穀梁集解》即采鄭同時。何君最爲今文專家,其説《公羊》,亦有采《穀梁》之義、用《左氏》之事者。何與鄭同時,不得以此專咎鄭君爲敗壞家法也。

附錄

《四庫全書總目提要》

臣等謹案：

《箴膏肓》一卷、《起廢疾》一卷、《發墨守》一卷，漢鄭玄撰。《後漢書》玄本傳稱，任城何休好《公羊》學，遂著《公羊墨守》《左氏膏肓》《穀梁廢疾》，玄乃《發墨守》《針膏肓》《起廢疾》。休見而歎曰："康成入吾室，操吾矛以伐我乎！"其卷目之見《隋書·經籍志》者有《左氏膏肓》十卷、《穀梁廢疾》三卷、《公羊墨守》十四卷，皆注"何休撰"，而又別出《穀梁廢疾》三卷，注云"鄭玄釋、張靖箋"，似鄭氏所釋與原本，自隋代以前本自別行，至《舊唐書·經籍志》所載《膏肓》《廢疾》二書卷數並同，特《墨守》作二卷，爲稍異，其下並注"鄭玄箴、鄭玄發、鄭玄釋"云云，則已與休原書合而爲一。迨宋世其書遂不復存，惟《崇文總目》有《左氏膏肓》九卷，而陳振孫所見本複闕宣、定、哀三公，振孫謂其錯誤不可讀，疑爲後人所錄，蓋並非《隋》《唐》志之舊矣。其後漢學益微，即振孫所云不全之《左氏膏肓》亦遂亡佚不可見。此本凡《箴膏肓》二十餘條、《起廢疾》四十餘條、《發墨守》四條，蓋從諸書所引掇拾成編者，相傳以爲王應麟所輯，不知其何所據也。今以注疏互相校勘，惟《詩·大明疏》所引宋襄公戰泓一條，尚未收入，其餘並已搜采無遺，謹爲掇拾補綴，著之於錄，雖視原書不及什之一二，而排比薈萃，略存梗概，爲鄭氏之學者，或亦有所取焉。乾隆四十六年三月恭校上，總纂官臣紀昀、臣陸錫熊。臣孫士毅，總校官臣陸費墀。

《直齋書録解題》

《左氏膏肓》十卷

何休著《公羊墨守》等三書，鄭康成作《鍼膏肓》《起廢疾》《發墨守》以排之，休見之曰："康成入吾室，操吾戈，以伐我乎！"今其書多不存，惟范寧《穀梁集解》載休之説，而"鄭君釋之"，當是所謂《起廢疾》者。今此書並存二家之言意，亦後人所録。《館閣書目》闕第七卷，今本亦正闕宣公，而於第六卷分文十六年以後爲第七卷，當並合之，其十卷止於昭公，亦闕定哀，固非全書也。而錯誤殆未可讀，未有他本可正。

《春秋穀梁傳集解》十二卷　晉豫章太守順陽范寧武子撰

寧嘗謂，王、何之罪深於桀紂，著論以排之。仕爲中書侍郎，其甥王國寶憚之，乃相驅扇，因求外補抵罪，會赦免。寧以爲《春秋》惟穀梁氏無善釋，故爲之注解。其序云：升平之末，先君税駕於吴帥，門生故吏、兄弟子姪，研講六籍三傳，蓋寧父汪爲徐兖二州，北伐失利，屏居吴郡時也。汪没之後，始成此書。所集諸家之説，皆記姓名，其稱"何休曰"及"鄭君釋"之者，即所謂《發墨守》《起廢疾》也。稱"邵曰"者，寧從弟也。稱"泰曰""雍曰""凱曰"者，其諸子也。汪，范晷之孫。晷在《良吏傳》。自晷至泰五世，皆顯於時，寧父子祖孫同訓釋經傳行於後世，可謂盛矣！泰之子蔚宗，亦著《後漢書》，以不軌誅死，其家始亡。

袁均序　又序

本傳，何休好《公羊》學，著《公羊墨守》《左氏膏肓》《穀梁廢疾》，元乃《發墨守》《箴膏肓》《起廢疾》。休見而歎曰："康成入吾室，操吾矛，以伐我乎！"《隋志》：《膏肓》十卷、《墨守》十四卷、《廢疾》三卷，並注"何休撰"。別出《廢疾》三卷，注"鄭元釋、張靖箋"。是時休書具在，鄭釋又別行耳。《舊唐書·志》：《膏肓》《廢疾》卷數同《隋志》，《墨守》作二卷，並注鄭元箴、鄭元發、鄭元釋。蓋鄭以休攻擊

《左》《穀》已甚，故于《箴》《釋》二書特詳。若《墨守》之發，不過開休之蔽，非必與《公羊》爲難，其所論說較少。後來爲鄭學者，鄭所不說便不復載，故十四卷僅存二卷。此後漸就放佚，《崇文總目》止載《膏肓》，又少一卷。而陳氏《書錄解題》所載本闕宣、定、哀三公，陳氏謂其錯誤不可讀，疑爲後人所錄。宣公時事今所散見尚可四五條，不應其時錄者反無一條。竊意，陳氏所見尚是《崇文總目》少一卷之本，特傳寫譌錯，又闕宣公耳，其本後復散亡。世所傳本《箴膏肓》二十三條，《起廢疾》三十八條，《發墨守》四條，或稱王伯厚輯，要是惠棟輩托名，非其實也。按，范甯注《穀梁》，休說後引鄭君釋，休說即是《廢疾》。各疏引休說，復引鄭《箴》者，休說即是《膏肓》之文。《墨守》鄭有發者，《公羊》休注亦即同《墨守》之文。今采摭群籍，一例編收，先載傳文，次載何說，次載鄭說。何、鄭二說不具者，存其目，注明闕字，依公類次各一卷。

俞樾《鄭氏佚書序》

兩漢經師之學至鄭君而集大成，每發一義，無不貫穿群經，不知者以爲鄭君所臆造，而不知其按之群經，如以肉貫串也。典午之代，崇尚清談，鄭學幾廢，幸唐人正義禮用鄭注，詩亦主鄭箋。高密之緒賴以不隊，元明以來，空談心性，鄭學又微。本朝經術昌明，大儒輩出，士抱不其之書，户習司農之說，然其遺文佚義散失已久，蒐輯爲難，鄞縣袁陶軒先生乃用王伯厚輯鄭氏《周易注》之例，網羅放失，得鄭氏佚書二十三種，其手自寫定者四種，曰易注、曰尚書注、曰尚書中候注、曰詩譜，其曾孫烺已刻而行之矣。其未寫定者尚有一十九種，曰尚書大傳注、曰尚書五行傳注、曰尚書略說注、曰三禮目錄、曰喪服變除、曰魯禮禘祫義、曰荅臨碩難禮、曰箴膏肓、曰釋廢疾、曰發墨守、曰春秋服氏注、曰孝經注、曰論語注、曰孔子弟子目錄、曰駁五經異義、曰六藝論、曰鄭志、曰鄭記、曰鄭君紀年，其書皆密行細字，輯香攢羅，理而董之，良非易易。先生既歾，其族曾孫堯年竭數年之力，一一爲之寫定，然卷帙頗絲，刻以行世，力有未逮。會善化瞿子玖先生視學吾浙，以經義教多士，聞有是書，命書局爲之刊刻，而袁氏又將其已刻四種之版歸之局中，以成全書。烏呼！先生旁搜遠紹之功，其後人繼志述事之美，與子玖先生表章前哲、嘉惠後學之盛心，豈獨爲鄭氏功臣哉！有裨于經學大矣！按《後漢書》鄭君本傳尚有《天文七政論》及乾象歷注，《唐書·藝文志》又有《論語釋義》，其書既佚，又未見前人徵引，無可掇拾，然則鄭氏遺書已略具於斯。鄭君當日集兩漢經師之大成，而先生此編又可謂集鄭學之大成矣。惟《唐志》有鄭集二卷，今無傳本，乾隆間盧氏見曾刻附《周易鄭注》後，然所載《相風賦》，實傅鶉觚之作，以名同誤收也。嘉慶間，嚴氏可均輯《全後漢文》有鄭君文八篇，而《六藝論》亦入其中，是其所著之書不當入集也。如合盧、嚴兩家所録，釐定鄭集，刻附其後，雖不能復二卷之舊，或亦可得一卷，治鄭學者當更無遺憾矣！子玖先生以爲何如也？光緒十四年歲次戊子德清俞樾。

袁鈞《鄭氏佚書叙》

鄭康成氏書，《隋》《唐志》并載其目，其時固完好也。五季放紛，漸就闕佚，蓋《宋志》所著録自《毛詩》《三禮》外，存者希矣。吾鄉王伯厚嘗輯《易注》，後人或倣爲之，顧未有聚爲一書者。鄭氏漢代大儒，學究本原，又其師承多古訓，今雖散亡之餘，什不存一，然斷圭零璧，猶在人間，深可寶貴。鈞自行束脩，喜讀其書，每思網羅寫定，卒卒罕暇，今游德清，寓故人嘉定李君虞芸縣齋，宴坐無事，藉用自娱。李君好古賢者，與我同志，爰出臧籍，用助搜采，於是取諸經義疏及他所徵引參之，往舊所有輯本辨析訛謬，補正闕失，并齊其不齊者，以次收合，成是編焉。慨自士不説學，師心游談，古義蕩然，其蔽也久。聖治隆古，大雅間作，海内知崇漢學矣！欲爲漢學，舍鄭氏書曷從哉？自惟固陋，不能有所發明，庶幾繼鄉先生王復之業，與二三君子共臻斯路，既竭吾才，盡心焉耳已！凡得《易注》九卷、《尚書注》九卷、《尚書中候注》一卷、《尚書大傳注》三卷、《尚書五行傳注》一卷、《尚書略説注》一卷、《毛詩譜》三卷、《三禮目録》一卷、《喪服變除》一卷、《魯禮禘祫義》一卷、《荅臨碩難禮》一卷、《箴膏肓》一卷、《釋廢疾》一卷、《發墨守》一卷、《春秋傳服氏注》十二卷、《孝經注》一卷、《論語注》十卷、《孔子弟子目録》一卷、《駁五經異義》十卷、《六藝論》一卷、《鄭志》八卷、《鄭記》一卷，并附《鄭君紀年》一卷，爲二十三種，乾隆六十年歲在旃蒙單閼日南至鄞袁鈞叙。

曾王父陶軒先生輯《鄭氏佚書》二十三種，稿臧於家有年矣。先君子介春府君婁思鋟板，齚於資斧，未竟厥志，易簀時，執烺手，鄭重相屬。烺識之，弗敢忘，比歲節衣縮食，稍稍盈餘，將《易》《書》《詩》若干種委族弟堯年校勘先付諸梓，餘謀踵行，至《尚書》之《大傳注》《五行傳注》《略説注》非寫定本，細書密札，蕺香行間，整比匪易，請俟他日。楹書猶在，典型日遠，謹識數語，泫然久之。光緒十年歲在閼逢涒灘日南至曾孫烺書。

孫星衍《五經異義駁義及鄭學四種叙》　秀水王復輯　偃師武億校

《五經異義》并《駁義》一卷、《補遺》一卷、《箴膏肓》《起廢疾》《發墨守》各一卷，《鄭志》三卷、《補遺》一卷。曩在史館校中祕書，所鈔存不知何時人集録，吾友王大令復及武故令億互加考校，注明所采原書，又加增補，雕板行世，曾屬予爲之序，久而未成，已而王、武兩君相繼徂謝，以板存予所，乃爲叙其梗概，以報死友云。漢儒經學授受有本，其傳出於七十子，即孔子微言大義之所存，故其説可信，非好古之過也。古人經解之例有三：一曰守師説，如三家《易》、今古文《書》《禮》、三家《詩》《三傳》，文字章句殊異，以核漢魏碑碣所引，自相合符，今人所詫爲異説，如《金縢》周公揣畚及死後雷風之事，《毛詩》子嗟子國爲父子之屬，皆本師説，必非向壁虚造，故馬融學無師授，時論輕之。魯丕傳所云説經者傳先師之言，非從己出，徐防則云今不依章句，妄生穿鑿，以遵師爲非義，意説爲得理，輕侮道術，浸以成俗，若預知宋明人之習而言之也。一曰以經解經，祭天有尸，則引魯郊禮祀延帝尸之言；感天而生，則引《詩》天命元鳥之言，讀鄭注中庸致之格物，以格爲來，物爲事，謂其知於善深，則來善物；其知於惡深，則來惡物。初怪其言善惡之不類，及讀《樂記》物至知知而後善惡形焉，知其説之不可易也。一曰以字解經，《盤庚》予亦烑謀以從火而云火光。《左傳》晢齻以從齒而知非冠幘非此三者，漢儒不勝口説凡舉一隅可知各守家法，其經説存於今最可考證者則有《白虎通》及《五經異義》諸書，許何鄭彼此相非，不害其説之各有依據。聚珍板本近時流布漸少，急宜刊以行世，使古學不墜于地，此本既出，武君手校詳核，其文亦尚有遺漏，原書所未載，如開元占經（百廿）引《異義》《公羊》説，后夫人之家專權擅世，秉持國政，蠶食百姓，則蟲飛反墜，當時開元占經未布，武君偶不及補，若月令正義載鄭荅孫顥云星火非謂心星也。卯之三十度，總爲大火，其曰大火之次有星者，月令舉其月初尚書總舉一月，故不同也。此是鄭以《尚書》《月令》昏中星雖異月，而實不異，足破恆星差度之説，後之信西法者，不屑録之，武君亦遺之。又通典（八十七）引鄭小同又荅古來黄帝顓頊夏殷周魯六歷，皆無推日蝕法，但有考課疏密而已云云。亦足見今逆推先秦三代日食之無所本，其文亦至武君始附于後，輯録之書，不妨隨時增補也。武君以名進士官博山令，惠愛及民，值朝貴遣私人出外刺探陰事横于邑中，武君按法摧辱之，以此罷黜，研窮經義，搜討金石，卒于家。王君官偃師令，亦有循聲，善爲詩。既死，其孤將鬻此板，以自給，予貧未能購存之，聊附記兩君治行於簡端以告知者云，嘉慶五年閏四月孫星衍序。

王謨《漢魏遺書鈔》叙録

　　《隋志》何休撰《春秋左氏膏肓》十卷、《穀梁廢疾》三卷、《公羊墨守》十四卷。《唐志》《膏肓》十卷，鄭玄箴，《廢疾》三卷，鄭玄釋，《墨守》一卷，鄭玄發。

　　《後漢書·何休傳》曰："休字邵公，任城樊人也。爲人質樸訥口，而雅有心思，精研六經，世儒無及者。太傅陳蕃辟之，與參政事。蕃敗，休坐廢錮，迺作《春秋公羊解詁》。又《春秋》駁漢事六百餘條，妙得《公羊》本意。休善歷算，與其師博士羊弼，追述李育意以難二《傳》，作《公羊墨守》《左氏膏肓》《穀梁廢疾》，黨錮禁解，又辟司徒。再遷諫議大夫。光和五年卒。"又《鄭康成傳》曰："任城何休好《公羊》學，遂著《公羊墨守》言《公羊》墨理深遠，不可駁難，如墨翟之守城也。《左氏膏肓》喻《左氏》之疾，不可爲也。《穀梁廢疾》。玄迺發《墨守》、鍼《膏肓》、起《廢疾》。休見而嘆曰：'康成入吾室，操吾矛以伐我乎？'"

《文獻通考》陳氏曰：何休著《公羊墨守》等三書，鄭康成作《鍼膏肓》《起廢疾》《發墨守》以排之，今其書多不存，惟范寧《穀梁集解》載休之説，而鄭君釋之，當是所謂《起廢疾》者。今此書并存二家之言，意亦後人所録，《館閣書目》闕第七卷，今本亦正闕宣公，而於第六卷分文十六年以後爲第七卷，當并合其十卷，止於昭公，亦闕定哀，固非全書也，而錯誤殆未可讀，未有他本正。

謨案：此三書在宋已殘闕，今《四庫簡明書目》亦云原本久佚，此本凡《箴膏肓》二十餘條、《起廢疾》四十餘條、《墨守》四條，蓋後人抄撮而爲之，較宋本又殘闕矣。兹復廣爲蒐輯，凡得《箴膏肓》三十條、《起廢疾》四十條、《發墨守》七條，仍各爲一卷。

《發墨守》《箴膏肓》《釋廢疾》疏證自序

東漢大儒之書傳於今者，惟許、鄭、何三君略具。許、鄭兼通今學，意重古文。何君不取古文，專治今學。鄭視許年輩差後，駁許之書，許不及見。何生於鄭後，卒於鄭前。鄭君本傳云："玄發《墨守》、箴《膏肓》、起《廢疾》，休見而歎曰'康成入吾室，操吾矛，以伐我乎！'"是鄭難何之書，何親見之。何君精研六經，既歎鄭為操矛，詎不能反矛以攻鄭？然而不為者，古人之著書也，將以明道，非以爭勝也。漢惟《公羊》立學，其後《左氏》《穀梁》寖盛。何君恐兩家之徒緣隙奮筆，其為書排二《傳》以尊《公羊》也，凡以明道也。鄭君兼取三《傳》，以何君排《左》《穀》太甚，恐二《傳》因此遂廢，其為書駁何君以扶二《傳》也，亦以明道也。若夫旗鼓相當，攻擊不已，豈古人之意哉！惟其意不在爭勝，故鄭難何，而何不復答鄭。

自漢以後，《公羊》之學寖微，學者惟爭鄭、王之異同，未有辨鄭、何之得失者。《隋志》：《膏肓》十卷、《墨守》十四卷、《廢疾》三卷。今三書亡佚矣，見於稱引者不及什一，無以考見三《傳》之古義，可惜也。國朝經師，興起漢學，《公》《穀》二傳，乃有專家。劉申受據《公羊》以詘鄭申何，柳賓叔述《穀梁》以詘劉申鄭。兩人之書，未免訐爭，引證亦略，罕所闡發。三書既佚，輯本以袁鈞《鄭氏佚書》為詳。惟袁亦有疏失，以孔疏為鄭義，且以孔引蘇寬說為鄭君自引，尤謬誤之顯然者。

錫瑞既治鄭學，欲取各家之說與鄭相出入者，參輯互證，以輔鄭義。許在鄭前，有《駁五經異義》，之作疏證矣。王在鄭後，有《聖證論》，為之作補評矣。而鄭、何同時，其書尤可考見宗旨，雖多抵牾，不宜無述，乃刪訂袁本，撰作疏證。三《傳》之義有可通者，爲之溝通。其不能溝通者，各依本傳解釋。冀以正《春秋》三家之界，通鄭、何二君之郵，平末學之詬爭，廣先儒之異義云爾。

光緒己亥孟冬月，善化皮錫瑞。